鎌倉古寺霊園物語

時代を彩った文芸、映画、政治・外交の巨人たち

立元幸治

明石書店

扉絵・藪野 健
（日本芸術院会員）

はじめに

鎌倉にはこれまで幾度か訪れたことはありましたが、今回ほどじっくりと丁寧に歩いたことはありませんでした。多くの古刹や霊園を訪れ、時代を彩ったさまざまな人々のお墓参りをし、また寺院を拝観し、境内を散策しました。まことに掛け替えのない、充足の時間に恵まれました。

先に刊行した『東京多磨霊園物語』『東京青山霊園物語』が、思いもかけず多くの人々に迎えられ、増刷となりました。その読者の皆さんからの反響の中に、次は是非「鎌倉」を書いてほしいという要望が少なからずあったのでした。

そこで、あらためて取材やリサーチを重ねてみると、この地に眠る、錚々たる著名人の数々に相次いで出会い、驚きを禁じえませんでした。いわゆる鎌倉文士を含む作家たちや、碩学、巨匠、名優、芸術家、そして政治家、外交官等、その幅の広さと層の厚さに圧倒されました。

やはり「鎌倉」は奥が深い！

その故人たちの眠る古刹や霊園は鎌倉市内の各地に点在しており、お墓参りも広範囲に亘《わた》るものでしたが、ひとつの時代を創った人々との出会いもまた刺激的で感動的でした。

尋ね当てたお墓に直接対面した時は、思わず「ここに居たのですか」と声をかけたくなるような懐かしさと畏敬の念を覚えました。手を合わせ、瞑目していると、その人の生きた姿や業績の数々、そしてその人の生きた時代が偲ばれ、ある時はあたかもその人が眼前に現われ、対話しているような不思議な感覚に襲われ、感銘を深くしたこともしばしばでした。

しかし本書は、単なる墓地探訪や掃苔録ではありません。この地の古刹や霊園に眠る、ひとつの時代を創った人々の生きた姿や遺した業績、その人たちの交友と交差する人生、そしてその時代や世相、文化を描き出そうとするものです。

そのため本書では、前二著と同様、独自の方法を採りました。それは、お墓を入り口にして取材を重ね、文献・資料の渉猟に基づき、この地に眠る、縁ある、あるいは関連のある二人ずつをそれぞれ一組にしてワンテーマで括り、物語を構成するという、新しい切り口の試みでもありました。それは、いわばこの地に眠る人々を〝点〟としてではなく、〝線〟として結び、とらえ直していくということでした。そのことによって、その人物や時代がより鮮明に私たちの前に立ち現れて、そこから人と人との強固な絆や交差する人生の物語が紡ぎ出され、それが時代や世相を雄弁に物語ってくれることにもなりました。

いくつか例を挙げると、まず、山本周五郎と高倉健のつながりも感動的なものでした。高倉健は周五郎に深く傾倒し、その言葉を集めた語録集ともいうべき本を座右の書とし、外出やロケのときなどを含めてこれを常時携行し、折りにふれて読み返していました。直接会ったことのない二人が、厚い絆で結ばれていたのでした。

第二次世界大戦中のリトアニアで、数多くのユダヤ人を救った日本人外交官杉原千畝のことは広く知られていますが、もう一人、当時在勤していたメキシコで、クーデターで追われた大統領の一族を、自身の危険を覚悟しながらも、身を挺して保護した日本人外交官堀口九萬一《くまいち》のことはあまり知られていません。メキシコでは今でも、この堀口の人道的な行為が熱く語り継がれています。この二人の、いわば「気骨の外交官」が、同じこの霊園に眠っていたのでした。因みに、あの著名な詩人堀口大学は、この九萬一の長男に当たります。

また、この鎌倉は多くの映画人たちが眠る場所としても知られていますが、小津安二郎と笠智衆、黒澤明と志村喬、木下恵介と佐田啓二という、いわば巨匠とその作品に欠くことのできない存在であった名優たちもまた、同じこの地に眠っていたとは驚きでした。ほかに名優田中絹代や森雅之、個性派俳優として独自の存在感を示した殿山泰司、さらに往年の大スター中村錦之助や鶴田浩二など、銀幕を飾った多くの名優たちにも出会いました。

ほぼ同時代を生きた二人の歌舞伎役者、二代目尾上松緑と二代目中村鴈治郎が同じ霊園の隣接する場所に眠っており、すぐ近くには作家川端康成、画家の宮本三郎、詩人の堀口大学の墓もありました。

また、鎌倉を限り無く愛し、そしてこの地を終の棲家と定めた多くの碩学や知識人たちにも出会いました。「心友」ともいうべき深い交友関係にあった小林秀雄と今日出海、京大哲学科以来の篤い親交のあった谷川徹三と和辻哲郎、同じ金沢に生まれ、旧制四高以来の固い絆に結ばれた二人の碩学、鈴木大拙と西田幾多郎もまた同じこの地の東慶寺墓苑に眠っていました。こうした日本を代表する知識人たちとの出会い、「知の巨人」ともいうべきこれらの人々の、人間としての苦悩と試練、そしてこの人々の間の意外なつながりや篤い交友関係の発見は、深い知的興奮を伴うものとなりました。

ほかに、〝黄昏の詩人〟〝高原の詩人〟とも呼ばれた堀口大学と尾崎喜八、作家とかジャーナリストという既成の枠に収まりえない、幅広い業績を残した大宅壮一、開高健、井上ひさし、赤瀬川原平らの異才たちとの出会いもまた刺激的でした。

そして、アムステルダムオリンピックの三段跳で日本人初の金メダルを獲得し、「日本陸上の父」と称された織田幹雄と、前回の東京オリンピックで女子バレーを金メダルに導き、「鬼の大松《だいまつ》」と呼ばれた大松博文、意外にもこの二人の金メダリストの墓は同じ墓苑の隣接する位置にありました。興味深かったのは、プロ野球往年の名選手のあの長嶋茂雄が、織田に、「君の資質ならオリンピック・メダリストも夢ではないので、是非陸上に転身するように」と熱心に誘われたということです。もし織田の勧誘が成功していたら、花形選手長嶋茂雄の誕生はなかったでしょうし、逆に織田と並ぶ、歴史に残るメダリストが誕生していたかもしれません。

「憧れのハワイ航路」や「悲しい酒」などで知られる作詞家石本美由起、「人生いろいろ」「バラが咲いた」の浜口庫之助、戦後から高度成長期の日本人の心情をとらえた名曲の数々を残したこの二人の作家、そしてたまたま浜口の墓に隣接して眠っている、往年の名歌手青江美奈との出会いもまた、深い懐旧の念を呼び起こすものでした。

また、現今の政治の有り様を顧みるとき、気骨・清廉の政治家として知られた二人の人物、尾崎行雄と伊東正義との出会いも感動的でした。

もちろん、このほかにも多くの人々を取り上げていますが、こうした、まことに幅広く層の厚い偉才たちの墓参に始まり、その生きた姿やその時代、残された遺産、それぞれの人物たちの不思議な縁やつながりなどについての取材や資料の渉猟の旅はまことに興味津々、倦《う》むところを知らず、そして新たな出会いと発見への誘いともなりました。

それはまた、この時代の精神史、世相史を探る試みにつながるものともなりました。とくに本書を、前二作『東京多磨霊園物語』『東京青山霊園物語』と併せて、いわば三部作としてとらえる時、その感を強くする思いです。

もちろん、初めから、そう堅苦しく構える必要などありません。気楽に読んでいただければと思います。硬派のテーマや人物もありますが、なるべく興味深い素材や語られざるエピソードなどを盛り込み、面白く読みやすく、と心がけました。ただ、その面白さとは、当世流行の、通俗的な面白さや薄味の教養などではもちろんなく、読む人それぞれを刺激する知的インタレスト、「知る」悦び、あるいは知の快楽とでもいったらいいでしょうか。

本書を通じて、読者の皆さんが、この国の歩んできた時代や世相を振り返り、また、その時代を創り出した、いわば「時代の証言者」ともいえる人々の生きた姿や仕事に思いを馳せ、いまこの時代を見つめ、それぞれの思索を深めていかれる一助となれば、という思いを強くしています。

あるいはまた、読者の方々それぞれの、自身の人生や体験に重ねながら読んでいただければ、本書やその登場人物たちがいっそう身近に感じられ、興味深い存在となりうると思われます。

そして、できればこの地を訪ね、いわゆる「観光」とは一味違った、それぞれの充足の時間《とき》を紡いでみてはいかがでしょうか。

鎌倉古寺霊園物語

時代を彩った文芸、映画、政治・外交の巨人たち

目次

第三章　思索と創作の間《はざま》で

第四章　この道を行く

第一章　奇縁の人生

「私淑」という人生、「言葉」が繋ぐ絆

～山本周五郎と高倉健

文士や碩学、巨匠や名優が数多く眠るこの鎌倉の地で、山本周五郎に出会ったときは、ひときわ懐かしい思いに浸りました。生前の周五郎に会ったことはなかったのですが、その懐かしさの背景には、あの周五郎とその作品の、独自の温かい眼差しとメッセージがあったからでしょうか。

その周五郎と組み合わせる相手として、その交友関係や周五郎が影響を与えた人物たちについてリサーチしつつ、思案していたとき、この霊園に縁《ゆかり》のある一人の人物に出会いました。

つい先だって亡くなった俳優高倉健がその人です。

高倉健は山本周五郎に心酔し、周五郎の遺した言葉を記録した本を常時携行し、折にふれて読み返していたといわれます。

山本周五郎の墓は、鎌倉市の中心部から離れた、郊外の鎌倉霊園にあります。JR鎌倉駅からバスでおよそ二十分ほどの丘陵の斜面に広がる広大なこの霊園は、好天時には遠く富士も望めるという絶好のロケーションにあり、そこには、時代を彩った錚々たる偉才たちが眠っていました。

周五郎の墓はこの霊園のほぼ中央部に位置し、墓域はあの大作家にしては意外に狭く、その正面

山本周五郎の墓（鎌倉霊園）

に置かれたほぼ三角錐の自然石の墓碑に、「山本周五郎墓」と刻されていました。右手の墓誌には、「恵光院周嶽文窓居士」という戒名と、没年昭和四十二年二月十四日、行年六十三才が記されていました。

その自然石の無骨で素朴な佇まいは、いかにも社会の弱者、底辺で生きる人々に寄り添い続けた周五郎に相応しいものであるようにも思えました。広い墓域や、文豪という名すら、周五郎には似つかわしくないものであったのでしょう。

山本周五郎は、その小説の中で、あるいは対談やエッセイの中で多くの名言を残しています。その言葉は周五郎自身の創作活動や処世の中から紡ぎ出されたものであり、私たちに人生の智慧ともいうべき多くの示唆を与えるものとして、実に味わい深く、心に響くものといえます。

以下では、その経歴は簡潔にして、その語録をもとに、人間周五郎の世界を訪ねます。

周五郎は一九〇三（明治三十六）年、山梨県北都留郡初狩村（現大月市初狩町）に生まれます。

本名は清水三十六《さとむ》。横浜に転居し、横浜市立尋常西前小学校を卒業後、東京木挽町にあった質店の山本周五郎商店に徒弟として住み込みます。周五郎はこの質店の主人から強い影響を受け、この主人の名前をペンネームとして使用しています。

その後、関東大震災で一時東京を離れ、神戸などで暮らしますが、再び上京し、帝国興信所（現帝国データバンク）に入社、やがて子会社の日本魂社に転籍します。仕事の傍ら独学で創作の勉強を続け、新聞や雑誌への投稿を試みたりしています。

一九二六（大正十五）年「文藝春秋」に「須磨寺附近」が掲載され、これが文壇出世作となります。千葉の浦安などを経て、一九三一（昭和六）年、東京府荏原郡馬込町に転居、馬込文士村の住人となります。ここで尾崎士郎に「曲軒」と渾名されます。その一徹さが、つむじ曲がりという風に取られても仕方がないところがあったのでしょう。一九四三（昭和十八）年、第十七回直木賞に『日本婦道記』が選ばれますが、これを辞退しています。その理由の一つに、直木賞を創設した菊池寛との確執があったともいわれています。

一九五九（昭和三十四）年、『樅ノ木は残った』が毎日出版文化賞に、一九六一（昭和三十六）年、『青べか物語』が文藝春秋読者賞にそれぞれ選ばれますが、いずれも辞退しています。

周五郎がこうした文学賞をすべて辞退したのは、「文学は賞のためにあるのではない」という信念に基づくもので、いかにも周五郎らしい潔さと言うか、硬骨の人周五郎を如実に物語る出来事といえます。

また、戦時中、多くの作家が報道班員として要請を受け、戦地に動員されるなか、周五郎はそれを固辞しました。その理由として「物書きが戦場にいったところで、足手まといになるばかりではないでしょうか。小説家はあくまで小説でご奉公するのが本筋でありましょう」と語っていますが、その背景には、周五郎が軍隊というものを徹底的に嫌悪していたということがあったからでしょう（木村久邇典『素顔の山本周五郎』）。

周五郎は一貫して日の当たらぬ庶民の側に立ち、市井に生きる名もなき人々を描き続け、そして既成の権威や権力に対峙する姿勢を堅持しました。その故か、周五郎は英雄や豪傑を書きませんでした。そのことについて、こう語っています。

「彼らは、きわめて人間性がとぼしい。日本を形成する最大多数は英雄、豪傑のかげにいる人たちです。自己主張できない不幸、不満、不平を持ち、おそらく死ぬまでそれは達成できない。これを代弁できるのは、散文ではないですか。たくさん書かれた太閤でなく、太閤たらしめるために血を流した人の味方ですね。いわゆる庶民こそ、主権者だと思います」（週刊朝日編集部『「週刊朝日」の昭和史』）

市井の平凡な人々に寄り添い、その営みに心を寄せる、そうした周五郎の姿勢や哲学が、その作品の中で珠玉のような言葉を生み出しています。それは、時代を超えて、今この時代に生きる私たちに深く語りかける言葉ともなっています。

文芸評論家・清原康正の著作（『山本周五郎のことば』）を参考にしつつ、そのいくつかを拾ってみます。

「人間はもともと弱いものだし、力のあらわれは一様ではない、鉄石の強さも強さ、雪に折れない竹の撓《たわ》みも強さだ、ここで剛毅心をふるい起こすよりは、この虚しいもの淋しさを認めるほうが、おれにとっては強さであるかもしれない」（『樅ノ木は残った』）

「あやまちのない人生というやつは味気ないものです、心になんの傷ももたない人間がつまらないように、生きている以上、つまずいたり転んだり、失敗をくり返したりするのがしぜんです、そうして人間らしく成長するのでしょうが、しなくても済むあやまち、取返しのつかないあやまちは避けるほうがいい」（『橋の下』）

無名の人々、弱い人間に寄せる周五郎の言葉です。そしてそうした眼差しは、政治や権力へ向ける透徹した眼差しにつながります。

「政治と一般庶民とのつながりは、征服者と被征服者との関係から、離れることはできない。政治は必ず庶民を使役し、庶民から奪い、庶民に服従を強要する。いかなる時代、いかなる国、いかなる人物によっても、政治はつねにそういったものである」（『山彦乙女』）

「勤倹というような言葉、これは最大多数の衆智から出た言葉ではなくって、支配階級からふり下された言葉だと私は解釈しています」（「金銭について」）

では、政治に見放された庶民はどう生きていけばいいのか、周五郎はこう語りかけます。

「私が書く場合に一番考えることは、政治にかまって貰えない、道徳、法律にもかまって貰えない最も数の多い人達が、自分達の力で生きて行かなければならぬ、幸福を見出さなければならない、ということなのです。一番の頼りになるのは、互いの、お互い同士のまごころ、愛情、そういったものでささえ合って行く……、これが最低ギリギリの、庶民全体のもっている財産だと私は思います」（「お便り有難う」）

鋭い指摘です。民主主義、国民主権が当然のことと考えられているこの現代でも、あるいは法的制度や施設の整備は進んでいても、こうした一連の周五郎の言葉を実感させる事実には事欠かないのではないか。権力の実態というものを見透かした、その言葉には重いものがあります。

そして、自身の最期について編集者、木村久邇典に対してこう語っています。

「わたしは死ぬまえに、出来ることなら、自分の作品を全部あつめて、ひとつ残さず火にくべてしまいたいと思っている。ちょっと無理な願望だろう、だが、それがわたしの本心だ。それに、くれぐれも云って置く。わたしが死んだって葬式を出すことはないぞ。戒名も墓石もいっさい不要だ。死に骸《がら》は火葬にして、骨はどこか海の遠い沖合いにでも捨ててくれればよい」（『素顔の山本周五郎』）

そして、一九六七（昭和四十二）年二月十四日、横浜市中区間門町（現在の本牧間門）の仕事場で死去しました。

享年六十三歳でした。

周五郎の文学について、文芸評論家の奥野健男は、「現場でたたき上げた古手の工員が、長年の体験を生かして科学の論文にまとめたり、新しい機械を発明しているような印象を受ける。人間についての新しい発見が、山本氏の小説にあると思う」と語っていますが、まさに絶妙な譬えであるといえます。

そんな方法の独自性とその眼差しが、周五郎作品の魅力につながっているように思います。

その周五郎の作品と、そこで語られた言葉に深く心酔していたのが、俳優高倉健でした。その高倉健は生前、周五郎と同じこの霊園に墓地を入手していました。

一九七二（昭和四十七）年、兄貴分として慕っていた俳優で歌舞伎役者の中村錦之助の勧めで、錦之助と同じくこの霊園に墓地を購入していたものです。ただ、高倉健自身がすでに納骨されたのか、詳細はわかりません。本稿の意図は、お墓の詮索ではなく、あくまでも一冊の本をもとにした、二人の人物の紡ぎだす物語を描くことなので、個人情報の関係もあり、それ以上踏み込むことは避けました。

先に述べた高倉健が愛読した座右の書とも言える周五郎の言葉を集めた本は、『男としての人生――山本周五郎のヒーローたち』（木村久邇典著）でした。

高倉はいつもこれを携行し、折にふれて読み返していました。その本には、高倉がとくに心酔したと思われるところに赤線が引かれていました。その言葉のなかの一つ。

火を放たれたら手で揉み消そう、
石を投げられたら軀で受けよう、
斬られたら傷の手当てをするだけ

――どんな場合にも彼らの挑戦に応じてはならない、
ある限りの力で耐え忍び、耐えぬくのだ
（『樅ノ木は残った』）

これは『樅ノ木は残った』の一節ですが、この本（『男としての人生』）を紐解いていくと、高倉の、人生や仕事に対する向き合い方が見えてきて、まことに興味深いものがあります。こうした言葉については徐々にふれていくことにして、まずは高倉の略歴と仕事について簡潔にふれておきます。高倉健は一九三一（昭和六）年、福岡県中間町（現在の中間市）に、炭鉱に勤める父敏郎の二男として生まれました。旧制東筑中学校を経て明治大学商学部に進みます。当初は貿易商を志望していましたが、就職難のためそれは叶わず、一時帰郷して父の仕事を手伝ったりしていました。

しかし、やがて再び上京し、知人のつてで、当時中村錦之助が所属していた新芸プロにマネージャー見習いの仕事を紹介されました。そして、その面接の場所であった東映本社の喫茶店にたまたま居合わせた東映専務マキノ光雄にスカウトされ、俳優への道を歩くことになりました。高倉はもともと俳優になりたかったわけではなく、就職のために仕方なく俳優への道を選んだと語っています。

人生というものは、ちょっとした偶然から決まることはよくあることのようで、先に青山霊園に俳優山村聡の墓を訪ね、山村のことを調べたのですが、山村が神戸から出てきて東大文学部に入った時、たまたま隣に住んでいたのが劇団「太陽座」の主宰者であったことから俳優への道に入ったということを思い出しました（拙著『東京青山霊園物語』）。

こうした偶然から俳優になった高倉でしたが、通常一年ほどの研修、見習い期間が設定されていたにも拘らず、入社一ヶ月半ほどで『電光空手打ち』『流星空手打ち』で主役に抜擢されるという幸運に恵まれました。その後、アクション、喜劇、青春ものなどさまざまなジャンルの作品に出演し、美空ひばりとも共演しています。

やがて一九六三（昭和三十八）年に出演した『人生劇場　飛車角』で、義理と人情に生きるやくざの宿命の人生を好演し、これが東映の任侠路線の先駆となり、高倉にとっても大きな転機となります。その後、『日本侠客伝シリーズ』『網走番外地シリーズ』『昭和残侠伝シリーズ』へと続く任侠物で一躍スターとなり、そのストイックなイメージと圧倒的な存在感から、もはや高倉健ではなく、敬愛を込めた「健さん」となります。

耐えに耐えた末、「死んで貰います」と発するその言葉は、全共闘世代を含め、当時の若者たちの間で、共感を集めました。

仁侠映画の仕掛け人でもある後藤浩滋プロデューサーはこう語ります。

「高倉にはこうした時代錯誤とまで言っていいほどの古風さ、度外れた律儀さにリアリティがあり、寡黙に押し黙り、じっと耐え忍ぶ姿が観る者に深い感動を与えるのだ。こうしていつの頃からか、〈高倉には極力セリフをしゃべらせるな、できる限り台本を削れ〉といった、暗黙のルールまでできるようになったとか」（高橋千秋編『高倉健メモリーズ』）

それはまた、「背中で演技できる」数少ない俳優の一人ともいわれる高倉健と重なります。

身についた能の、高い低いはしようがねえ、
けれども、低かろうと、高かろうと、
精いっぱい力いっぱい、
ごまかしのない、嘘いつわりのない仕事をする、
おらあ、それだけを守り本尊にしてやってきた

（『ちゃん』）

周五郎のこの言葉も、高倉健自身の人生観につながるように思えます。弱き者、名もなき人たちに寄せた周五郎の眼差しを、高倉健もまた共有しているのです。「拍手されるより拍手するほうが、ずっと心が豊かになる」「一番大事な自分より、大事に思える人がいる。不思議ですね、人間って」など、高倉健の遺した言葉がそれに重なります。その後、フリーに転向し、『八甲田山』『幸福の黄色いハンカチ』で任侠路線を脱却し、アウトローのヒーローから、幅広い人気スターへの新しい境地を切り拓いてゆきます。映画評論家の佐藤忠男は、こう語ります。

「やくざの役だけでは、限られた範囲のファンには熱烈に受けても、国民的な俳優と言われるのは難しい。彼は仁侠映画の一時的なブームが去った後、その役柄で築いた風格で、おとなしく善良な庶民の本当の男らしさを演じるという、文字通りの離れ業をやってのけた。

『幸福の黄色いハンカチ』『鉄道員（ぽっぽや）』がそれであり、彼は本当に男らしい男が、実は心優しくつつましい庶民でもあり得るという、すてきな人格のありようを示してくれたのである」

（『映画で日本を考える』）

この『幸福の黄色いハンカチ』では、キネマ旬報主演男優賞、ブルーリボン賞主演男優賞、日本アカデミー賞最優秀主演男優賞を獲得しています。

その後、『ザ・ヤクザ』や『ブラック・レイン』などのハリウッド映画をはじめとする海外作品にも出演していますが、二〇一二（平成二十四）年には、長い空白期間を経て『あなたへ』で久しぶりの主演を果たし、報知映画賞主演男優賞を受賞しています。

高倉は、自身の生き方や人生観がそのまま芝居に出る、演技はテクニックではない、と語っていますが、そのことを、『鉄道員』や『ホタル』で高倉と共演した奈良岡朋子はこう語っています。

「高倉さんは演技をする方ではないと思うんです。ありのままの高倉健でいながら、自分に被せられて演じる役を作り物ではなく表現される。いつも高倉健さんの人生観みたいなものがバックボーンにあって、その役に投影させているんです。だからどの映画を観ても高倉健という俳優なんだけれど、そこに出てくる役の人間にすり替わって見えてくるんです。これは俳優として、一番理想的なことだと思いますね」（『高倉健メモリーズ』）

二〇一三（平成二十五）年には文化勲章を受賞しています。

文化勲章受賞に際して、高倉は、「日本人に生まれて本当によかった」「今後も、この国に生まれて良かったと思える人物像を演じられるよう、人生を愛する心、感動する心を養い続けたいと思います」と語っています。高倉が大切にしていた周五郎の言葉をもう一つ。

そして登りつめたいま、
おれの前にはもっと嶮しく、さらにながい坂がのしかかっている、
――そしておれは、
死ぬまで、その坂を登り続けなければならないだろう

（『ながい坂』）

私生活では一九五九（昭和三十四）年に江利チエミと結婚し、十二年後に離婚した後は独身を通しましたが、自身は私生活を表に出すのを好まなかったといわれます。

高倉は次回作『風に吹かれて』の準備中に体調を壊し、二〇一四（平成二十六）年、悪性リンパ腫のため、死去しました。本人の遺志により、近親者だけでの密葬が行われました。享年八十三歳でした。

佐藤忠男は、新しいスターが次々に生まれるが、本当のスターというのは人気を二十年も三十年も持続させることができ、その間、よい酒がじっくりと熟してゆくように、演技の旨みと風格とが醸成されてゆくもので、高倉はその数少ない俳優の一人であると語っています。

高倉は今は亡きヘンリー・フォンダが好きだったといいます。ニューヨークで見かけて、追いかけてサインをもらったというエピソードもあります（『高倉健メモリーズ』）。

「笑顔がいい。やさしさがある。人間の本当の哀しさというのかな。それを知っている感じがある。演技じゃないですよ、あれは」

ヘンリー・フォンダについて高倉が語ったこの言葉は、高倉健自身にもそっくり当てはまるように思われてなりません。

気骨の外交官、ここに在り
～杉原千畝と堀口九萬一《くまいち》

ハリウッド映画の巨匠スティーブン・スピルバーグ監督の不朽の名作といわれる『シンドラーのリスト』、この映画で知られるようになったシンドラーは、千二百人ものユダヤ人の命を救ったドイツ人実業家ですが、このシンドラーと同様、第二次世界大戦中多くのユダヤ人の命を救った日本人外交官がいました。それは、当時リトアニア領事代理として勤務していた杉原千畝で、いま、その人道的行為が広く知られるところとなっています。

そしてもう一人、今でもメキシコでその人道的な行為が熱く語り継がれている日本人外交官がいます。時代は遡りますが、当時在勤していたメキシコで、クーデターで追われた大統領の一族を、自身の危険を覚悟しながらも、身を挺して保護した日本人外交官堀口九萬一がその人です。

ここでは、その「気骨の外交官」二人を取り上げます。

杉原は第二次世界大戦中のリトアニアで、ナチスの迫害を逃れてきたユダヤ人に対して、日本政府の命令に背いて日本通過ビザを発給し、約六千人もの命を救ったといわれ、「東洋のシンドラー」「日本のシンドラー」と呼ばれました。

杉原千畝の墓（鎌倉霊園）

今ではもう広く知られるようになった杉原ですが、二〇一五年のチェリン・グラック監督、唐沢寿明主演の映画『杉原千畝　スギハラチウネ』の公開で、再び大きな注目を集めました。

その杉原の墓に、思いもかけずこの鎌倉の地で出会い、これがあの杉原の墓かと、思わず立ち止まりました。

杉原の墓は、広大な鎌倉霊園の東側の中段にありました。墓域はそれほど広くありませんが、左手に小ぶりの松が植えられ、墓碑の正面には「杉原家」と刻され、その右側には「昭和四九年十二月　杉原千畝建之」とあり、裏側には「昭和六十一年七月三十一日帰幽」と刻されていました。語り継がれる偉業と、歴史の大きな渦の中で生き抜いた一外交官の数奇な生涯が偲ばれて、胸に迫るものがありました。

杉原千畝は一九〇〇（明治三十三）年という、まさに世紀の節目の年に、岐阜県で生まれます。税務署員であった父好水は成績優秀な小学生であった千畝を医者にしようと考えていましたが、千畝自身はそれを好まず、英語の教員を志します。

愛知県立第五中学校（現瑞陵高校）を卒業し、父の転勤先の京城（現在のソウル）医学専門学校を受験しますが、受験に際し、故意に白紙答案を出し、不合格になります。しかしそれが発覚し、千畝は家出同然で上京し、早稲田大学高等師範部英語科に入学します。そこで苦学生として学んでいましたが、生活は厳しく、たまたま目にした外務省の留学生募集に応募します。そして、猛勉強の結果合格、官費留学生として満州（現・中国東北部）のハルビンでロシア語を学んだ後、同省に採用されます。

その後、満州国外交部、フィンランドなどでの勤務を経て、一九三九（昭和十四）年にリトアニアの日本領事館に領事代理として赴任します。当時、リトアニアには杉原一家のほかに日本人はいませんでした。日本とリトアニアの関係もそれほど深いものはありませんでした。そんなリトアニアに新設された領事館の目的は、ソ連やドイツに関する情報収集が主目的であったのでした。杉原はこの地及び関連の諸地域で、インテリジェンス・オフィサーとしての使命を帯び、活動しました。インテリジェンス・オフィサーは、膨大な情報の中から、主として外交上の貴重な情報を収集し、分析する重要な役割を担っていました。

杉原がリトアニアの首都カウナスに赴任した当時、ドイツはヒトラー率いるナチスの支配下にありました。一九三九（昭和十四）年、ドイツはソ連と独ソ不可侵条約を締結し、ソ連の介入を懸念することなくポーランドに侵攻、ポーランドは同時に侵攻したソ連とドイツによって分割されました。ナチス・ドイツはユダヤ人を差別し、虐殺を始めましたが、その結果多くの難民がポーランドの隣国リトアニアに逃れてきました。杉原はこうした情勢の中で、リトアニアに赴任したのでした。

一九四〇（昭和十五）年七月十八日、日本領事館は異常な事態に遭遇していました。領事館の周囲に多数のユダヤ人たちが集まってきていたのです。

ヒトラーの支配を逃れ、ポーランドを追われてきた大勢のユダヤ人避難民が、シベリアと日本を経由して、そこから第三国に移住しようと、日本領事館に日本通過ビザを求めて集まってきたのでした。しかし、一定の渡航費と避難先の国の入国許可が必須という、日本政府の定めた条件を備えていない人々への大量のビザ発行は、杉原の権限を超えることでした。杉原は人道上の見地からビザの発給を認めるよう外務省に願い出ましたが、それは認められませんでした。

決断を迫られた杉原は独断でビザ発給を決意しました。悩みに悩んだ末の決断でした。

杉原からビザの発給を受けた、当時十六歳の娘L・カムシはこう語っています。

「日本領事館の前は延々長蛇の列だった。皆、それぞれに不幸な物語をかかえていたが、決まった行き先国も、お金も持ってはいなかった。杉原は、私たちの両親のことを聞いた。父は亡くなり、母は書類を持っていないと答えると、非常に気の毒そうな顔をしてくれたので、この人は親切だと思った。彼は頷《うなず》き、旅券にスタンプを押した。私たちにとって、政府関係者とは恐い存在だったので、領事館にいた間中、神経質になり、怯えていた。私たちは、ただ、ポーランド語で『有り難う、有り難う』というだけだったが、彼は手を挙げ、大丈夫だと微笑んだ。事務所を出るとき、私たちは感極まって泣いてしまった」（ヒレル・レビン『千畝——一万人の命を救った外交官杉原千畝の謎』）

やがてリトアニアはソ連に併合されることになり、諸外国と同様、日本領事館も閉鎖されることになりますが、限られた時間のなかで、杉原は寸暇を惜しんで連日ビザを書き続けました。出国直前まで発給を続け、「命のビザ」といわれたそのビザの数はおよそ六千人分ともいわれています。

たしかに、杉原の功績は、人道主義にもとづく感動的な物語として高い評価を受けています。しかし、そのことにのみ目を向ける時、もう一つの等身大の杉原を見失うことになりかねません。

杉原について長年研究を続けている白石仁章は、『戦争と諜報外交』の中でこう書いています。

「杉原を〈偉大なヒューマニスト〉と評価することに異論はない。しかし、杉原千畝という外交官を評価するに当たり、リトアニアのカウナスにおけるヴィザ発給という側面にのみ注目することには、いささか違和感を禁じ得ない。確かに、前述のように杉原の遺産は大きい。しかし、その陰で見落とされがちではあるが、彼が同時代の日本人のために命懸けで入手した情報の意義は大きく、そこに込められた杉原のメッセージを見落としては、泉下の杉原に申し訳ない」

杉原が命懸けで得た情報とは、ドイツ軍がソ連侵攻の準備を進めていたという情報でした。この間の経緯について詳述する紙幅はありませんが、結局日本政府は杉原のこの貴重な情報を生かすことなく、それが日本外交における大きな禍根となりました（前掲書）。

杉原はリトアニアの後、ドイツ領であったケーニヒスベルク、ルーマニアのブカレストなどで勤務し、第二次大戦終結後は、ブカレストの収容所に一時収容されましたが、一九四六（昭和二十一）年に帰国し、翌年、外務省を退職しました。外務省は、帰国して同省に出向いた杉原に、君のポストはもうない、と辞職を勧めました。

戦争の終結により、不要になった外務省職員のリストラの一環であったとされていますが、訓令違反のビザ発給の責任を問われたともいわれています。あるいはインテリジェンス・オフィサーとして、戦争終結前後の国際情報や日本政府の対応に通暁していた杉原を容れられない事由があったのかもしれません。

退職後は外務省関係者との交流を断ち、ロシア語教師や貿易会社関係の仕事に従事し、一九六〇（昭和三十五）年から一九七五（昭和五十）年までは、その卓越したロシア語の能力を生かしてモスクワに駐在しています。

外務省退職後、杉原はリトアニアでのビザ発給に関して、自ら語ることはありませんでした。「命のビザ」のエピソードが知られるようになったのは、一九六九（昭和四十四）年にイスラエル政府が杉原に勲章を授けてからでした。杉原からビザの発給を受けたユダヤ人たちは、その恩義を忘れていなかったのでした。そして、一九八五（昭和六十）年にはイスラエル政府から「ヤド・バシェム」（諸国民の中の正義の人）賞を受賞しています。この年にはエルサレムの丘に、杉原の顕彰碑が建てられました。

イスラエル政府からこの賞を受賞した翌年の一九八六（昭和六十一）年、杉原は八十六年の生涯を閉じました。

一九九一（平成三）年にはリトアニアの首都にある通りの一つに「スギハラ通り」と名前が付けられ、二〇〇一（平成十三）年には、スギハラ通りと市内を流れるネリス河畔に桜を植えることになり、その植樹祭と記念碑の除幕式が行われました。その河畔一帯は、「杉原千畝・追悼・桜公園」と名付けられています。

外務省の公式見解では、杉原の退職は当時の外務省の縮小のための人員整理のためということになっていましたが、外務省は一九九〇年代に入ってから当時の経緯の検証など「関係修復」に向けて動き、一九九一（平成三）年、杉原幸子夫人を外務省に招き、これまでの政府の対応について公式に謝罪しました。二〇〇〇（平成十二）年には、杉原の人道的行為に対する顕彰碑を外務省の外交史料館の玄関ホールに設置し、その功績を讃えました。そのプレートには、「勇気ある人道的行為を行った外交官、杉原千畝氏を讃えて」と記されています。

杉原は晩年、妻の幸子にこう語っています。

「私のしたことは外交官としては間違ったことだったかもしれない。しかし、私には頼ってきた何千人もの人を見殺しにすることはできなかった。そして、それは人間としては正しい行動だった」

（杉原幸子『六千人の命のビザ』）

杉原の人柄を偲ばせる謙虚な言葉ですが、その墓前に立つとき、リトアニアでの外交官としての杉原のみでなく、複雑な国際情勢と、国家権力の思惑のなかで翻弄されたその波乱の生涯が偲ばれて、胸に迫るものがありました。

杉原より少し時代は遡りますが、杉原と並んで、もう一人、「気骨の外交官」ともいえる一人、堀口九萬一を取り上げます。

堀口九萬一を称えるプレート（在日メキシコ合衆国大使館）

杉原千畝という、傑出した人物と誰と組み合わせるか、模索しているとき出会ったのが、堀口九萬一でした。出会いのきっかけとなったのは、堀口九萬一という、一日本人の外交官の人道的行為を讃えるプレートが、在日メキシコ合衆国大使館に設置され、その除幕式が行われたという小さな新聞記事（朝日新聞、二〇一五年七月十一日夕刊）でした。

詳しくは後述しますが、およそ一世紀ほど前、当時在勤していたメキシコで、クーデターで追われた大統領の家族を含む総勢二十余名を、自身の危険を覚悟しながらも身を挺して公使館に匿って保護した一日本人外交官の人道的措置は、メキシコ政府によって、再び光が当てられることになりました。当時メキシコ公使をつとめていた堀口九萬一がその人です。堀口のこの人道的行為は、あの杉原に通じるものがあると思われたのでした。九萬一はあの著名な詩人堀口大学の父でもありますが、その名を知る人は今はもうきわめて稀有な存在となりました。

堀口家代々の墓は杉原と同じこの霊園の東側の高台にありました。なんとそれは、あの川端康成の墓の左手に隣接し、並ぶように建っていました。墓碑には「堀口家代々」と刻されています。九萬一の死後、遺骨は出身地の新潟県長岡市の墓地に埋葬されましたが、それとは別に、この鎌倉の地に堀口家代々の墓が建立されています。

堀口九萬一は一八六五（元治二）年、越後長岡藩士・堀口良治右衛門の長男として、長岡に生まれました。三歳の時、戊辰戦争で父が戦死、母のもとで、苦学しながら育ちました。

小学校時代から神童といわれ、成績優秀で、一八七九（明治十二）年、十四歳で小学校教員となり、さらに猛勉強を続け、教員の甲種試験に合格します。その後、長岡中学校へ進み、苦労した母への恩義に報いるためにも立身したいという志のもと、勉学に励みます。十九歳のとき地元長岡の小学校の校長となります。

現代とは教育制度が違うとはいいながら、異例の人事とも見えます。しかし、九萬一の志はさらに高く、校長を一年つとめたあと、司法省法学校に入学します。学力試験はトップの成績でした。

上京後、司法省法学校の給費生となり、やがて法学校が東京帝国大学法学部と合併したため、九萬一は東京帝国大学学生となります。大学在学中、江坂政と結婚し、一八九二（明治二十五）年に長男が誕生しますが、これが後の詩人堀口大学です。

一八九三（明治二十六）年、同校卒業、そして第一回外交官及領事官試験に合格、外交官人生のスタートを切ることになります。しかし、領事官補として赴任した朝鮮の仁川で思いもかけぬ事件に遭遇します。一八九五（明治二十八）年に起こった閔妃《みんび》殺害事件がそれです。これは乙未《いつび》事変とも呼ばれ、当時ロシアとの関係を強めつつあった王妃閔妃を日本軍守備隊、領事館警察官、日本人壮士らが殺害した事件です。当時韓国公使に在った三浦梧楼は、蟄居中の大院君を担ぎ出して、閔妃一派を排除しようと計画し、その大院君との接触を担ったのが、外務省領事官補として朝鮮に赴任中の九萬一らでした。

この頃の九萬一にとっての痛恨事は、かねて結核で療養中の妻・政が、若くして大学ら二人の幼子を遺し、亡くなったことでした。事件の渦中にあった九萬一の帰国は叶いませんでした。事件後、九萬一はこの事件に加わった容疑で停職処分を受け、広島刑務所に収監されます。しかし、その翌年には復職して、清国の沙市の領事として赴任します。その後、オランダ、ベルギー、ブラジル、スウェーデン、メキシコ、ルーマニア等に勤務しますが、この間ベルギーに赴任中、当地のスチナ・ジュッテルランドと再婚しています。当地で生まれた二男は、スウェーデンに因み、「瑞典」と名づけられました。

因みに、このスチナ夫人は社交的で聡明な女性で、外交官夫人としての役割を十分に果たすとともに、長男大学を温かく見守り、フランス語を教え、フランス文学へ誘うなど、後の詩人堀口大学誕生の影の功労者ともいえる人物でした。

こうした慶事の一方で、この地に在任中に、女手一つで九萬一らを育ててくれた母千代を亡くすという痛恨事もありました。

九萬一にとって特筆すべき事件は、一九一三（大正二）年、臨時代理公使としてメキシコ赴任中、メキシコの軍事クーデターに遭遇したことでした。

革命軍に追われたマデロ大統領の妻子や親族らは、親交のあった堀口九萬一公使に援助を求めました。九萬一は公使館が攻撃される危険を冒して、身を挺して彼らを匿いました。また、当時メキシコに居住していた日本人たちも、公使館にベッドや必需品を運ぶなど、支援に努めました。

そのときのことを、九萬一はこう書いています。

「この日の午後二時頃大統領マデロ夫人、大統領の両親、大統領令妹二人、即ちメルセデス夫人とアンヂェリナ夫人等が、銘々の子供や僕婢と一緒に、六台の自動車で、我公使館へ逃げ込んで来て、〈助けて下さい〉と頼まれた。余は即座に承諾して、直ぐにみんなをサロンへ案内した。総勢二十余名なので、比較的広い公使館もこれらの人達の置場に一寸まごついた程であった。自分は是等の人等に、日本公使館に逃げ込んだ以上は安心なさい、及ばずながらあなた達の生命は引き受けますよ、と云って慰めてやった。自分達夫婦を初め、大学、岩子、瑞典のベッドを大統領家族の人達に提供したので、自分達は今晩から長椅子の上や日本流に床の上に蒲団をしいて寝ることにした」（『世界と世界人』）

その後二月九日には、革命軍のウエルタ将軍は、マデロ大統領に辞職を迫りましたが、マデロはこれを拒否します。そのため、大統領を脅迫するために、大統領の家族がいる日本公使館を攻撃するという噂を三人ほどの居留民が伝えに来ました。

九萬一はウエルタの真意を確かめるために、ウエルタが占拠している大統領官邸に直行しました。九萬一は日本公使館襲撃の意図があるかどうか問い質しました。ウエルタはそれを言下に否定し、安心するよう伝えました。

この会見の折、九萬一が語った言葉の一部を見てみます。

「日本には昔から『窮鳥懐に入る。猟夫もこれを殺さず』という諺があって、逃げて来て、救いを求むものには、一視同仁これを庇護するのが日本の国風である。たとえマデロ大統領の家族でなくとも、危急の場合に日本の公使館に逃げて来た墨西哥（注、メキシコ）人なら、誰彼の差別なく皆庇ってやる。今度のことも要するに墨西哥人に対する日本人の同情の発露である。殊に墨西哥のこの頃のように、革命が頻発し、朝にして其の夕の測られざる形勢にあっては、誰か明日、ともすれば、或は貴下の家族が、今日のマデロの家族と同じ運命の道を辿って日本公使館へ逃げ込んで来ない事を断言できようや？　その時に於いては勿論自分は同じ方針で、貴下の家族を庇護してやる心組でいる。自分が墨西哥人を庇護するこの真意を了解して頂きたい」（前掲書）

この九萬一の言葉はウエルタを動かし、ウエルタはこれに深く感謝しているように見えた、と九萬一は書いています。以上は主に、堀口九萬一著の『世界と世界人』、パトリシオ・マルティネス・ガルシア連邦上院議員の「墨日外交史における重要な史実を称えるための決議案」の提案書、および柏倉康夫の『敗れし国の秋のはて――評伝堀口九萬一』などを参考にしました。

この前後の経緯について詳述する紙幅はありませんが、ともかく、こうした堀口九萬一公使の人道的対応は、日本の武士道の精神を体現したものとしてメキシコ国内において幅広く評価され、日本とメキシコの関係史を織り成す最も美しい逸話のひとつとして語り継がれています。

この事件から二ヶ月後、堀口公使は本国から帰国命令を受けてメキシコを後にしました。ウエルタが仮大統領になったいま、殺害されたマデロ大統領やその家族と親しい関係にあった堀口を、そのままメキシコ公使として赴任させておくのは危険だ、と本省が判断したからだといわれています。帰国の途についた堀口は、こんな詩を残しています（在メキシコ日本大使館編「日本メキシコ交流四〇〇年」、二〇一〇年より）。

敢えて言う　我れ国威を宣揚せり
縦横の機略を策して　危機を救う
今や戦乱はおさまり　天下泰平
順風満帆　帰国の途につけり

なお、このメキシコ在任中に、長男大学はフランス語を学ぶために父のもとに来ており、この事件に遭遇し、このクーデター事件を克明に記録（『白い花束』）しており、それは当時を知る一級資料となっています。

九萬一としては、長男大学を外交官にするのが夢でしたが、大学の病弱な体質の故もあって、その夢は叶いませんでした。

しかし、結果としてそれは大学の文学への志を叶えることともなりました。大学は、父の任地のヨーロッパへも同行し、当地の著名な作家や芸術家たちとも交わる貴重な機会にも恵まれることとなりました。大学については、本書の後章で取り上げます。

九萬一はその後、ブラジル、スペイン、ルーマニアの公使を歴任し、一九二五（大正十四）年、三十年余の長い外交官生活に終止符を打ちました。

以後、講演、執筆活動を展開します。翻訳や随筆のほか、外交論などもありますが、太平洋戦争中は戦意高揚の文章を書いたりしています。晩年は読書三昧の日々を送っていましたが、その愛読書の中には、先の山本周五郎の『日本婦道記』などもあったといいます。

そして、戦争の終わった直後の一九四五（昭和二十）年十月、八十年の生涯に幕を閉じました。

堀口九萬一が世を去って七十年後、そしてメキシコ公使として在任してからおよそ一世紀を経た二〇一五（平成二十七）年七月に、あのクーデターの時の、九萬一の人道的行為を讃えるプレートが、在日メキシコ合衆国大使館に設置されました（三十四頁前掲写真）。

そのプレートには、次のような言葉が記されています。

「メキシコ合衆国連邦議会上院は　堀口九萬一および偉大なる日本国国民に対して　一九一三年二月悲劇の数日間にわたり　マデーロ家一族へ賜った庇護を謝すとともに　人道上の模範たる行為を称えこのプレートを捧げる　二〇一五年四月二一日」

大使館でこのプレートに対面した私は、気骨の外交官堀口の人道的行為とその生涯に、あらためて深い思いを馳せたのでした。

その除幕式の式典で挨拶した、九萬一の孫で、大学の長女に当たる堀口すみれ子さんは、「歴史の大海原から祖父の勇気ある行動をすくい上げ、忘れずにいてくださったメキシコに感謝します」と語りました。そして、同じプレートはメキシコ上院にも飾られているということです（朝日新聞、二〇一五年七月十一日夕刊）。

九萬一は、メキシコでずっと生き続けていたのでした。

たまたま本書の構想中にこの記事を目にした私は、その偶然の出会いに驚きました。そして、これもまた偶然ですが、九萬一に先立つこと七年前の一九三八（昭和十三）年に逝去したスチナ夫人の墓が、我が家から程近い東京都府中市天神町のカトリック墓地にあることを知り、早速ここを訪ねました。そこにはスチナ夫人と並んで、九萬一の墓碑も建てられていました。

杉原千畝と堀口九萬一――、この二人の外交官に出会えたことは、私にとって、時代の鼓動とそこに生きた稀有な人物の気骨を実感する感動のひと時となりました。

〝我らのテナー〟と〝永遠の音楽青年〟
～藤原義江と堀内敬三

〝我らのテナー〟〝藤原ぶし〟などのコピーで親しまれた、日本を代表するテノール歌手、藤原義江と、歌劇『リゴレット』の中の「風の中の羽のように　いつも変る女心」、『ミニヨン』の中の「君よ知るや南の国」などの名フレーズの訳者で、日本における西洋音楽の普及、啓蒙家として、またオペラの演出、訳詩、作詞、作曲などで知られる堀内敬三は、不思議な縁と交友で結ばれていました。その二人に、この鎌倉の地で出会ったのも幸運でした。

藤原義江の墓（鎌倉霊園）

藤原義江は今ではその知名度もいささか薄れましたが、あの「藤原歌劇団の創設者」といえば、首肯される方も少なくないでしょう。

藤原義江の墓は鎌倉霊園のほぼ中央部に位置し、洋型の墓碑の中央に藤原のレリーフがあり、その下に、大きく

「YOSHIE　FUJIWARA」と刻されていました。いかにも、「世界の藤原」らしい、迫力のある墓碑と見受けました。左手には、「声美しき人　心清し　藤原義江」と刻された墓誌があり、墓域全体が独自の雰囲気を漂わせ、あの豪快な藤原の在りし日を偲ばせるように思えました。

藤原は一八九八（明治三十一）年、山口県下関市で貿易商を営んでいた英国人の父リードと芸者の母菊子の間に、母の実家のある大阪で生まれました。十一歳で実父に引き取られ上京、暁星学校小学部を経て明治学院中等部に入学、さらに早稲田実業など私立学校を転々としますが、問題を起こしたり、野球に熱中し過ぎたりして、いずれも卒業できず退学、その後いくつかの職業を転々とします。まさにスタートから波乱の人生といえます。

十八歳の時に、大阪へ出て沢田正二郎の芸術座の演劇を見て、舞台に魅せられます。そのときのことを、自伝の中でこう書いています。

「ある土曜の晩、東京から来た松井須磨子一座の『生ける屍《しかばね》』を浪速座で見た。トルストイを読んでいたので、それがどんな舞台になって現われるのか、固唾《かたず》をのんで見たのだが、舞台に引き入れられると同時に、それを自分が演じているかのような気持だった」（日本経済新聞社編『私の履歴書』文化人10）

一九一七（大正六）年、新国劇を創始した沢田正二郎の劇団に大部屋俳優として参加、一時、沢田の命名により戸山英二郎を名乗りましたが、その後ローシー氏の率いる歌劇団のオペラ公演を見て田谷力三の美声に魅せられ、一九一八（大正七）年根岸歌劇団（金龍館）に参加、オペラ歌手に転向、浅草オペラの創始者伊庭孝のもとで活躍しました。

一九二〇（大正九）年には、死去した父の遺産をもとにイタリアに留学、ミラノでガラッシ夫人に師事、翌年ロンドンでのデビュー・リサイタルで認められます。

なお、当時ロンドンの駐英一等書記官であった吉田茂の知遇を得て、各地でリサイタルを開いています。吉田はこのあと、奉天の総領事、イタリア大使、英国大使を歴任しますが、藤原は行く先々で吉田の世話になったと語っています。

欧米の大都市の独唱会では「東洋のバレンチノ」と騒がれました。『朝日新聞』はこれを「我らのテナー」の見出しで報じました。その後、日本と欧米を往来し、演奏活動を展開しています。藤原自身、「元来放浪性の強い私は、一ヶ所にじっとしておれず、日本に来てわずか数ヶ月するとまた外国へ旅立った」と自伝に書いています。

一九二六（昭和元）年の帰国に際しては、大歓迎を受け、帝国劇場、日比谷野外音楽堂の独唱会には観客が殺到し、整理のため、警官が出動しました。そして、「からたちの花」などが全国を風靡しました。

一九二八（昭和三）年、医学博士夫人・宮下あき（旧姓中上川、後の藤原あき）との間の恋愛事件はスキャンダルとなり、「世紀の恋」と話題になりましたが、結局あきを迎え、ミラノで結婚します。あきは藤原を支え、日本に本格的なオペラを育てるために尽力しました。

余談ですが、この藤原あきさんは、戦後ＮＨＫテレビの人気番組であった「私の秘密」のレギュラー出演者で、後に参議院議員にもなった、行動的な女性でした。先に青山霊園を訪ねたとき、藤原あきさんの墓に出会い、えも言われぬ懐かしさを感じたことを思い出しました。あきさんは後に藤原義江と離婚して、中上川という旧姓に戻り、中上川家の墓所に眠っていたのでした。

藤原は一九三〇（昭和五）年の帰国の際に、歌舞伎座で指揮山田耕筰、演出土方与志で『椿姫』を上演、これがオペラの初舞台となります。

一九三四（昭和九）年には藤原歌劇団を創立、東京日比谷公会堂でプッチーニの『ラ・ボエーム』を上演しています。その後、ビゼーの『カルメン』、ヴェルディの『リゴレット』、プッチーニの『トスカ』などを上演、日本のオペラの発展につとめました。

一方で、日本歌曲の普及にも貢献し、「波浮の港」「出船の港」「鉾をおさめて」などは多くの人々を魅了し、今でも歌い継がれています。

戦後は一九五二（昭和二十七）年に団員を率いて「お蝶夫人」のニューヨーク公演を成功させました。藤原によると、初めての日本人の蝶々夫人は喝采を博し、日米協会会長のロックフェラー三世夫妻が、大レセプションを開いてくれ、ニューヨーク市長、メトロポリタン総支配人をはじめ、各界の名士が千人も集まってくれたということです。

この年の前年にはサンフランシスコ講和会議が開かれ、平和条約が調印されています。この日本の独立が果たされたときに、日本人のオペラがアメリカで大成功をおさめたのでした。因みにこの講和会議の日本代表は、藤原と長い交流のあった吉田茂でした。その後も国内外で公演を続け、オペラの発展に貢献しました。藤原と吉田には因縁浅からぬものがあり、驚きました。

晩年になって、藤原はその自伝の中でこう振り返っています。

「私は静かにふりかえってみるのだが、藤原歌劇団が生まれてから二十四年になる。その間、ほかにも多くのオペラ団ができ、ようやく大衆の間にオペラ愛好熱が浸透してきた。上野の芸術大学にはオペラ科ができ、しかもいま、これが芸大の花形である。これから歌うたいはオペラでなければだめというくらいまで盛んになってきたことは、実に感慨無量である」

そしてこう続けています。

「齢六十になんなんとして、ある人は引退して後進の指導に当たったらどうかという。しかし私は舞台の上で歌ったり動いたりすることが、後進のために最良の指導となっているのであり、それ以外に指導の道はないと思っている。今日に到るまで実に波乱に満ちた人生であったが、人間は正直にやっておれば、だれかが力になってくれるものだという信念を抱くに至った。その意味では恵まれた境涯だといえよう」（以上、日本経済新聞社編『私の履歴書』文化人10）

本人も語っているように、藤原の一生はまさに波乱万丈といえるものでした。入退学を繰り返した悪童の時期、名テナーとして世界を股にかけて活躍し、日本のオペラを今日のレベルにまで育て上げた苦労、一方で華麗なる女性遍歴など、桁外れのそのスケールの大きさには圧倒されるばかりです。

晩年は帝国ホテルで過ごすという優雅な生活を楽しみましたが、やがてパーキンソン病に冒されて不自由な生活を強いられました。独自のダンディズムを貫き、生きた、往年の大スター藤原にも、抗いがたい不遇の老後が待っていたのでした。

一九七五（昭和五十）年、呼吸困難で日比谷病院に入院、その翌年、入院先で死去しました。七十七歳でした。華麗な女性遍歴を誇った藤原でしたが、その最期を看取ったのは、最後の愛人三上孝子でした。

生前、義江は、葬式はするな、墓もいらない、骨はナポリの海に撒いて欲しい、と語っていましたが、その遺志に従い、ナポリの海に散骨されました。

藤原義江は多彩な交友関係を持っていましたが、その中で、堀内敬三も重要な存在でした。親しい人々が次々と亡くなっていく中で、一歳年上の堀内は最後まで藤原のよき相談相手でした。

藤原はこう語っています。

「時々会っても別に何を話すでもないが、何か心のつながりを感じる。よき家族たちとの、満たされた堀内氏の生活は、氏の人柄によるものであろう。かつてボクは朝日新聞の坪田譲次氏から〝我らのテナー〟と名付けられたが、堀内氏はボクの日本歌曲に対して〝藤原ぶし〟と名付けてくれた」（『藤原義江――流転七十五年　オペラと恋の半生』）

藤原は、藤原オペラの草創期には、訳詩はもちろん、舞台監督、演出等、全部堀内におんぶしていたと語っています。

「リゴレット」の中の「風の中の羽のように　いつも変る女心」、「ミニヨン」の中の「君よ知るや南の国」などのフレーズは、今でもよく知られていますが、現在でもよく売れている藤原義江のCDには、堀内敬三訳詩のものが少なくありません。

このほかの例を少し挙げておきますと、

「さらば愛の家」（プッチーニ、歌劇『蝶々夫人』）

「岩にもたれた」（オーベール、歌劇『フラ・ディアボロ』）

「舟歌」（オッフェンバック、歌劇『ホフマン物語』）

「スワニー河」（フォスター）

「サンタ・ルチア」（コットラウ）

「冬の星座」（ウイリアム・ヘイス）

など、懐かしい曲名が並びます。

堀内敬三の墓は、鎌倉市二階堂の瑞泉寺にあります。瑞泉寺は夢窓疎石の作庭による庭や、四季を彩る花の寺としても知られていますが、鎌倉の中心部から離れた位置にあり、いつ訪れてもどこか癒される雰囲気を漂わせている名刹です。ここ瑞泉寺には、堀内のほか大宅壮一、志村喬らの墓もあります。

堀内敬三については、今はもう知名度もそれほど高くありませんが、かつて作曲家、作詞家、音楽評論家、オペラ演出家、ラジオの名曲解説等、その幅広い仕事で高い人気を博していました。

音楽評論家の宮沢縦一は、堀内について、「永遠の音楽青年で、根っからのロマンティスト。頭脳明晰でも決して冷たくなく、今に残るオペラや歌曲の名訳をものにし、驚くばかりの広範囲の物しり博士で、〈話の泉〉というNHKの人気番組の常連の解説者として鳴らし、作曲もすればオペラの演出も手がけと、行くとして可ならないものがない方だった。そして最後が今に続くラジオ番組〈音楽の泉〉の初代の解説者。その解説は内容もさることながら、話し方のマの巧みさ、寄席に通って噺家のはなし方を研究されただけのことはあるとつくづく感心した」（堀内和夫『「音楽の泉」の人、堀内敬三』）と語っています。

宮沢はこれに続けて、堀内の「音楽の泉」を聞いてクラシック音楽に目覚め、好きになったという人が結構いると書いています。私の周囲にもそういう人たちがいました。

簡潔に、的確に堀内を語った言葉ですが、以下、堀内敬三の長男和夫の書いた『「音楽の泉」の人、堀内敬三――その時代と生涯』などを参考にしながら、簡単にその経歴を辿っておきます。

堀内敬三は、一八九七（明治三十）年、東京鍛冶町の浅田飴本舗の堀内伊太郎の三男として生まれました。幼少期から、町回りの広告宣伝の吹奏楽隊「ジンタ」に惹かれ、その後をついて回るほどでした。堀内の随筆集『ヂンタ以来』の題名は、これに因んでいます。

東京高等師範学校附属小学校に入学し、そこで「牛若丸」「浦島太郎」「金太郎」などの唱歌の作曲者、田村虎蔵の強い影響を受け、音楽への関心を深めます。この頃、日比谷音楽堂で聞いた陸軍戸山学校軍楽隊の吹奏楽に大きな感銘を受け、音楽への愛着をいっそう深めていきます。

一九一〇（明治四十三）年同師範学校附属中学校に入学しますが、学業の傍ら音楽に傾倒し、ピアノや和声学、そしてフランス語の勉強にも熱中しました。すでに在学中に、歌劇『ミニヨン』のアリア「君よ知るや南の国」の翻訳なども手がけています。

先の藤原義江の言葉をもう少し聞いてみます。

「僕が初めて堀内さんに逢ったのは、大正十二年、彼がミシガン大学を終え、ボストンのMITを卒業してアメリカから帰り、僕がイタリア各国を回って帰った時で、それぞれ二十七才と二十六才の時だった。帝国劇場での僕の独唱会の司会者として堀内さんを迎えたのだが、伊庭孝氏が紹介役であった。僕はだいぶ前から彼の歌詞を歌っていたので、もっと年配の人だと思っていたのだが、僕よりたった一つ年上とのこと。それでは、あんなにいろいろある訳詞は彼が十五、六才の頃に訳したことになる。歌劇『ミニヨン』の中の『君よ知るや南の国』などずいぶん美文でロマンチックなのだが、そんな若い頃の訳だったのかと驚いた。その歌詞がいわゆる西洋音楽を人々に親しませたきっかけになったともいえるのだ」(藤原、前掲書)

私もまた、よく知られたこのアリアの訳詩が堀内の十五、六歳の頃の仕事と聞いて驚きました。

一九一七(大正六)年、堀内はミシガン大学で機械工学を学ぶために留学します。堀内の大学での専門が機械工学であったとは意外でした。実は音楽の勉強では賛成が得られず、もう一つの趣味であった蒸気機関車に縁のある自動車工学を専攻するためでした。専門学科で学ぶ傍ら、音楽学部の専攻科で音楽を学びます。この地は自動車産業が盛んでしたが、また教育と文化の中心地でもありました。大学では一流のオーケストラを招いて音楽祭が開催されるなど、豊かな音楽環境にも恵まれていました。週末にはデトロイトで演奏会やオペラを楽しみました。

堀内は本来の専門を軽視することなく真摯に学び、やがてさらにそれを深めるために、理工系の最高学府であるMITの大学院に進学します。MITでは、理工系の大学でありながら、文科系の学科の履修も重視され、ここで学んだことが、堀内の幅広い教養の素地となりました。なお、日本における理工系の最高学府といわれる東京工業大学も、MIT同様、文系科目重視の伝統で知られています。

同時に、MITはボストン交響楽団のあるボストンにあり、ここでも、堀内は豊かな文化的な環境の中で得がたい音楽体験をしています。一九二三（大正十二）年、MITの修士課程を修了し、帰国の途に就きますが、その船中にあるとき関東大震災が起こり、横浜港着の予定が神戸に変更されました。その翌年には、留学中に知り合った中沢竹子と結婚しています。

一九二五（大正十四）年に東洋音楽学校（現東京音楽大学）の講師に就任します。この頃、あの淡谷のり子が堀内の講義を受講しています。

「堀内先生は雑司ケ谷からでした。もう有名な方でしたから上級生なんかが〈あ、この翻訳も堀内先生だ〉なんてよく言ってました。楽式を教わりましてね。とっても楽しい授業で、固くならないで。だから休まずに出席しました。目白の駅でお目に掛かって新宿で途中下車してお茶を御馳走になったことも何度かありました。色々なお話を伺いながら。新宿って言いましても高野フルーツパーラーぐらいでしたね、あの頃は。まだお若くて活躍なさっている盛りです」（堀内和夫、前掲書）

以降、堀内は、日本における西洋音楽の普及、啓蒙家として、オペラの演出、訳詩、作詞、作曲、音楽の解説者、出演者として、あるいは楽団の世話役、音楽の友社の創立等、実に多彩な活動を展開しています。堀内の訳詩による歌曲は、今でも広く歌われていますが、最も人口に膾炙しているものの一つ、「サンタ・ルチア」の訳詩を引いておきます。

サンタ・ルチア

月は高く　海に照り
風も絶え　波もなし
月は高く　海に照り
風も絶え　波もなし
来よや友よ　船は待てり
サンタ　ルチア
サンタ　ルチア
来よや友よ　船は待てり
サンタ　ルチア
サンタ　ルチア

ほのかなる　潮の香に
流るるは　笛の音か
ほのかなる　潮の香に
流るるは　笛の音か
晴れし空に　月は冴えぬ
サンタ　ルチア
サンタ　ルチア
晴れし空に　月は冴えぬ
サンタ　ルチア
サンタ　ルチア

このほかに、あの慶應義塾大学の応援歌「若き血」の作詞作曲なども手がけています。まだプロ野球のない時代、早慶戦は絶大な人気を誇っていましたが、堀内の「若き血」は、神宮球場の応援合戦に大きな華を添えるものとなりました。

しかし何と言っても特筆すべきは、堀内のラジオ放送における大きな業績でしょう。

日本におけるラジオ放送は、一九二五（大正十四）年、東京放送局開設に始まるわけですが、堀内はその草創期から、この新しいメディアに関わってきました。堀内は嘱託として音楽番組の責任者をつとめています。少人数のスタッフで、企画、演出、編成を手がけ、徐々に成果を上げました。堀内のさまざまな経験とキャリア、そしてアメリカ留学中にラジオに親しんでいたことが、大きな力となりました。

しかし、堀内のラジオに対する貢献は、こうした音楽番組の領域に止まりませんでした。自ら企画者として、あるいは構成者としてのみならず、出演者としてこのメディアに関わり、ラジオの黄金時代を築く功労者となりました。

その代表的な番組が、「話の泉」と「音楽の泉」です。

終戦直後の一九四六（昭和二十一）年に始まった「話の泉」は、アメリカのクイズ番組「インフォメーション・プリーズ」の日本版ですが、たちまち人気番組となりました。堀内のほかに徳川夢声、サトウハチロー、渡辺紳一郎、大田黒元雄らがレギュラーをつとめました。まだテレビのなかった時代、その新鮮な企画と、魅力的な出演者たちが、国民の圧倒的な支持を受けました。そして一九六四（昭和三十九）年まで二十年近くも続く長寿番組となりました。

もう一つは「音楽の泉」です。

この番組は一九四九（昭和二十四）年に第一回が放送され、以降、現在まで続く長寿番組となりました。

毎週日曜日の午前八時に始まるこの番組は、その内容はもちろん、堀内のやわらかく平易な話し方が人気を集め、新しい洋楽ファンを広く開拓していきました。シューベルトの「楽興の時」のテーマ音楽と堀内の語り口に、今でも多くの人が熱い思い出を持っているようです。

堀内はまた、旺盛な著作活動によって、『日本唱歌集』『明治・大正・昭和流行歌曲集』『音楽五十年史』『音楽明治百年史』など多くの作品を遺しています。

一九七六(昭和五十一)年、長い交友関係にあった藤原義江が亡くなり、堀内はその音楽葬の葬儀委員長をつとめました。しかし、堀内自身この頃大病を経験し、徐々に衰弱していきました。

一九八三(昭和五十八)年風邪で発熱し入院、その後肺炎のためその生を閉じました。満八十五歳十ヶ月の、限りなく密度の濃い、充足の生涯であったといえます。

青山葬儀所で行われた音楽葬では、「音楽の泉」の録音が再生され、「サンタ・ルチア」「若き血」などの合唱や、「音楽の泉」のテーマ曲であったシューベルトの「楽興の時」の演奏などが行われ、感動的な葬儀となりました。

また、多くの市民たちから、その死を悼み、堀内への思いを綴る言葉が寄せられました。その生涯と仕事と人柄が、いかに多くの人々の胸の奥深くに刻まれていたかを物語るものでした。

藤原義江と堀内敬三、経歴も人柄も全く対照的ともいえる二人ですが、不思議な縁に結ばれ、深い交友を結び、そして私たちに多くの遺産を残してくれたこの二人は、今この鎌倉の地で、静かな眠りについています。

『伊豆の踊子』、文士と女優
～川端康成と田中絹代

川端康成は、作家たちはもちろん、それ以外の学者や芸術家、映画人たちなど多くの人々との広い交友でも知られています。同じこの鎌倉の地に眠る故人たちにも、それは少なくありません。ここでは、その中から、あえて作家同士を避けて、同業以外の人を選びました。

川端康成と田中絹代（昭和40年11月12日「伊豆の踊子」文学碑の除幕式にて）ⓒ文藝春秋／amanaimages

『伊豆の踊子』という名作が結ぶ、作家と女優という組み合わせです。
川端文学は多くの映画作品にもなっていますが、なかでも『伊豆の踊子』ほど、再三映画化された作品はそれほど多くはありません。たとえばその作品の主演俳優を見てみると、田中絹代・大日方傳（一九三三）、美空ひばり・石浜朗（一九五四）、鰐淵晴子・津川雅彦（一九六〇）、吉永小百合・高橋英樹（一九六三）、内藤洋子・黒沢年男（一九六七）、山口百恵・三浦友和（一九七四）など、懐かしい顔ぶれが並びます。その初めての作品が、田中絹代主演によるものでした。まだ若い頃の田中絹代の初々しい旅芸人一座の踊り子役が印象的でした。

その浩瀚な業績の中で、『伊豆の踊子』という作品が、川端にとっても田中にとっても最高傑作というわけではありませんが、本稿では、二人を結ぶものとして、主にこの作品にふれながら、以下話を展開していきます。

原作者と主演女優として、『伊豆の踊子』という作品が結んだ川端康成と田中絹代の二人ですが、ともに不遇な幼少時代を過ごしています。そして、文学の世界と映画の世界で最高の栄誉に恵まれたこの小説家と映画女優は、その人生の締めくくり方もまた衝撃的であり、あるいは不遇なものでありました。

川端の墓は、先の山本周五郎と同じ鎌倉霊園にあります。森光俊さんの掃苔録を手に、ようやく辿り着いたその高台の一帯には、川端のほか、詩人の堀口大学、歌舞伎俳優の二代目尾上松緑、二代目中村鴈治郎、画家の宮本三郎ら錚々たる人物が眠っていました。川端の墓碑の「川端家之墓」の文字は、戦後日本を代表する日本画家東山魁夷の筆によるものです。川端と東山は、東山がかつて川端の本の装丁を手がけたことを契機に、深い交友関係にありました。

川端は一八九九（明治三十二）年、大阪市北区此花町（現在の北区天満橋）に、医師川端栄吉の長男として生まれました。父栄吉はもともと虚弱で、康成が生まれた翌々年に死去しています。さらにその翌年、康成が三歳の時に母げんが死去するという不幸に遭遇しています。その後祖父母と暮らすることになりますが、やがて康成が七歳のときに、康成に愛情をかけてくれていた祖母が、そしてそのしばらくあとにたった一人の姉芳子が死去し、康成は祖父と二人残されました。その祖父も康成が十四歳の時に亡くなり、文字通り不遇で孤独な幼少時代を過ごすことになります。そうした境遇が、康成の心情に付きまとい、その生涯と作品に翳を落とすことになります。

伊藤整はこう書いています。

「あらゆるこの作家の作品に漂っているところの、うすら寒い風の中にいて、どこかに暖かなもの、美しいものを求める願いを心の深いところで燃やしている気配は、もし原型を求めれば孤児の感情であろう」(『日本文学全集』〈集英社〉解説)

大阪府立茨木中学校時代には、日本の古典を含め読書に熱中し、また地元の小新聞に投稿したりしています。なお、この茨木中学時代の下級生に、後に評論家として大成する大宅壮一がいました。

一九一七(大正六)年には茨木中学を卒業し、第一高等学校に入学します。そして一九二〇(大正九)年、東京大学英文科に入学、在学中、雑誌「新思潮」に『招魂祭一景』を発表、菊池寛、久米正雄らに認められます。

そして菊池寛創刊の「文藝春秋」同人となり、一九二四(大正十三)年横光利一らと「文藝時代」を創刊し、新感覚派の重要な作家として活躍します。

一九二六(大正十五)年、『伊豆の踊子』を、雑誌「文藝時代」に発表します。単行本としては、翌一九二七(昭和二)年に刊行されています。

これは、川端の出世作ともいわれる、初期の代表的作品で、著者の実体験をもとにしています。孤独や憂鬱な気分から逃れるために伊豆への旅に出た高校生（旧制）が、そこで出会い、道連れとなった旅芸人の一座の幼い踊り子との淡い恋愛感情を描いたものです。

その川端の伊豆への旅は、一九一八（大正七）年、二十歳の秋のことで、その当時の気持ちを、川端は小説「少年」のなかで、次のように書いています。

「私は高等学校の寮生活が、一、二年の間はひどく嫌だった。中学五年の時の寄宿舎と勝手がちがったからである。そして、私の幼年時代が残した精神の病患ばかりが気になって、自分を憐れむ念と自分を厭《いと》う念とに堪えられなかった。それで伊豆へ行った。

旅情と、また大阪平野の田舎しか知らない私に、伊豆の田舎の風光とが、私の心をゆるめた。そして踊子に会った。いわゆる旅芸人根性などとは似もつかない、野の匂いがある正直な好意を私は見せられた。いい人だと、踊子が言って、兄嫁が肯《うべな》った一言が、私の心にぽたりと清々しく落ちかかった。いい人かと思った。そうだ、いい人だと自分に答えた。平俗な意味での、いい人という言葉が、私には明りであった。湯が野から下田まで、自分でもいい人として道づれになれたと思う、そうなれたことがうれしかった」

旅芸人の踊子との出会いによって、「孤児の感情」が解きほぐされていく過程が語られており、それが『伊豆の踊子』という作品に結実していきます。

先に書いたように、この作品は再三映画化されていますが、その第一作が、監督五所平之助、主演女優田中絹代でした。
川端は、この作品について、「『伊豆の踊子』の映画化に際し」という小文の中でこう書いています。
「私は映画『伊豆の踊子』の批評をしようとは思わない。原作者の批評などというものは、たとえば私みたように、日頃は映画についてあまり考えぬ者の言葉であっても、それがただ原作者であることのゆえに、さもまことしやかな印象を読者に与えるものである。これは製作者にとっては、迷惑なことにちがいない。（中略）原作者の気持がよく出ているなんか、面映くていえるものでなし、気に入らぬ顔をすれば、製作者の仕事あがりの喜びを確かに先ず傷つけることになる。幸い『伊豆の踊子』は楽しく見られたのであったが。（中略）
田中絹代の踊子はよかった。殊に半纏をひっかけて肩のいかった後姿がよかった。いかにも楽しげに親身に演じていたことも、私を喜ばせた」（『川端康成全集』33）
田中絹代もこの作品について、『伊豆の踊子』は、自身にとってことさらに思い出深い作品となり、この作品に出演したことによって、映画について何か新しいことを学んだような気がした、と語っています。
『伊豆の踊子』は、再三の映画化と同時に、テレビドラマやアニメ、舞台でも取り上げられる人気作品となっています。また、エドワード・G・サイデンステッカーの英訳（The Izu Dancer）のほか、多くの国で翻訳され、愛読されています。

一九三七（昭和十二）年に刊行された『雪国』は、川端文学の代表作として高く評価され、多くの国で翻訳刊行されています。そのほか、『山の音』『千羽鶴』『古都』なども外国語訳され、多くの読者を獲得しています。

一九四八（昭和二十三）年には日本ペンクラブ第四代会長に就任し、一九五七（昭和三十二）年に国際ペンクラブ東京大会を主催し、一九六一（昭和三十六）年文化勲章を受章しています。

そして、一九六八（昭和四十三）年にはノーベル文学賞を受賞します。

日本人のノーベル賞受賞者は、湯川秀樹、朝永振一郎に続いて三人目、文学賞では初の受賞者となりました。受賞理由として、日本人の心の精髄をすぐれた感受性をもって表現し、世界の人々に多くの感銘を与えた、その叙述の巧みさ、が挙げられています。

授賞式で、川端は「美しい日本の私――その序説」と題する記念講演を行いました。

しかし、そのノーベル賞受賞から四年後の一九七二（昭和四十七）年四月十六日、逗子市小坪のマリーナ・マンション四階の仕事部屋でガス自殺しました。遺書がないため、原因はわかりません。

半世紀に亘る交友のあった、作家舟橋聖一は、その追悼の文章を、「一般には理解され難いことではあるが、〈幸福とは、同時に重荷である〉という言葉が、川端さんの死の本質の底に沈澱しているのを、わたしは密かに想像しつつ、いまやこの世にない川端さんの面影を、追慕するほかはないのである」（講談社文芸文庫編『追悼の文学史』）と結んでいます。

また、長い親交のあった画家の東山魁夷は、「新潮」臨時増刊号の「川端康成読本」の追悼文

「星離《わか》れゆき」の中でこう書いています。

「先生はご自分を怠惰だと、よく、云われたが、実際は反対であった。一人の人間に可能な範囲を遥かに超えた仕事を成就され、全く精力的に活動をされた。そして、いま、ようやく休息に入られたのである。

怠惰なのは私達であることを知らねばならない。痛恨を経て、私は心身の引き締まる想いが生まれてくるのを感じる。先生の亡き後の心の空虚は埋めようもないが、私はこれから日の暮れ近い旅路を歩み続けねばならぬ」（水原園博編『巨匠の眼――川端康成と東山魁夷』）

先に書いたように、『伊豆の踊子』は再三映画化されましたが、その第一作で主演したのが田中絹代でした。田中絹代と川端康成の接点もそこにあります。

田中は、この映画がことさら思い出深い作品であると語っていましたが、原作者川端康成について、こう語っています。

「ロケーションは伊豆だけでなく、信州にもまいりました。夏のことで、ちょうど軽井沢に川端先生ご夫妻が避暑をなさっており、そこで初めて先生にもお目にかかりました。先生も、映画化をたいそう喜んでおられたのです。

名作の映画化が機縁で、先生ともお知り合いになることができた私でしたが、その後も同じ鎌倉住まいということで、よく鎌倉駅のホームでお目にかかる機会がありました。（中略）

戦後になって、あれは何年くらい前でしたか、下田街道に『伊豆の踊子』の文学碑が立ち、その除幕式に招かれて、先生ご夫妻のおともをしたことがありました。そのときは吉永小百合さんもご一緒でした。

かつて映画に使った宿屋のステンドグラスも、撮影のとき私が登った木もまだ残っていて、見るものすべてが、なつかしい思い出ばかりでした。先生もたいへんごきげんで、その日は一緒にお食事をしたり、おそくまでお話をしたりして帰って来ましたが、それが私にとっては先生にお目にかかった最後になりました」（日本経済新聞社編『私の履歴書』文化人13）

先にも述べたように、『伊豆の踊子』のヒロインは何人かの女優によって演じられていますが、映画評論家の佐藤忠男は、そのなかでやはり田中絹代が出色であったと次のように語っています。

「主役の踊り子は、のちに五人の新進スターによって演じられることになるが、後の時代になるほど、どうしてもきれいごとになってゆく。かつての旅芸人の少女たちの厳しい生活のありかたと懸命さ、健気さ、可憐さという点で、やはり田中絹代を超えることはできなかったように思う」（『映画俳優』）

その田中も、川端と同じこの鎌倉の地で永い眠りについていました。

田中の墓は鎌倉五山の一つで、鎌倉時代の代表的な禅宗寺院である円覚寺の塔頭、松嶺院にあります。本堂の後ろに回り込むように遍路みちがあり、その坂を登りつめたところに墓地がありました。ただし、この松嶺院の拝観は、春と秋の特別な時期に限られています。

半円形の独特な形の田中の墓碑には、その正面に二十三歳という若き日の絹代のブロンズ像がありました。それは、どこか語りかけてくるような、穏やかな表情を漂わせていました。そしてその左側に、「游於藝」という文字が刻されていました。これは、『論語』の孔子の言葉で、「芸に遊ぶ」と読みます。なかなか風格があり独自の味わいを見せるこの文字は、小津安二郎の所望により、歌人で書家でもあった会津八一が揮毫したもので、田中絹代の又従弟にあたる映画監督の小林正樹が、絹代の三回忌にこれを建てた旨の記述が、墓碑の裏面にありました。『人間の条件』などの名作で知られる小林は、絹代を深く敬愛していたといわれます。

田中絹代の墓（円覚寺塔頭 松嶺院）

左手の墓誌には、「迦陵院釈尼絹芳大姉　昭和五十二年三月廿一日　田中絹代六十七才」とあり、その隣に「游芸院釈正樹　平成八年十月四日　小林正樹八十才」とあり、小林正樹も、ここに眠っていたのでした。

田中は一九〇九（明治四十二）年、山口県下関市に生まれました。川端より十歳年下ということになります。父は下関で幅広く事業を営み、絹代は四男四女の八人兄姉の末娘でした。絹代という名前は、田中の言葉によると、「たとえ美人でなくてもいいから、せめて肌だけは絹もちのように」

という願いを込めて名付けられたということです。

二歳の時父が死去し、下関で小学校に入りますが、やがて生活が困窮し、伯父を頼って大阪に転居します。大阪では、学校に通う傍ら筑前琵琶の宮崎錦城につき琵琶を習い、やがて錦華という名をもらいます。しかし学校で手工の時間にこっそり琵琶の本を読んでいたのが見つかり、雨の中一人校庭に立たされ、惨めな思いをしたのがきっかけで不登校となりました。

そして師匠の宮崎錦城が組織した琵琶少女歌劇に入り、楽天地で公演します。その楽天地は映画館等が立ち並ぶ娯楽街であったので、絹代はそこで映画館に出入りし、その魅力に取り付かれました。とくに栗島すみ子の『虞美人草』は衝撃的でした。

「女優になりたい」という絹代の訴えを聞いて母は激怒しました。しかし、事態を救ってくれたのは伯父でした。伯父は母の説得に一年半もかけ、結局母を納得させました。そしてたまたま松竹キネマに勤めていた兄の仲介で松竹の下加茂撮影所に入ることになり、これが絹代の長い映画人生のスタートとなります。絹代十四歳の夏のことでした。

一九二四（大正十三）年、『元禄女』でデビューし、その後蒲田撮影所へ移り、女優への道を歩みます。当時の撮影所の俳優には、大部屋、準幹部、幹部という一種の階級制度がありましたが、絹代は十六歳で準幹部から幹部に昇進、小津安二郎や五所平之助監督作品で好演し、日本映画の代表的なスターへの道を順調に辿ります。一九三一（昭和六）年の日本初のトーキー映画『マダムと女房』（五所平之助監督）はキネマ旬報ベスト・テン一位に輝き、松竹の看板女優となりました。

その後、『金色夜叉』『伊豆の踊子』などで熱演し、一九三五（昭和十）年の『春琴抄』では島津保次郎監督に厳しい指導を受け、成熟した演技を披露、トップスターとなります。因みに、田中はこの年大幹部に昇進し、一九四三（昭和十八）年にこの制度が廃止されるまで、大幹部になったものはありませんでした。以降、一九三八（昭和十三）年には、野村浩将監督の『愛染かつら』でヒロインを演じ、女性観客の圧倒的な支持を受け、空前の大ヒットとなります。

戦後、一九五二（昭和二十七）年、溝口健二監督の『西鶴一代女』に主演、翌年の『雨月物語』はベネチア国際映画祭銀獅子賞を受賞します。

一方、絹代は日本を代表する女優であると同時に、監督として、『恋文』『月は上りぬ』『お吟さま』などの作品を残しています。

女優としては、一九五八（昭和三十三）年の『楢山節考』（木下恵介監督）では、息子に捨てられる老母役を、自身の前歯（差し歯）四本を抜き取って役作りする体当たりの演技を見せ、キネマ旬報賞女優賞を受賞しました。また、『サンダカン八番娼館　望郷』（熊井啓監督）では、ベルリン国際映画祭女優演技賞を受賞しています。

この二作品では、いずれも老婆の役を演じましたが、老いを感じ始めた絹代が、それをそのまま受け入れ、さらけ出して成功したものだと、新藤兼人はいいます。

木下恵介もこう語ります。

「年をとって、度胸すえちゃったんですね、サンダカンなんか、あんな醜悪な顔を写させるんだもの、老いというものを武器にしてやろうとね。『楢山節考』のときも、さし歯していた前歯を抜いちゃったんだもんね、老婆の感じだすために。あんなに自分というものにうちこんで、それが天命だとして生きてきた人はほかにないいんじゃないんですかね、女優としての顔をどんなときにもくずさなかったですね」（『小説 田中絹代』）

絹代の執念、女優魂を物語る言葉です。

女優として高い評価を受ける一方で、絹代は重い家庭の事情を背負っていました。長兄が、当時いわば非国民と言われた徴兵忌避という行為に走り、行方不明になり、次兄が東京遊学中に神経を病み、華厳の滝に飛び込むという事件を起こしました。一時回復しましたが、やがて肺炎に罹り、行き倒れになってしまいました。さらに戦後復員のあと、重い肝臓障害に罹った上の兄と、失明寸前となった下の兄の看護に努めます。上の兄が病死したあと、やがて下の兄がパーキンソン病に罹り、その看護に専念せざるを得なくなります。四人の兄の中でたった一人残った兄のために、献身的に介護に尽くした絹代のもう一つの貌を知り、感動を覚えるとともに、あの華やかな世界の姿とのギャップに、戸惑いを覚えました。

日本映画の頂点を極めた女優田中絹代は、一九七七（昭和五十二）年、脳腫瘍のため、順天堂病院で六十七年の生涯を閉じました。又従弟に当たる小林正樹監督に語った最後の言葉は、「桜の咲く頃は、きっと鎌倉の家へ帰ってお花見するからね」でした。

田中絹代は、その五十年の映画人生を振り返って、こう語っています。

「五十年の女優生活を振り返ってみると、楽しかった思い出というものは、ほんのわずかばかりで、どちらかといえば、つらく、悲しいことばかりの連続だったような気もいたします。〈おまえ、ほんとうにきょうまで、よくやってこられたね〉と、思わず自分をいとおしみたくなるような、そういう長い、苦しい歳月でした。

けれど、たとえ苦しみの多い年月だったとはいえ、こうして、私が映画いちずに過ごしてくることができたのも、それは、長い間、私をひいきにしてくださったファンのかたがたや、私をスターに、そしてひとりの女優として育て上げてくださった映画界のかたがたのおかげであることは申すまでもありません。

それは、いってみれば、私が映画を捨てなかったのではなく、映画のほうが私という女を見捨てないでくれたのに違いありません」（日本経済新聞社編『私の履歴書』文化人13）

築地本願寺で営まれた葬儀では、松竹会長の城戸四郎が葬儀委員長をつとめ、五千人の参列者がその死を悼みました。

絹代の遺骨は、故郷下関の田中家の墓地に埋葬されましたが、絹代を限り無く敬愛した小林正樹の手でこの円覚寺松嶺院に分骨され、墓碑が建立されたのでした。

ブロンズ像を刻したこの絹代の墓は、ひときわ異彩を放ち、その墓前に立つとき、あらためてこの名女優の波乱の生涯が偲ばれるのでした。

1957（昭和32）年7月19日、後楽園球場における里見弴古稀、大佛次郎還暦記念野球大会。中央左が里見弴、右が大仏次郎
（写真提供：横浜市大佛次郎記念館）

「白球」が結ぶ文士たち
～里見弴と大仏次郎

ともに鎌倉文士として、里見弴と大仏次郎とは親しい付き合いの間柄でしたが、二人はまた無類の野球好きとしても知られています。同じ鎌倉に住むこの二人は年齢差が十歳ということで、何かとお祝いが重なることも多く、その祝いのときは、それぞれが野球チームを組んで、記念の対戦をしています。

里見が古希で、大仏が還暦の一九五七（昭和三十二）年七月には、後楽園球場を借りて野球大会を開催していま す。里見チームと大仏チームに分かれて、日頃親しくする作家や友人知人が出場し、また応援団には銀座の酒場の女性陣も参加しました。

長い交友のあった小津安二郎は、その日記の中で、この記念の野球大会について、「七月十九日里見大仏古希還暦祝賀野球大会に出場。美姿颯爽たりしも、武運つたなくアキレス腱あえなく切断」と書いています。このため一カ月の入院という小津にとっては不運の出場となりましたが、多くの知名の士たちが参加した盛大な大会であったことを物語っています。

また、里見が八十歳、大仏が七十歳の祝いのときは、鎌倉の御成小学校の校庭を借りて両チームの対戦が行われました。そのときのことを、漫画家で、同じく鎌倉に住み、親しい付き合いのあった那須良輔はこう書いています。

「略式フロックコートに山高帽姿の横山隆一さんが司会役で、東京から石川達三さんや北条誠さん、当時野球の名解説者だった小西得郎さんなど大勢参加された。それぞれの応援団には有島生馬、川端康成、永井龍男、林房雄、海老原喜之助、今日出海、大山康晴などの皆さんと地元の野球ファンが大勢集まった。里見先生はとても八十歳とは思えぬ凛々しいユニフォーム姿でバットを振って馳けられたのだから観衆は大喝采であった」(『わが酒中交遊記』)

文学者に限らず、幅広い錚々たる参加者の顔ぶれにも驚きますが、イベント好きの鎌倉文士たちの姿と、里見、大仏の交友の広さを物語っているように思います。

ここでは、その里見弴と大仏次郎の二人を取り上げます。

里見弴と聞いても、今ではもう馴染みの薄い存在になってしまいましたが、九十四歳まで生きた長命の作家であり、小津安二郎との長い交友でも知られています。

先に原節子が亡くなったとき、彼女の主演作が相次いで放映されましたが、そのなかの小津作品である『秋日和』『彼岸花』の原作が里見弴であることを知り、里見の作品をあらためて読み直したのでした。

里見の墓は、川端康成や堀口大学と同じ鎌倉霊園にあります。その墓碑は、ごく普通の和型で、同じこの霊園にある、あの山本周五郎の自然石の墓碑とは、対照的な佇まいを見せていました。

里見弴は一八八八（明治二十一）年、父武の勤務地であった横浜市で生まれます。五男二女の七人兄妹で、長兄は作家の有島武郎、次兄は作家で画家の有島生馬であることはよく知られています。里見は母方の姓を継いだので本名は山内英夫となっています。因みに父武と長兄武郎の墓は東京の多磨霊園にあり、この近くに住む私の散策のコースにあります。また、次兄の生馬と、甥の俳優森雅之の墓は、この鎌倉の材木座霊園にあります。

里見は学習院初等科から中等科に進み、兄たちの影響を受けて文学に親しむようになります。そして次兄生馬を通じて志賀直哉との交友を持ったのもこの頃からでした。

東京帝国大学英文科を中退し、一九一〇（明治四十三）年、志賀直哉や武者小路実篤らと「白樺」を創刊します。

一九一五（大正四）年、大阪の芸者の山中まさと結婚します。貴族階級の子弟が芸者と結婚するということは、当時の常識から見て抵抗が多かったのですが、里見はこれを敢行します。

一九一六（大正五）年、最初の作品集『善心悪心』を発表、初期の代表作として里見の文名を高めましたが、これがもとで、年来の友人志賀直哉と絶交状態に入ります。

一九一九（大正八）年に久米正雄、吉井勇らと『人間』を創刊、主義や主張より生身の人間を描くことを主張しています。一九二二（大正十一）年から二三（大正十二）年にかけて「時事新報」に連載した『多情仏心』を二七（昭和二）年に刊行、独自の倫理観「まごころの哲学」を展開、長編の代表作となります。そして一九二七（昭和二）年から三〇（昭和五）年まで三つの雑誌に発表された『安城家の兄弟』は、兄武郎の心中事件を含む、自身が育った有島家のことを描いて、話題を呼びました。

戦時下においても、思想統制が厳しいなか、自身の生き方を貫きました。一九四五（昭和二十）年、敗戦の年には、川端康成、久米正雄、高見順、中山義秀らと、鎌倉文庫を創設、貸本屋兼出版社として事業を展開しました。この文庫は、戦時下の文士たちの生活苦の救済と、活字に飢えた市民たちの読書欲に応えるためのものでしたが、多くの市民に歓迎され、「文士の商法」は成功しました。

その後、『道元禅師の話』『羽左衛門伝説』『極楽とんぼ』を刊行、一九五九（昭和三十四）年には文化勲章を受賞しています。

また、鎌倉に近い大船撮影所との交流もあり、とくに小津安二郎監督とは親しく付き合い、里見は小津をよく家に招き、酒食と歓談を楽しみました。里見邸での小津の時間は、掛け替えのない安らぎのひと時でした。小津の日記には里見がしばしば登場しています。小津は里見を尊敬しており、その作品を高く評価していますが、先に述べた通り小津の代表作『秋日和』『彼岸花』の原作は里見弴です。

これらの作品は、先ず原作があってそれを映画化するというスタイルではなく、里見と小津と脚本家野田高梧の三人が話し合い、大まかな物語を決めたあと、里見は小説を書き、小津と野田はシナリオを書くという方式をとっています。小津の日記には、三人が湯河原や熱海で話し合いをしたことが綴られています（『小津安二郎文壇交遊録』）。

小津は、里見の小説について、こう書いています。

「先生の小説の、とりわけ、会話の流麗さは、ことごとく、映画のシナリオにも通じ、僕にはこの上もないテキストなのです。

先生の小説は、その材料と、それを料《はか》る庖丁《ほうちょう》に、そのときどきの多少の相違はあれ、つけ味、もち味、だし味と、その割烹《かっぽう》のいずれにも、昔からの暖簾《のれん》の、名代のうまい食いもの屋の、豊かな味があります。

芳醇な、灘の生一本。スコッチなら、キャラクターもあり、ボディもある、飛びきり無類の味だと思います。まことに、天下の美禄です」（前掲書）

また、里見の四男の山内静夫は、里見と小津の深い交友の証しとなる、あるエピソードについて語っています。

「更に強烈なイメージで私の瞼に焼きついていることがある。昭和三十八年十二月十二日私はその日に亡くなった小津先生の遺体に付き添い、東京から北鎌倉のご自宅まで寝台車で戻って来た時、浄智寺の奥の小さなトンネルの入り口の前に立っていた父の姿である。日頃から冠婚葬祭には殆ど顔を出さない父だったし、冬のもう夜の八時に近い時刻であったから、私はわが眼を疑った。父はステッキを両手でギュッと握りしめ、それに体を託すように、何かに堪えているように見えた。私は遺体を仲間と肩にかついで、黙ってその前を通りすぎた。哀しみなのか何なのか、感情を体全体に漂わせている父を見て、私は父の小津安二郎に対する友愛の強さを更めて知り、こらえていた涙が一度に溢れ出てしまった事が忘れられない」（野々上慶一・伊藤玄二郎編『父の肖像』）

里見について浩瀚な評伝を書いた小谷野敦は、その中の一つの章を「小津安二郎との日々」として取り上げています。

小津作品の背景には、里見のほか、川端康成、小林秀雄、大仏次郎ら鎌倉文士たちとの深い交流があったことは、もっと注目されていいと思います。

晩年は一年の半分を栃木県の那須高原の山荘で過ごしましたが、漫画家の那須良輔の別荘もすぐ近くにあり、隣人として付き合っています。

里見は悠々天寿を全うし、『白樺』最後の作家として、一九八三（昭和五十八）年一月二十一日、鎌倉の病院で死去しました。明治、大正、昭和を生き抜いた、享年九十四歳という長寿でした。

葬儀は、遺志により、一切の宗教的儀式が廃されたといいます。

最後に、里見の主治医であった道躰祐二郎の言葉を引いておきます。

「大正に生れ育った私には、明治という時代に対して一種のあこがれのようなものがあり、里見さんはその明治の空気を私の胸に吹き込んでくれた方でした。

里見さんを評して、徹底的に自分の生き方をした人だといわれますが、確かに、節を曲げないというか、人を信じたらとことんまで信じて疑わないというような方でした。私ごときものにでも健康管理の総てを委せ切って下さいました。老いることのない透徹した頭脳の持ち主であるだけに、私は主治医としての責任をひしひしと感じると同時に、心の奥も見すかされているようで何か空恐しい気もし、又ほのぼのとした温かさを覚えることも度々ありました」(『追悼素顔の里見弴』)

身近にいた医者の目を透した、里見の鋭く、勁《つよ》い、しかし温かい人柄を物語る言葉です。

先に述べたように、同じ鎌倉文士として里見と深い交友のあった大仏次郎は、『鞍馬天狗』や『照る日くもる日』『ごろつき船』などの娯楽作品から、『ドレフュス事件』『ブウランジェ将軍の悲劇』『帰郷』『パリ燃ゆ』『天皇の世紀』などの現代小説、ノンフィクションまで実に幅広い作品を残したことで知られています。

大仏の墓は、俳人高浜虚子と同じ扇ガ谷の寿福寺にありました。虚子の墓から程近い崖の下に建つ大仏の墓碑は、右手の父政助の墓碑とほぼ向き合うように建てられ、正面には、「大佛次郎墓」と大きく刻され、右側に「昭和四十八年四月三十日　野尻清彦(注、大仏の本名)」の文字がありました。一世を風靡した大作家の墓は地味で簡素な佇まいを見せ、左手の崖下のしゃがの群生が印象的でした。

大仏は一八九七(明治三十)年、横浜市に生まれます。本名は野尻清彦で、長兄に星や星座に関する研究で知られる野尻抱影がいます。東京府立一中から一高を経て東京帝国大学法科大学部政治学科に学びます。

大学卒業後、鎌倉高等女学校教師をつとめ、その後外務省条約局嘱託となり、この頃さまざまなペンネームを使いながら、小説、翻訳等を手がけています。関東大震災を機に外務省を退職して文筆業に専念します。大仏次郎というペンネームは、鎌倉の長谷大仏の裏手に住んでいたことに由来しています。

そして『鞍馬天狗』の連作を執筆しますが、その頃のことを大仏はこう書いています。

「髷物《まげもの》を書くだけの知識も素養もなく始めてなことなのでまったく怪しげな作品だったのである。気がついてみると、私は、自分の意志でなく、鞍馬天狗なる人物に曳きずられて、物を書く人間の列に入っていた。これは困る、と思ったのは、やはり自分が何も知らず、作家などにはなれぬ人間と自己を知っていたからである。試験勉強のように、歴史を読んだり、故事をさぐったりし始めた」

（小松伸六「作家と作品　大仏次郎」『日本文学全集54』所収）

謙虚に語られた言葉ですが、やはりそこに、この作品が多くの人々に支持された一因を見ることができるように思います。「鞍馬天狗なる人物に曳きずられて」という表現が面白い。

その後『照る日くもる日』『赤穂浪士』などの新聞小説で人気が沸騰し、大衆文壇の花形となります。『ドレフュス事件』、『ブウランジェ将軍の悲劇』、第二次世界大戦後は『帰郷』やパリ・コミューンを描いた『パリ燃ゆ』があり、遺作となった、幕末から明治へかけての変革を描いた『天皇の世紀』（未完）などの作品を残しました。

その作品のジャンルは実に広く、またそれは従来の純文学と大衆文学という既成概念を超えるものでもありました。小松伸六は「純文学と大衆文学というばかげた区別を解消し、純文学にして大衆文学という総合を実践した作家が大仏次郎なのである」といっています。

小松はまた、サマセット・モームの言葉を援用しながら、「大仏次郎の作品は、小説のおもしろさとは、かならずしも通俗的なよろこびと同義語ではなく、精神の快楽、知的なよろこびをあたえるものであることを教えてくれるのである」と書いています（前掲書）。

そこに、大仏作品が厚い年齢層に愛される秘密の一つがあるように思います。

この「おもしろさの質」についての指摘はきわめて重要なことで、現代の文学やテレビの番組について考えるときにも重要な指摘となると思います。

大仏の人柄はあくまでも折り目正しく、静かな人物であったといいます。今日出海は、「大仏さんは昔も今も陽気にさわぐ人ではない。と言って陰気な人でもない。静かな人柄である。秀才でむしろ学究的にコツコツ調べものをしているのが好きらしい。（中略）書斎に明け暮れしている人は早く老い込み勝ちなのに、氏は書生気質をいつまでも持ち、白髪が近年とみにふえたのに若々しい。いまだにはにかみやで、気が弱い。恐らく一人で酒場や飲食店、百貨店などに入れまいと思われる」と書いています（前掲書）。

一九六〇（昭和三十五）年に日本芸術院会員となり、一九六四（昭和三十九）年には文化勲章を受章しています。

多くの鎌倉文化人たちもそうですが、大仏はとくに鎌倉をこよなく愛し、開発の波が押し寄せるこの古都の環境と景観を守るために尽力しました。小林秀雄、今日出海、永井龍男、川端康成ら多くの文化人たちと協力して運動を展開しました。一九六四（昭和三十九）年に誕生した財団法人鎌倉風致保存会では、その設立発起人をつとめています。おとなしく静かな人物と見られていた大仏ですが、ここでは意外な行動力を発揮しています。大仏の鎌倉への思いの深さを物語っているといえます。

一九六八（昭和四十三）年春、下腹部に痛みを感じ東京築地の国立がんセンターに入院、以降入退院を繰り返しますが、一九七三（昭和四十八）年四月三十日、同センターで肝臓がんのため亡くなりました。享年七十五歳でした。直前まで、朝日新聞連載の『天皇の世紀』に取り組んでいました。ベッドの上に座り、そして最後は仰向けになって原稿を書き続けました。「作家は仕事が生命だ。生命ある限り私は書かねばならない。私は作家です」と語っていました。

作家で評論家の藤田圭雄は、この『天皇の世紀』について、「大仏文学の個々の作品は、ヴァイオリンなりフリュートなりドラムなりの名演奏である。その名手が集まってのすばらしいアンサンブルが、『天皇の世紀』で、この作品の完成によって大仏さんも、文筆家として一生を過ごしたことに満足を感じられるのではないか」（『新潮日本文学25』）と書きましたが、残念ながらこの作品は未完に終わってしまいました。

没後、優れた著作に与えられる大仏次郎賞が設けられました。

日記に残された絶筆の言葉は、「みんなしんせつにしてくれてありがとう。皆さんの幸福を祈ります」でした。
小林秀雄は、逝去の翌日「朝日新聞」に追悼文を寄せています。その一部を引いておきます。
「『天皇の世紀』も、戊辰の役で、とうとう大佛さんの絶筆となって了《しま》った。私は、あれを愛読していた。（中略）宿病の裡《うち》に始まったこの仕事は、ずい分苦労なものだったに相違ない。
その半ばは、病院で書かれたと言っていいかもしれない。（中略）
昨年、又、手術で入院の由《よし》を聞いた。連載も夏頃で打切られた。もう駄目だろうと思った。
秋になり、近親の方から、大佛さんの病状につき、いろいろ聞いたが、この頃は、ベッドに机を据えて書いている、と言われて、思いも掛けなかったので、非常に驚いた。何処かへ連れて行かれるような奇妙な感覚を心に覚えた。そのうちに、原稿が、また新聞に載り始めた。文章の乱れは少しも見られなかった。此処では、特に長岡藩士河井継之助という人間の心の内側に努めて入り込もうとする作者の様子が、鮮やかに見てとれた。歴史の動きが、よく見えて、身動きが出来なくなるほど、よく見え過ぎて、その為に歴史に取り殺されて了《しま》うという事が、この人物には起きている。というのは、歴史の一番大事な意味が、人目には附きにくい、この人の内部で体得されているという事である。この人の心は及び難く正直で、少しの歪みもないと作者は見ているように思われたのであった」（朝日新聞、一九七三年五月一日）
最後の最後まで執筆に執念を燃やし続けたその姿は、書斎と厠の間を這うようにして往復しながら、渾身の力を振り絞って執筆に取り組んだ、あの吉川英治の最後の姿を思い出させます。

第二章　巨匠と名優の時代

『東京物語』から『彼岸花』まで

～小津安二郎と笠智衆

二〇一五（平成二十七）年九月五日、日本映画を代表する女優原節子が、九十五歳の生涯を閉じました。「小津あっての原、原あっての小津」といわれ、小津作品の常連であったこの女優の死は、あらためて小津作品への注目を集める契機ともなりました。

また、英国映画協会発行の雑誌が、世界の評論家と監督に史上最も偉大な作品を問うアンケートを十年間隔で実施していますが、その結果、二〇一二（平成二十四）年には、批評家たちが、上位から『めまい』『市民ケーン』『東京物語』を挙げ、監督たちが選んだ一位は『東京物語』であったと伝えています。あらためて小津作品が世界的な評価を受けていることを実証することになりました。

小津は六十年の生涯に、五十四本の作品を遺しましたが、まだまだ働き盛りともいえる、この年齢での突然の逝去は、私たち日本人にとってのみならず、世界中の映画ファンにとっても、大きな喪失でした。

小津の墓は円覚寺にあります。円覚寺は臨済宗円覚寺派の大本山であり、鎌倉五山の第二位の名刹で、一二八二年北条時宗の創建になるものです。山門をくぐり、右手の木立に沿って登っていっ

小津安二郎の墓（円覚寺）

たところに、その墓地はありました。

小津の墓碑には、ただ「無」という一字が刻されていました。これは、小津の葬儀を司った、当時の円覚寺管長朝比奈宗源の揮毫です。なぜ「無」なのか。

小津がかつて日中戦争で中国大陸を転戦していたとき、南京の近くの古寺「鶏鳴寺」の二空和尚に依頼し、揮毫してもらったのが「無」という文字でした。それは、苛烈な戦線の中で、明日をも知れぬ運命の日々を送っていた小津の心情、無常観に、深く訴えるものでした。以降、この言葉は、小津の内面の奥深くに沈潜していたのです。

墓前には、おそらく参拝者の供えていったものであろうと思われる酒やウイスキーのビンがずらりと置かれていました。今も続く、小津への熱い思いを感じさせるものでした。

小津は一九〇三（明治三十六）年、肥料問屋を営む父小津寅之助の二男として、東京深川に生まれました。粋でいなせな気風を残すこの深川の風土が、小津の精神形成に与るところ小さくなかったともいわれています。小学校四年のとき、父の郷里三重県松阪に転居し、小学校卒業後、県立第四中学校（宇治山田中学校）に進みます。小学校時代は成績も優秀でしたが、とくに絵画に優れた才能を示しました。中学時代は活動写真（映画）に熱中し、後年の映画人の道へつながっていきます。その頃のことを、小津はこう回想しています。

「伊勢の松阪で少年時代を送り、活動（注、映画のこと）をみることが病みつきになっていた。しまいには学校から禁止されている映画に行くことが、映画そのものを見ること以上にスリルを感じさせて、よけい楽しみになってしまった」（山内静夫『松竹大船撮影所覚え書』）

そして、この頃見たトーマス・インス監督の『シヴィリゼーション』に感動し、映画監督への道を志します。

父寅之助は小津に兄新一と同様に神戸高商への進学を勧めましたが、小津は同校の受験に失敗、一年間の浪人の後、三重県師範学校を受験しますが、これにも失敗しています。これは映画への道を捨て切れなかった小津の故意による失敗という説もあります。結局、旧制中学を卒業後、三重県の山間の小学校の代用教員になります。

一九二三（大正十二）年上京し、親戚のつてで、松竹キネマ撮影所に入社します。小津の映画人生へのスタートでした。最初は撮影部助手という仕事でした。入社一カ月後に関東大震災が起こり、撮影所も壊滅的な打撃を受けます。蒲田撮影所は一旦京都の下加茂撮影所に機能を移しますが、一年後には蒲田撮影所が再開されます。

しかしその年（一九二四、大正十三）、小津は徴兵検査を受け、東京青山の近衛歩兵連隊に入隊しますが、一年後には除隊し、蒲田撮影所に戻ります。一九二六（大正十五）年、助監督になり、翌一九二七（昭和二）年には、『懺悔の刃』で監督に昇格します。

初期には学生物で、『若人の夢』『大学は出たけれど』『大学よいとこ』など、娯楽性の強い作品が多く見られますが、そこに不況期の世相も描き込まれています。さらに、『生まれてはみたけれど』『一人息子』『戸田家の兄妹』など、戦後の小津作品につながる、家族のあり方や時代を見つめる批判的な作品も多く、しばしばキネマ旬報ベスト・テン一位を獲得しています。

戦後は『麦秋』『東京物語』『彼岸花』『秋日和』『秋刀魚の味』など、相次いで話題作を発表し、これらの作品は"Early Summer""Tokyo Story""Equinox Flower""Late Autumn""An Autumn Afternoon"などの題名で海外でも上映され、いずれも国際的にも高い評価を獲得しています。また、監督や映画関係者のみならず、多くのファンの熱い支持を得ています。

それぞれの作品については、すでにさまざまに論じられ、語られていますので、紙幅の関係もあり、個別の作品に論及する余裕はありませんが、親子、とくに父と娘、生と死、老いの問題などへの、独自の視点からの説得力のあるメッセージは、その映像技法とともに、高い評価を得ています。日本映画の研究者であり、映像作家でもあるドナルド・リチーは、小津映画についてこう書いてこう語っています。

「小津作品のメッセージ——全作品から浮かび上がってくる一つのメッセージ——は、人は自分の欠点や、友人や愛する人の欠点と調和して生きるのが最も幸福だということであり、この欠点には年をとること、死、そのほかの災難が含まれるということであろう。つまり、人間は人間でしかないことを結局は認め、そしてそれに従わねばならない、ということである」（『小津安二郎の美学』）

人が人とどう調和して生きていくのか、そして自身の問題を含め、加齢や死の問題とどう向き合い、どう調和して生きていくかという問題は、現代において一層重要で深刻な課題となっています。小津のメッセージが、人間が生きていくことにかかわる本質的な問題提起であると同時に、いかに先見性に富んだものであるかということに、あらためて驚きを禁じえません。

小津はまた、〝こだわり〟の人でした。小津作品のプロデューサーをつとめた山内静夫は、それが小津作品の持つ独特の個性と決して無縁ではない、と次のように語っています。

「判断の基本は、好き嫌いにあった。嫌いなものは撮らない。ロケーションでも、一本の樹が気に入らなければ、その風景を撮ろうとはしない。だからロケは好きではない。セットの小道具ひとつでも、これと指定したものが揃わなければ、揃うまで待つ。だから、俳優の演技が気に入らなければ、気に入るまで、何遍でもテストを繰り返す。笠智衆さんがよく言っていたが、どうしても出来なくて、セットの照明を全部消され、スタッフもいなくなったなかで、ひとり残されるといったことが何度かあったという。俳優もつらいが、監督自身の闘いでもある。私の知っている晩年でも、セットの傍らに立っていても居たたまれない思いをしたことが何回もあった」（『松竹大船撮影所覚え書』）

そのことは、小津の次のような言葉にもつながっているように思われます。

「ぼくの生活信条として、なんでもないことは流行に従う。重大なことは道徳に従う。芸術のことは自分に従う。どうにもならないものはどうにもならないんだ。これは不自然だと百も承知で、しかも僕は嫌いだ。そういうことはあるでしょう。理屈に合わないが、嫌いだからやらない。こういうところからぼくの個性が出てくるので、ゆるがせにはできない。理屈に合わなくとも、ぼくは、そうやる」(『彼岸花』撮影中の座談会、キネマ旬報)

また、松竹の撮影所があった大船は鎌倉に近く、小津は鎌倉在住の里見弴、川端康成、大仏次郎、小林秀雄ら、いわゆる鎌倉文化人たちと親交を結びました。そうした交友と環境が、小津の作品に深みと厚みを与えたともいわれています。

小津は生涯独身で、母あさゑと二人鎌倉で暮らしていました。その、掛け替えのない母との日々を詠んだこんな歌も残しています。

ははと子の　世帯久しく　この夏も
北鎌倉に　夕蝉をきく

その母が一九六二(昭和三十七)年、八十八歳で死去した次の年、その後を追うように小津自身もその六十年の生涯を閉じました。頸部悪性腫瘍でした。逝去の日十二月十二日は、奇しくも小津の還暦の誕生日でした。

「何も悪いことした覚えないのに、どうしてこんな業病に罹ったんだろうな」

小津は、見舞いに来た客にそう漏らしていたといいます。

通夜には、小津に深い縁《ゆかり》のあった里見弴、野田高梧、吉村公三郎、笠智衆らが集まりましたが、ひとり離れて、必死に悲しみをこらえていた笠の姿が印象的であったといいます。

また、すでに芸能界から引退していた原節子が久しぶりに小津の通夜に姿を見せ、その遺体に対面して号泣したといわれています。原は葬儀に参加した後、再び人前にその姿を見せることはありませんでした。

冒頭に書いたように、小津の墓碑には大きく「無」という文字が刻されています。

円覚寺境内にあるその墓を訪ねる人は、いまでも絶えることはありません。


小津作品には何人かの常連の俳優がいます。原節子、笠智衆、杉村春子、三宅邦子、中村伸郎などの名前が思い浮かびますが、なかでも、その独自の存在感を示しているのが笠智衆です。

その笠の墓が、同じ鎌倉の成福寺にありました。因みに、原節子は、晩年に至るまで長く鎌倉に暮らしていましたが、そのお墓は、東京の実家の菩提寺にあるということです。

笠は『父ありき』『晩春』『お茶漬の味』『東京物語』『早春』『彼岸花』『お早よう』『秋日和』『小早川家の秋』『秋刀魚の味』など多くの小津作品に主演していますが、その作品は圧倒的に多くの人々に愛され、親しまれています。その演技はもちろん、そこに醸し出される何とも言いがたい独自の雰囲気と、その人柄が、人々を魅き付けたのでした。

　笠智衆への人々の思いを、強烈に物語るのが、かつて、笠の死の直後に放送されたＮＨＫスペシャル「拝啓笠智衆様」（一九九三年十月三日放送）でした。

　その中である女性は、亡き父や祖父に対する思いを笠さんに重ねて語り、またある女性は笠さんの人柄の温かさについて、人のこころを和ませてくれる木陰をもたらしてくれる樹のような存在と語っています。

　またある人は、笠さんの死に、私的な悲しみと同時に、そこに、ひとつの「時代の終わり」を感じています。それは、笠さんが演じてきた「古き良き」「不器用で朴訥な」、でも「愛すべき」人々が、現代では忘れられ、切り捨てられてきたからではないかと語っています。

笠智衆の墓（成福寺）

　そんな言葉に共感し、笠の演技に深く魅せられていた私は、鎌倉で笠智衆の墓と対面したとき、深い感懐を覚えました。笠さん、ここにいたのですか、と思わず声をかけたくなりました。

　笠智衆の墓のある成福寺は鎌倉では唯一の浄土真宗の寺で、笠の実家である熊本の来照寺と宗派が同じということで、その墓はここに落ち着いたということです。その墓苑のほぼ中央部に、その墓がありました。墓碑には「笠家之墓」と刻され、左手の墓誌に、「憶念院釈智衆」という戒名が記されていました。

この寺は小津の眠る円覚寺からも程近い場所にあります。笠は存命中、小津を慕って円覚寺をしばしば訪ねたといいます。

笠智衆は一九〇四（明治三十七）年、熊本県玉名郡玉水村に、住職をしていた父淳心の二男として生まれました。一九〇三（明治三十六）年生まれの小津安二郎とはほぼ同年代ということになります。長男は父の勧める寺の勤行が嫌いで素行も悪かったので、父は二男の智衆に後継者としての期待をかけました。その頃のことを、笠はこう語っています。

「内心は兄以上に、坊主が厭でたまらないのに、父母、親戚、それに檀家までに、温和しい良い坊っちゃんだ、良い坊っちゃんだと祭り上げられている自分が、ひどく悲しかった。兄はそれを良いことにして、中学を出るとぷいと台湾へ出奔してしまった。あとに残った自分こそ、全く災難である」（『文藝春秋』二〇一三年一月号）

しかし、笠は父の期待に反して、僧侶になるために一旦入学した龍谷大学を退学し、東洋大学に進みます。在学中に、友人に勧められて応募した松竹蒲田撮影所の俳優研究所の研究生に合格し、一期生として入所します。

もう少し、笠の言葉を聞いてみます。

「三十年後のいま考えて、坊主を嫌って、酒と喧嘩と碌でなしといわれて出奔した兄が、父の跡を継いで寺の住職におさまり、温和しい良い坊ちゃんだと言われた自分が坊主から、およそ縁の遠い

映画俳優になるなんて、全く世の中なんて不思議なものである」（前掲書）

蒲田では大部屋俳優としてスタートを切りますが、もともと訥弁で不器用であった笠は、なかなか順応できず、その後十年以上も通行人やその他大勢の役の大部屋俳優をつとめることになります。しかし、その熱心さとひた向きさが小津監督の目に止まり、一九三六（昭和十一）年の小津作品『一人息子』でようやく認められるようになりました。

笠は小津とのかかわりについてこうも語っています。

「不器用な私の、どこが小津先生に気に入られたのだろうか。恐らく、私があまりにも不調法で出来が悪いものだから、先生としては、よし、ひとつ、こいつをものにしてやろうかという気持ちがあったのかも知れない。生来の怠け者である私を、まるで暗やみから牛を引き出すようにして、こうやれ、ああやれと指示しながら、無理やり一人の俳優に仕立て上げてくれたのだと思う。私も、先生に言われた通りにやっていただけだが、写真（注、映画のこと）が出来上がってみると、だんだんほめられるようになっていった」（『俳優になろうか』）

映画評論家の佐藤忠男は、笠を主役に抜擢した小津作品『父ありき』（一九四二年）についてふれた後、こう語っています。

「田中絹代、原節子、佐分利信、などなどなど、小津監督が繰り返し使った俳優は多いが、新人時代からたとえ端役でも殆ど全作品に出演してきた笠智衆はなかでも最もよく知っていた俳優だったわけである。その人柄、芸の質、どういう演技をさせたらどんな味わいが出るか、といったことを、たぶん本人以上に知っていて、それを念頭において企画をたて、脚本を書いたのであることは間違いない。もし笠智衆がいなかったら小津安二郎はこの脚本を書かなかったかもしれない。別な俳優でこの企画をたてたら脚本も違ったものになっていたであろう。笠智衆は小津監督に言われたとおりに動いたが、じつはそれは、ある意味では素顔の笠智衆自身を演じていたのだった」（『映画俳優』）

そういえば、ほかの小津作品にも、笠を念頭において書かれたものがあるようにも思えますが、どうでしょうか。

戦後、日本映画が黄金時代を迎えると、笠も多くの作品に出演し、独自の演技力で、存在感ある名優としての地位を築いていきます。一九四九（昭和二十四）年の小津作品『晩秋』では、父娘の二人暮らしで、娘を嫁に出す大学教授としての父親役を好演し、注目されました。以降、『宗方姉妹』『麦秋』『お茶漬の味』など、小津作品の常連として出演を重ねていきます。

『東京物語』（一九五三年）では、尾道から上京し、息子や娘と久しぶりに再会した老夫婦が、あまり歓迎されずそのまま尾道に帰っていくというストーリーの作品で、その老夫婦役を東山千恵子と共演し、人生のわびしさ、老境の生きざまをしみじみと演じました。この作品が高い評価を受けたことは周知のとおりですが、今でもテレビ等でしばしば放送され、多くの人々を惹きつけており、高齢化社会の現代に通じる、深いメッセージを伝えるものでもあります。

笠は、その後『東京暮色』『彼岸花』『秋日和』『秋刀魚の味』などの小津作品で、ますます年輪の冴えを見せていきます。

また山田洋次監督作品では、『男はつらいよ』の柴又帝釈天の住職として親しまれたほか、同監督の『故郷』『家族』での好演も印象に残るものでした。

テレビでも、山田太一脚本の『ながらえば』『冬構え』『今朝の秋』などで主役をつとめました。とくにNHK名古屋放送局制作の『ながらえば』は、モンテカルロ国際テレビ祭で最優秀賞を受賞した作品ですが、作品のメッセージとともに、笠の演技は深い感動を呼びました。

俳優笠智衆について、山田洋次監督はこう語っています。

「笠さんという人は、立っていれば立ったままで絵になるし、腰掛けていれば腰掛けたままでよくなる。すべてがいいんですね。歩けば歩いたでまた素敵だしね。何していても、表現になる。監督としてカメラをのぞいて見て、はじめて発見したことですね。じっと座っているだけでいいという役者は、そんなにざらにいるもんじゃない」（NHKスペシャル編『拝啓笠智衆様』）

また、多くの作品で笠と共演してきた俳優の杉村春子はこう語っています。

「ご一緒に仕事して、それも夫婦とか、いろいろな家庭の中のこまごまとした心の通い、そういうものを中心にした映画を撮っていましたから、なんかひどくお親しい、なんでも打ち明けられる人（打ち明けたことなんかないけれども）という感じがしていたんですよ。（中略）

だから笠さんがいらっしゃるということだけで、会わなくても、おたよりをしなくてもよかった……。笠さんがどこかにいらっしゃるのだということが、いい言葉ではいえないのですが、こうして生きて、毎日仕事をしていたりするとき、なんか気持ちが休まるような気がして……」（前掲書）

数々の名作を残し、その渋さと枯れた演技で多くの人々を魅了し、独自の存在感を示したこの名優は、一九九三（平成五）年、膀胱がんのため、横浜市の病院で亡くなりました。享年八十八歳でした。小津安二郎とはほぼ同年代の生まれでしたが、笠は、六十歳で逝去した小津より三十年近くも長生きしたことになります。

もし、小津がもう少し長く生きていたら、二人の年輪を感じさせる、更なる秀作が生まれただろうと思われ、残念でなりません。

小津映画のファンは世界中に広がっています。佐藤忠男はそんな人たちから、よく「笠智衆はどうしている？」と聞かれるそうです。佐藤は、「小津映画を何本も何本も見ていると、そのほとんどに出ている笠智衆が何だか自分の親戚のように感じられてくるそうである」と語っています。

笠智衆の墓のある成福寺は、JR横須賀線の北鎌倉駅と大船駅のちょうど中間に位置しています。茅葺きの山門のあるこの寺は、著名人たちの眠る古刹から少しはずれて、静かな佇まいを見せ、独りでひっそりと眠りたい――そんな笠智衆の人柄を偲ばせるようなロケーションにありました。

墓前に立つと、あの人懐こい笠さんが、「よう！」と片手を上げて頬笑みかけてくるような思いに駆られるのでした。

『七人の侍』から『生きる』まで
～黒澤明と志村喬

「世界のクロサワ」が、小津安二郎と同じこの鎌倉の地に眠っているのもきわめて印象的でした。その黒澤作品に欠くことのできない俳優志村喬もまた、この地に眠っていました。

黒澤明の墓（安養院）

黒澤の墓は鎌倉市大町の浄土宗の寺院で、ツツジの名所としても知られる安養院にありました。その墓苑を歩いた先に黒澤の墓はあります。その墓域の手前には、ここから先は散策者・観光客は立ち入り禁止という立て札があり、通常は入ることができません。

特別の許可を得て黒澤の墓を訪ねました。あまり訪れる人もない静かな雰囲気を漂わせる墓地の奥まったところに、その墓はありました。平型の墓石には横書きで「黒澤家」という文字が刻されていました。墓域はそれほど広くなく、囲いもないその佇まいは、これがあの黒澤の墓かと、いささかの戸惑いを覚えました。しかし、一見豪快なあの黒澤も、いまは、その静謐さを好んでいるのかもしれません。

この「世界のクロサワ」の人や業績を、この短い紙幅で簡潔にまとめるのは容易ではありません。そこで、ここでは主に黒澤自身の言葉や、黒澤について語られた言葉、そして追悼の言葉等を中心に、その仕事と人物を見てゆきたいと思います。

はじめに、その経歴等について簡潔にふれておきます。

黒澤明は一九一〇（明治四十三）年、東京生まれ、当初画家を志しますが、一九三六（昭和十一）年、PCL（東宝の前身）に入社し、映画への道に進みます。初めは助監督として山本嘉次郎監督に付き、脚本を書いたりしますが、一九四三（昭和十八）年、『姿三四郎』で監督としてデビューし、注目を集めます。その後、一九五〇（昭和二十五）年の『羅生門』が、ベネチア国際映画祭で栄誉金獅子賞を受賞し、世界的な名声を博します。その後も『生きる』（一九五二年）、『七人の侍』（一九五四年）、『用心棒』（一九六一年）、『赤ひげ』（一九六五年）などの作品を発表し、〝世界のクロサワ〟として名声を博し、フランシス・コッポラやジョージ・ルーカスなど、世界的な名監督たちにも大きな影響を与えました。

しかし、一九六八（昭和四十三）年、黒澤が相当な思い入れをもって臨んだ、ハリウッド映画『トラ・トラ・トラ！』では、撮影中の電撃的な監督解任という、衝撃の事態に至りました。起死回生を期してその後製作した『どですかでん』は不評で、その翌年、一九七一（昭和四十六）年、自殺未遂事件を起こします。

その後、『デルス・ウザーラ』『影武者』『乱』などの作品を発表しますが、いずれも海外での高評価に比して、国内の評価は今ひとつでした。黒澤の身近で仕事をしたことのあるノンフィクション作家田草川弘は、「このギャップは埋められないまま、黒澤監督は最期の日を迎えるまで、自身の映画作りにおいて孤独な苦闘を強いられることになる」と書いています（「文藝春秋」二〇一三年一月号）。

後述するように、黒澤は時代に先駆けた作品を多く残しています。黒澤自身の言葉でいうと、「作るのが早すぎた」のかもしれません。

しかし、〝世界のクロサワ〟としての、その評価は揺るぎなく、モスクワ国際映画祭金賞、米アカデミー賞、仏レジオン・ドヌール勲賞など数々の国際賞を受賞していますし、また、毎日映画コンクール賞、映画人初の文化勲章などの国内賞も数多《あまた》受賞しています。

一九九八（平成十）年九月、東京世田谷の自宅で脳卒中のため死去しました。八十八歳でした。

黒澤は、自身の仕事や人生について、どのように語っていたのでしょうか。あるいは黒澤の周辺の人物たちはどのような証言を残しているのでしょうか。以下は、黒澤に関するいくつかの資料に当たりながら、とくに印象深かったところを拾い出したものです。

まず、黒澤の遺した膨大な言葉の中から、その映画観を中心にいくつかを拾ってみます。

人生を共有する

黒澤は映画というものをどう見ていたのか、「京都賞」受賞の記念講演で、こう語っています。

「僕は映画というものは、世界中の人が集まって、親しく付き合ったり話し合ったりする大きな広場のようなものだと考えています。映画を観る人は、スクリーンの中の世界のいろいろな人達の人生を一緒に経験する、笑ったり泣いたり苦しんだり怒ったり、一緒にその人生を経験するんです。世界の人達と仲良く付き合っていくのもそういうものだと思います」（浜野保樹編『大系黒澤明』第三巻）

感動を伝える

そして、映画製作の姿勢についてこう語ります。

「〈皆さん、私が感動した話しを聞いてください〉。僕は常々、そう思って作ってきました。最近の監督は理屈っぽすぎます。映画は頭ではなく、心で作るもの。どうすれば観客に受けるかを考えるよりも、自分が感動したことを素直に伝えればいいんです。小手先だけではだめです」（前掲書）

心で撮り、心で見る

「僕はよく言うんですが、ここ（頭を指さして）でなく、心で映画を撮っています。だから、皆さんも心で見てほしい。最近の評論家が書いているのを見ると、大変難しい言葉で、難しい理屈をこね回している。僕は頭が悪いからか、よくわからないんですね。ごく素直に映画というものを見てもらいたいんですね。理屈をこね回さないで、頭でなく、人間としての自分の気持ちで見てもらいたいと僕は考えています」

作家は歴史の被告人だ

「作家は歴史の被告人だ。後世の人によって裁かれ、歴史の名で審判を受ける。映画作品も本当の評価が定まるのは、百年か二百年経ってからだ」（前掲「文藝春秋」）

先見性に優れた作品を遺した、黒沢らしい言葉です。

田草川弘は、このほかの「預言者故郷に入れられず」「作るのが早すぎた作品」などの黒沢の言葉を挙げながら、『生きものの記録』『夢』『悪い奴ほどよく眠る』などの作品について、これらの作品は、いずれもその後の世界や日本人の姿を言い当てた預言者的作品であると書いています。

「老いる」ということ

また、「老い」について語った言葉も印象的です。

「八十歳でも若々しい感性の人間もいれば、半分の年でも人生を捨てている奴もいる。どんなに若くったって素晴らしい人間もいるし、年ばっかり重ねてずる賢いだけって奴もいる。日本人は、どうしてこう年齢とか、銘柄とかにこだわるのかね」

「こうだったら、ああだったらって、そんなこと言って何になるんだ。今、どうすれば一番いいかってことだろう。この瞬間に必要なことを選び、行動することが大切なんだよ。過去ばかり振り返って、あのときああしていればなんて、そういうのは嫌いだね。いろんなことがあってさ、それが人生で、だから面白いんだよ。いちいち戻って修正できた日にゃ、線の細い、勢いのない、つまらない絵になっちまうよ」（黒澤和子『回想黒澤明』）

さすがに、黒澤らしい、心に届くメッセージです。ほかにも、取り上げたい多くの語録を遺していますが、このくらいにして、今度は、黒沢について語られた言葉をいくつか見てみます。黒澤と交友のあった内外の著名人たちも少なくなく、捨てがたい、多くの言葉に出会いました。

厳しさと優しさ

黒澤はその厳しさでも知られています。なぜあんなに厳しく怒ったのか、『蜘蛛巣城』『用心棒』『天国と地獄』などの音楽を作曲した佐藤勝の話。

「普段では随分行儀見習いをさせられました。目上に対する礼を欠いた態度を取ると、それが仕事中の忙しい時でも、絶対黒澤さんは許さない。また助監督たちもよく怒られてました。たまたまふたりで酒飲んでいる時、僕が〈あんなに怒ると疲れるでしょう〉と言うと、〈あれは全体を締めないといけないからだ。締めるためには違う方向や人物に向かって怒鳴る事も演出なのだ〉とおっしゃった。でも黒澤組はきついなんて言っている人は、自分の力の足りない人なんです。それに耐えた人は、役者でもスタッフでも皆一人前になってますよ」(『大系黒澤明』第三巻)

その一方で、温かい優しい顔も見せました。女優司葉子の証言です。

「『用心棒』に出た時です。現場で監督は厳しかった。黙って、何度もやり直しを命じる。私も両手を縄で縛られたままの状態で、二十回以上もやり直しをさせられたことがあります。でも、〈うん、いいよ〉と、OKを出してくださった時の達成感。あの笑顔が見たい、もう一度誉められたい、と思うと不思議にやる気が出るのです」(前掲書)

こうした黒澤の気配りや眼差しは、司ら常連の俳優だけでなく、スタッフ全体にも向けられ、それがチームのエネルギーとなり、作品の高みにつながったともいえます。黒澤の長女和子によると、「監督はきちんと見ていてくれます。だから、喜んだ顔が見たい、この人のためなら、という気持ちで一生懸命やっただけです」と話してくれるスタッフがたくさんいたということです。

茶目っ気で豪快

『乱』の音楽を担当した武満徹と指揮者岩城弘之は、そのレコーディングに三日間かけましたが、その間、毎晩黒澤を交えて大騒ぎしました。岩城弘之の話です。

「監督と武満は同じ成城に住んでましたから、武満はよく監督に呼び出されたというんです。黒澤監督は神田の京華中学で、武満の大先輩でしたから、逆らえない立場だったんですね。それで、成城を散歩した時、大きな門構えの家の前まで来た。黒澤さんは〈その門にションベンをかけろ〉と言うんだそうです。ワケもわからずかけると、今度はこう叫べと言う。〈三船のバカヤローッ！〉。武満が大声で叫ぶと、せいせいして次の場所に移る。別の家にもションベンをかけろと言う。出したばっかりだから、ムリにショボショボかけると、今度は監督の名前なんだけれども〈○○のバカヤローッ〉と叫ばせた。そんなバカ話をしてとても楽しかったのを覚えています」（前掲書）

黒澤は八十歳を過ぎても元気でしたが、八十五歳のとき転倒して腰を骨折、三カ月ほど入院しました。やむなく車椅子での生活を過ごしていましたが、一九九八（平成十）年九月六日、東京都世田谷区成城の自宅で、脳卒中のため亡くなりました。八十八歳でした。黒澤作品に欠かせない存在であった、あの三船敏郎の死から一年後のことでした。

黒澤を偲ぶ多くの言葉のなかから、とくに海外から寄せられた追悼の言葉のいくつかを引いておきます。（以下の各証言は前掲書に依る。）

ジョージ・ルーカス（米、映画監督、プロデューサー）

「亡き黒澤明氏は、フィルムメーカーとして、私に多くのインスピレーションを与えてくれた。私は偉大なる人を失うことになりますが、彼は吃驚するような力強い極上の作りの作品という遺産をあとに残した。彼は映画という芸術の、本当の名匠の一人だった」

スティーブン・スピルバーグ（米、映画監督、プロデューサー）

「黒澤監督の訃報を聞き、大変悲しく思っております。しかし八十歳代まで仕事を続け、晩年に『乱』というすばらしい作品を残してくれたことで、私たちは大いに勇気づけられました。彼は映画界きっての〝印象派〟でした。私が最初に見た黒澤作品は、他の多くの作品にも影響を与えた『七人の侍』です。私は最初のシーンを見たときから引き付けられました。彼は現代の映画界におけるシェークスピアだと思います。彼の映画はどれも古典たりうる素晴らしいもの。『夢』で少しでも役に立てたことを、とても幸せに思っています」

最後に、黒澤にノーベル賞を与えよと、スウェーデンのノーベル賞委員会に電報を打った、『ゴッドファーザー』や『地獄の黙示録』などの作品で知られるアメリカの映画監督、フランシス・コッポラの話を紹介しておきます。

コッポラがある夜、友人とお酒を飲んでいるとき、「ノーベル文学賞はそろそろ映画に与えられるべきだ」という話になり、それなら「絶対クロサワが最適任者であろう」ということになりました。コッポラはすぐその場でノーベル賞委員会に電報を打ったそうです。

しかし結局は、ノーベル賞のノミネートは学界のアカデミックな人たちによって行われるので、それ以外には推薦の資格がないとの回答が返ってきました。

黒澤のノーベル賞受賞は実現しなかったのですが、黒澤の高い評価とコッポラの黒澤への思いの深さを物語るエピソードです。

さまざまな人々の語る黒澤のエピソードはまことに興味津々です。そんな言葉を思い出しながら、再び黒澤の墓前に立つと、「世界のクロサワ」という巨匠が、もっと身近な存在として迫ってくるように思えてなりませんでした。

黒澤作品に欠かせない俳優として、三船敏郎とともに志村喬を挙げることに躊躇はありません。志村は、黒澤の名作といわれる作品の多くに出演しています。『羅生門』『野良犬』『七人の侍』『用心棒』『椿三十郎』『生きる』など、いずれも広く親しまれた作品です。

もちろん、黒澤作品以外にも「男ありて」などに出演し、数多くの賞を獲得しています。紛れもなく、日本映画史を代表する名優と言えます。

志村の墓は堀内敬三や大宅壮一と同じ、鎌倉市二階堂の瑞泉寺にあります。木立を背景に建つその墓碑の正面には、「志村喬之墓」と刻まれ、ひっそりと立つその姿は、あの、地味で誠実な、そしてえも言われぬ存在感を示した名優の墓にこそ相応しいものと思えました。そして、数々の名作の印象的な場面がよみがえってくるのでした。

志村喬は一九〇五（明治三十八）年、兵庫県朝来郡生野町に生まれます。黒澤より五歳年長ということになります。三男四女の二男で、小学校時代はきかん坊のガキ大将でしたが、六年間優等生で通しました。県立神戸一中（現県立神戸高校）から、父の転勤で、宮崎県立延岡中学校（現県立延岡高等学校）へ転じ、一九二三（大正十二）年、関西大学予科に入学します。しかし、父の退職により学資の援助が得られなくなり、大学は夜間部に転じ、大阪市役所の臨時職員等をつとめます。

大学では、英文科の講師に劇作家の豊岡佐一郎や、シェイクスピア研究の坪内士行らがいて、その影響で演劇に強い関心を持ち、演劇研究会に入ります。そして在学中、劇団七月座を結成、幹部として芝居に熱中します。やがて大学を中退し、七月座のプロ化を図りますが失敗します。

一九三〇（昭和五）年に近代座に入り、国内外の巡業に参加したりします。しかし、職業俳優としての道は険しく、不景気な世相の故もあって、劇団の経営も厳しく、また地方巡業は同じ芝居の繰り返しで、志村の演技も惰性的になっていきました。あの名優志村にも、こんな試練のときがあったのでした。

一九三四（昭和九）年には劇団に見切りをつけ、映画の世界を志し、新興キネマ京都撮影所に入所します。端役を続けながら演技を磨き、溝口健二監督の『浪華悲歌』の刑事役で好演し注目され、伊丹万作監督の『赤西蠣太』で、脇役として評価されます。

その後、日活京都に入社しますが、ここで片岡千恵蔵、月形龍之介、嵐寛寿郎ら錚々たる名優たちと共演し、時代劇で作品を残しています。そして松竹太秦撮影所を経て東宝に移り、そこで黒澤明監督との出会いがありました。東宝に移るとき、黒澤の面接を受けて、黒澤のデビュー作『姿三四郎』への出演を果たしたのでした。以降、黒澤作品には欠かせない、存在感のある俳優としての不動の地位を獲得していったのです。

一九四九（昭和二十四）年には『野良犬』で、これもまた黒澤作品には欠かせない存在であった三船敏郎と共演し、毎日映画コンクール男優演技賞を受賞しています。

一九五〇（昭和二十五）年の黒澤作品『羅生門』では三船敏郎、京マチ子らと共演していますが、この作品がベネチア映画祭大賞を受賞したことは先に述べたとおりです。

そして、『生きる』『七人の侍』『隠し砦の三悪人』『悪い奴ほどよく眠る』『椿三十郎』『天国と地獄』などの黒澤作品への出演が相次ぎます。いずれも、私たちの記憶に残る名作です。

もちろん、黒澤作品以外でも、『男ありて』（丸山誠治監督）、『お吟さま』（熊井啓監督）のほか、テレビの『赤穂浪士』『樅の木は残った』など、幅広い作品で心に残る演技を見せ、日本映画史に残る高い評価を獲得しました。

志村の作品の中で、最も強く人々の印象に残っているのは、やはり黒澤明監督の『生きる』でしょう。この作品は、世界的にもよく知られ、黒澤の最高傑作のひとつとされています。

『生きる』はアメリカでは〈To Live〉、イギリスでは〈Living〉、またフランスでは〈Vivre〉とも訳されていましたが、その後、原題の〈Ikiru〉が定着し、国際的にもクロサワの最高傑作の一本と評価されています。癌のため余命半年くらいという予告を受けた市役所の市民課長（志村喬）が、その告知に衝撃を受け戸惑いつつも、あらためて生きることの意味を真剣に問い直し、その人生の終わりを見事に生ききるというストーリーの作品ですが、この作品での志村の迫真の演技が、多くの人々に強烈な印象を残しました。とくに、最後の、公園のブランコに揺られながら、「命短し、恋せよ乙女」のフレーズを含む「ゴンドラの唄」のシーンが、見る者を圧倒しました。

このシーンで、黒澤は「この世のものとは思えないような声で歌ってほしい」という注文をつけました。一瞬戸惑った志村でしたが、長年の付き合いから黒澤の意図を感じ取って表現したといいます。そういえば、あのラストシーンには、黒沢と志村の執念みたいなものが秘められているようにも思えます。

志村は、この作品と黒澤についてこう語っています。

「黒さんとは奇妙にウマが合って、第一回監督作品『姿三四郎』から、黒さんがメガホンをとるとなると呼ばれて出演して来た。主役を演じたものから、ほんの脇役のものまで、その数はずいぶんと多い。それもどういうわけか一作々々違った役柄をやらせてもらえた。いまでもこのことはありがたかったと思っている。こういった、いろいろな役の積み重ねが、この『生きる』（一九五二年）の発想につながったのではなかろうか。面白くも、おかしくもない、渡辺というこの男、ひょっとすると黒さんは、私のうえに渡辺勘治（注、主人公の市民課長）を見つけたのかもしれない。この時期、私という男と渡辺が、黒さんの頭の中ではオーバーラップしていたのではなかろうか。（中略）脚本を手にしたとき、黒さんの気持ちが痛いほどわかって、ジーンとした。おおげさなことを書くつもりはないが、自分を知ってくれる人のために精いっぱいやるのは男として当然のことだ。〝役者冥利〟に尽きる。こいつはひとつ、この期待を裏切らぬよう、やらずばなるまいと思うと、何がなし闘志のようなものがわいて来たのを覚えている」（神戸新聞社編『わが心の自叙伝』）

志村の演技は海外の新聞でも、「主演の志村の演技は高く評価できる」（ニューヨーク・タイムス）、「主演の志村の演技は完璧といっていい」（ヘラルド・トリビューン）など、高い評価を受けています。「生きる意味とは何か」「死をどう受け入れるか」は、現代における大きな問いかけとなっています。黒澤にとって最高傑作のこの作品は、志村にとってもまた、最高傑作のひとつとなりました。また、その問いかけは、「老い」や「死」が最大のテーマである現代社会への、先見性に満ちたメッセージともなっています。

私もまた、志村の墓碑に対面したとき、まず思い出したのは、『生きる』のこのシーンでした。佐藤忠男は、一連の黒澤作品における志村の起用に関して、黒澤監督は人間のみじめさと偉大さという両極端を極端な振れ幅の大きさをもって描く作家であり、それを一人の人物のなかの矛盾として表現できる役者として志村喬は起用されたのだと思うと語っていますが（『映画俳優』）、この『生きる』において、志村はまさにそれに応える迫真の演技を見せました。

余談ですが、この「ゴンドラの唄」の作曲者は中山晋平です。また、「命短し、恋せよ乙女」の名フレーズのこの詩を書いたのは、歌人の吉井勇です。

かつて『東京多磨霊園物語』を書いたとき、中山晋平の墓に出会いました。『東京青山霊園物語』

を書いたときは、吉井勇の墓に出会いました。そして、この鎌倉で、黒澤明と志村喬の墓に出会いました。『生きる』という名作が結ぶ四人の故人に出会えたことはまことに幸運であり、また、掛け替えのない感動の時間ともなりました。

志村は六十九歳のとき肺気腫を発症し、入退院を繰り返しながら仕事を続けましたが、一九八二（昭和五十七）年、風邪を引き容態が悪化、その生を閉じました。七十六歳でした。

「誰にも知られずひっそり死にたい」という、本人の遺志に沿った通夜と告別式でした。寒夜、冷気をさえぎるもののない席に参列した人々に、三船敏郎が、弁当や飲み物がちゃんとゆきわたっているか否か、こまめに立ち働き、気づかいを示していたといい、それは見ているだけで涙がにじんでくるような、悲しみの表し方だったと、沢地久枝は書いています（『男ありて――志村喬の世界』）。

志村の死から十六年後に、黒澤は八十八歳で亡くなりました。黒澤は、その作品を支えた名優であり、同志であった木村功、加東大介そして志村喬らが相次いで鬼籍に入り、かぎりない寂寥感を感じたと語っていました。

かつて、自分を知ってくれる人のために一生懸命にやるのは男として当然のことで役者冥利に尽きると、黒澤への熱い思いを語っていた志村でしたが、志村がもう少し長生きしていたら、黒澤と組んだ更なる名作が生まれていたかもしれません。

盟友として、日本映画にかぎりない足跡を残した黒澤と志村は、同じこの鎌倉の地で、永い眠りについています。

『喜びも悲しみも幾歳月』から『風前の灯』まで

～木下恵介と佐田啓二

小津、黒澤の巨匠に続いて、もう一人、日本映画を代表する名監督、木下恵介の墓が円覚寺にありました。まことにこの鎌倉の地は、監督や俳優を含めて、日本映画の黄金時代を築いた錚々たる人物たちのメモリアルでもあります。

木下の墓は小津の墓のすぐ近く、間に一基挟んでほぼ小津と向き合うように建っていました。墓域はそれほど広くありませんが、周囲を緑の生垣に囲まれ、静謐な空間を形成していました。墓碑はごく普通の和型のもので、正面に「木下家之墓」と刻され、墓誌も何もなく、あの「無」という迫力のある文字が刻された小津の墓とは対照的な、簡素な雰囲気を漂わせていました。

木下恵介の墓（円覚寺）

木下（本名正吉）は一九一二（大正元）年、浜松市中心部の伝馬町に、漬物屋を営む周吉の五男として生まれました。一九一〇（明治四十三）年生まれの黒澤とはほぼ同世代ということになります。誕生の数ヶ月前に行われた改元（大正）に因んで、正吉と名付けられました。

浜松高等尋常小学校に入学しますが、三年生の頃から町にあった映画館で映画を見始め、やがてその虜となり、週ごとに変わる映画をすべて見るだけでなく、同じ映画を二度も三度も見ることもありました。まだ無声映画の時代でしたが、そのアクションとストーリーにすっかり心を奪われたといいます。後の名監督を予想させる熱狂ぶりでした（長部日出雄『天才監督 木下恵介』）。

一九二五（大正十四）年、県立浜松工業学校（現浜松工業高等学校）に入学、同校卒業後も映画への思い断ちがたく、やがて映画界入りを目指して家出しますが、失敗します。

しかし、母たまは正吉の映画への志に温かい眼差しを注ぎ、知り合いの縁戚を頼って正吉とともに松竹蒲田撮影所を訪ねます。

そこで、監督部の助手は大卒の資格が必要といわれ、撮影部助手（当初は現像部助手）からのスタートとなります。この助手時代は、作業自体も過酷でしたが、先輩たちのしつこいしごきといじめの下積み生活を経験しています。

やがて島津保次郎監督の監督助手となりますが、ここでも島津の激しい叱咤に耐える日々が続きます。厳しい試練の時代でした。

一九四〇（昭和十五）年、陸軍に入隊、中国各地を転戦しますが、病気のため翌年復員します。

一九四三（昭和十八）年には監督に昇進し、デビュー作『花咲く港』を発表、その清新な演出などが注目され、同じ年に『姿三四郎』でデビューした黒澤明とともに、新進ライバル監督同士として注目されました。木下と黒澤は二歳違いの、ほぼ同世代でした。

一九四七(昭和二十二)年の『不死鳥』は、戦後最初の二枚目スター佐田啓二の誕生ともなった作品でした。そのことについては、この後の佐田啓二のところでふれますが、全くの新人佐田を起用した木下の慧眼をそこに見ることができます。

一九五四(昭和二十九)年の『二十四の瞳』は、瀬戸内海の小島を舞台に、十二人の子供たちと女性教師の熱い交流と、押し寄せる戦争の悲劇を描いた作品で、決して声高ではありませんが、反戦平和のメッセージを伝える感動的な作品となりました。この作品は同年のキネマ旬報ベスト・ワン、芸術祭賞、毎日映画コンクールの各賞、ブルーリボン作品賞・脚本賞等、などを独占しました。

その翌年の『野菊の如き君なりき』に続いて、一九五七(昭和三十二)年には、もう一つの代表作となる『喜びも悲しみも幾歳月』を発表しますが、これも『二十四の瞳』に続く大ヒットとなります。佐田啓二、高峰秀子が主演したこの作品は、日本各地の辺地の灯台を転々と移動しながら勤務する灯台職員の夫婦愛の物語であり、戦争に翻弄される無名の人々に寄り添う作品で、多くの国民の共感と感動を誘う歴史的な作品となり、その年の芸術祭賞を受賞しました。

同時に、実弟木下忠司が作詞作曲した主題歌も記録に残る大ヒットとなりました。その歌詞とメロディーは、多くの人々の記憶に残る名曲となりました。

俺《おい》ら岬の　灯台守は
妻と二人で　沖行く船の
無事を祈って　灯《ひ》をかざす
灯をかざす

冬が来たぞと　海鳥啼《な》けば
北は雪国　吹雪の夜の
沖に霧笛が　呼びかける
呼びかける

離れ小島に　南の風が
吹けば春来る　花の香便り
遠い故里　思い出す
思い出す

星を数えて　波の音《ね》きいて
共に過ごした　幾歳月の

喜び悲しみ　目に浮かぶ

木下はこの作品の企画の前に、深沢七郎の小説『楢山節考』の映画化の企画を出していました。しかし、製作の決定権を持っていた社長の城戸四郎がこれに難色を示し、その前にもう一本、大当たりする映画を作ればそれをやってもいいという条件のもとに、ようやくその許可が出たのでした（佐藤忠男『映画で日本を考える』）。

前述したように、『喜びも悲しみも幾歳月』は大ヒットとなり、『楢山節考』の映画化が実現することになったのでした。なお、城戸はこの作品の成功を喜び、木下に表彰状を贈っています。

この一九五八（昭和三十三）年製作の『楢山節考』は、田中絹代、高橋貞二の迫真の演技もあって、記録的な大ヒットとなりました。ベネチア映画祭では稲垣浩監督、三船敏郎、高峰秀子主演の『無法松の一生』と金獅子賞（グランプリ）を争い、審査員激論の末、惜しくも受賞には至りませんでしたが、国際的に高い評価を受けました。

木下は、あなたの映画はなぜ庶民の心を広くとらえることができるのかという問いに対して、それは自分が庶民そのものだからだ、と答えています。自分でシナリオを書いていて、書きながら泣いてしまうことがある。するときっと、その場面で観客も泣いてくれる。観客を泣かせる工夫などしないと語っています（前掲書）。

その眼差しは、いつも弱き者、名もなき者に向けられていたのでした。

木下は一九九七（平成九）年脳梗塞で倒れ、翌九八（平成十）年十二月、八十六歳の生涯を閉じました。

木下は、紛れもなく日本映画を代表する巨匠の一人といえますが、黒澤明、小津安二郎に比べて今では知名度もそれほど高くありません。かつて、木下の葬儀における弔辞の中で、山田太一はこう語りました。

「日本の社会はある時期から、木下作品を自然に受けとめることができにくい世界に入ってしまったのではないでしょうか。しかし、人間の弱さ、その弱さがもつ美しさ、運命や宿命への畏怖、社会の理不尽に対する怒り、そうしたものにいつまでも日本人が無関心でいられるはずがありません。ある時、木下作品の一作一作がみるみる燦然と輝きはじめ、今まで目を向けなかったことをいぶかしむような時代がきっとまた来ると思っています」

この山田の言葉に対して、長部日出雄は全面的に同意すると語り、「木下映画の価値が薄れたのではない。それを認められる日本の社会の感受性が薄れたのである」と書いています（『天才監督木下恵介』）。

そして、山田の指摘どおり、いま再び木下作品への関心が深まっています。人間の弱さや誠実さに寄り添う木下のメッセージが、この閉塞した時代に生きる人々に、深く届いているのでしょうか。

木下は、晩年こう語っています。

「これまでに私は監督第一作の『花咲く港』から最近作の『新・喜びも悲しみも幾歳月』まで四十八本の映画を作ってきたが、成功した作品もあれば失敗作もあるだろう。しかし、少なくとも、世の中に出して恥ずかしいと感じるような作品は一本も作らなかった。それというのも、父と母が生前はむろん、その死後も、二人して〈恵介が、あんな映画を作った〉と、眉をひそめるような作品だけは作るまいと思い決めてきたからである」（日本経済新聞「私の履歴書」、一九八七年九月連載）

木下の誠実で一途な思いを物語る言葉です。

木下はまた多くの人材を育てたことでも知られています。「木下学校」といわれるそのメンバーには、小林正樹、松山善三、勅使河原宏、吉田喜重、山田太一、佐田啓二、三國連太郎、田村高広らの名前が並びます。

木下が遺した数々の作品のみならず、こうした後継者たちの残した仕事を振り返る時、木下恵介という存在が日本映画史に残した業績の大きさにあらためて刮目せざるを得ません。

その木下恵介監督の作品にしばしば登場するのが、佐田啓二です。佐田は、先にふれたように木下監督の『不死鳥』に抜擢され、また同監督の『喜びも悲しみも幾歳月』などの名演技で知られていますが、木下恵介は小津安二郎とともに、その佐田の結婚式の媒酌人をもつとめています。

その佐田啓二が、交通事故のため、悲惨な最期を遂げたのは、いまからもう半世紀ほども前の、一九六四（昭和三十九）年の夏のことでした。避暑先の信州蓼科の別荘から東京へ向かう途中、運転手の過失から事故死したのでした。三十七歳という若さでした。

かつて松竹の青春三羽烏と称され、圧倒的な人気を誇った鶴田浩二、佐田啓二、高橋貞二の三人のうち、佐田と高橋の二人が、ともに三十代という若さで早世したのでした。

その佐田の墓が、木下の墓がある円覚寺の境内にある塔頭松嶺院の墓地にありました。興味深かったのは、それは先の田中絹代の墓とちょうど背中合わせの位置にあったことです。ごく普通の和風の墓碑ですが、正面には「中井家之墓」とあり、裏面に「寛佐院浄譽啓道居士　中井寛一　昭和三十九年八月十七日没　佐田啓二」と刻されていました。その、志半ばの悲運の死が、深い感慨を呼び覚ましました。

佐田啓二は本名中井寛一。一九二六（昭和一）年、京都市で商家を営む中井敬三の二男として生まれました。市立第二商業学校を経て早稲田大学政治経済学部を卒業し、一九四六（昭和二十一）年、松竹大船に入社します。

翌一九四七（昭和二十二）年、大部屋にいた佐田は、木下恵介監督の『不死鳥』に田中絹代の相手役として抜擢されます。この作品で、佐田は戦後を代表する二枚目スターとしての道を歩み始めます。

主役として想定されたのは、当初は上原謙、田中絹代という二大スターでしたが、生真面目な上原が、日本映画で初めてといわれるキス・シーンがあることを理由に出演を辞退しました。その代役として起用されたのが佐田啓二でしたが、新人佐田は大スター上原謙の代わりを立派に演じきったのでした。

この映画では、田中と佐田のキス・シーンも話題となりました。これについて、佐田は、「何しろ第一回の出演で大先輩の田中絹代さんと接吻するのですから僕もすっかり上がってしまいましたが、監督の木下恵介さんの指導で何とか出来た」と語っています（『平凡スタア・グラフ　佐田啓二集』）と語っています。その田中の墓が佐田の墓と隣接していたとは、驚きでした。

その後、さらに『肖像』『お嬢さん乾杯』などの木下作品に出演し、その知的で誠実なイメージが、新鮮な魅力となり俳優として着実に成長し、松竹を代表するスターとなりました。

松竹のプロデューサーをつとめた山内静夫はこう語っています。

「作品に恵まれることが、俳優にとっては何より大切な、有難いことだが、木下監督の作風の爽やかさと佐田啓二の清潔なイメージがマッチしていて、監督と俳優のコンビネーションとして最高であったと思う。新人発掘の名人と言われ、後に木下学校などと言われる程木下作品常連の多くの俳優が生まれたが、佐田がその嚆矢《こうし》である」（『松竹大船撮影所覚え書』）

一九五三（昭和二十八）年、第一部が封切られた『君の名は』では、岸恵子演じる真知子の相手役後宮春樹を演じますが、これが大ヒットとなりました。もともとＮＨＫの人気ラジオドラマの映画化でしたが、第三部まで製作されたこの映画の空前のヒットにより、佐田はスターの道を驀進することになります。

一九五六（昭和三十一）年の『あなた買います』ではプロ野球のスカウトを演じ、ベテラン伊藤雄之助を相手にしたその迫真の演技が高く評価され、キネマ旬報男優賞、毎日映画コンクールとブルーリボン賞の男優主演賞を受賞し、その実力と評価を確実なものにしました。

先に述べたように、一九五七（昭和三十二）年の木下恵介監督『喜びも悲しみも幾歳月』では、高峰秀子と燈台守として生涯を捧げた夫婦役を演じ、大きな感動を呼びました。もちろん、興行的にも大成功の作品となりましたが、今でも時折テレビ等で放映されるこの作品は、その新鮮さを失っていません。

佐田はまた小津安二郎との交流も厚く、『彼岸花』『秋日和』『秋刀魚の味』などの小津作品に出演しています。

私生活では、一九五七（昭和三十二）年、松竹大船撮影所近くにある、小津行きつけの食堂「月ヶ瀬」の娘・麻素子と結婚します。店の看板娘であった麻素子は、この店で、常連客であった佐田と出会いました。先に述べたように、媒酌人は小津安二郎と木下恵介という二人の巨匠がつとめました。生涯独身だった小津は佐田夫妻と家族同然の付き合いをしました。

佐田の長女で女優の中井貴恵は、その頃のことをこう書いています。

「世間の人たちは、小津先生と父をまるで本当の親子のような仲睦まじい師弟であったというが、どうしてそんなに気が合い、父がなぜそれほどまでに先生を慕ったのかその理由は母にもわからないという。父と母が結婚して田園調布に家を持ってからは、先生はお酒を飲むとご自分の鎌倉の家に帰らずよくわが家に泊まられた。応接間の奥の和室は、〈自分の部屋〉だといっていらしたぐらいだった。（中略）独身でお母さまと二人暮らしだった小津先生にとって、わが家は唯一、家庭のにおいのする場所だったのかもしれない」（『父の贈りもの』）

順風満帆のスターの道を歩き続けた佐田でしたが、冒頭に述べたように、一九六四（昭和三十九）年、交通事故のため、その三十七年の生涯を閉じました。それは、佐田が敬愛していた、あの小津安二郎監督の死から、わずか八ヶ月後のことでした。

佐田は、小津や木下の眠る円覚寺の塔頭の一つである松嶺院に、あの田中絹代らとともに永い眠りについていています。

今でも、木下恵介監督や小津安二郎監督の映画が映画祭やテレビ等でしばしば上映されており、その際佐田啓二に出会うことができます。その端正な姿や深みのある演技に接するたびに、この名優の早世が惜しまれてなりません。その、更なる円熟した演技を見ることができなかったことは、佐田ファンのみならず、日本映画界にとっても大きな喪失であったといえます。

知性の二枚目と存在感の脇役
～森雅之と殿山泰司

映画人が多いこの鎌倉の地で、やはり忘れることのできない二人の俳優がいます。一人は、その知的で端正な風貌とニヒルな役柄で人気を博した名優森雅之、もう一人は、森とは全く対照的な風貌で、独自のキャラクターと個性的な演技で独特の存在感を示した殿山泰司です。

森雅之（本名、有島行光）は、著名な作家有島武郎を父に持ち、画家の有島生馬と作家の里見弴を叔父に持つという名門の生まれで、舞台俳優として活躍するとともに、『安城家の舞踏会』『羅生門』『浮雲』などでの名演技でも知られる、日本映画を代表する俳優の一人といえます。

森の墓は鎌倉のほぼ東南部の高台の材木座霊園にありますが、同じこの霊園に、叔父の有島生馬の墓もあります。

なお、森の父武郎と母安子の墓は有島家代々の墓地である東京の多磨霊園にあり、森雅之も当初ここに埋葬されましたが、その後、生前に購入していた鎌倉材木座霊園に移されました。

森の父有島武郎は、『或る女』『カインの末裔』『生れ出づる悩み』などの作品で知られる作家ですが、森は一九一一（明治四十四）年、父武郎が大学教授をつとめていた札幌市で、その長男として生まれます。先の黒澤明、木下恵介とはほぼ同世代ということになります。

三歳のとき東京麴町に転居しますが、五歳のとき母安子を結核で失い、さらに一九二三（大正十二）年、十二歳のとき父武郎が、当時「婦人公論」の記者であった波多野秋子と軽井沢の別荘で心中を遂げるという事件に遭遇します。十二歳の少年にとって、このことがどれほど衝撃であったのか、森自身、ある雑誌でこう語っています。

「大活字でデカデカ扱われた父の新聞記事を見付けて、まるで電流にふれたようにハッとしました。もとより事件の真相を、正確に理解することは出来ない。しかし、何か異常な事件であることは本能的に直感しました。そのときの胸の衝動は一生、掻き消すことは出来ないでしょう」（『美貌』一九四八年九月号、田中眞澄ほか編『映画読本　森雅之――知性の愁い、官能の惑わし』所収）

そして作家の村松友視は、「彼にとって父の死は、深い悲しみであるとともに、強い怒りでもあった。彼は、父の小説をいっさい読もうとしなかったばかりか、結婚したのちも妻が読もうとするとその本を叩き落としたという」と書いています（『黄昏のダンディズム』）。

やがて旧制成城高等学校に進み、在学中に劇団築地小劇場に入団し、舞台俳優への道を志します。そして一旦京都帝国大学哲学科に入学しますが、ここを中退し、金杉惇郎、長岡輝子らの劇団テアトル・コメディに入団し、俳優への道を歩き始めます。その後、一九三七（昭和十二）年、久保田万太郎、岸田國士、岩田豊雄らが結成した文学座に入団し、舞台のほか映画に出演したりしますが、軍事体制が強まるなか、劇団活動は困難に直面します。

この間結核のため闘病生活を経験しますが、そのため兵役を免れ（一旦応召するが、病気のためすぐ翌月には召集解除）、終戦を迎えます。不治と見られた病気を経験し、兵役を免れたという経験が、森の生き方や演技に、一種の屈折した影を与えているという見方もあります（前掲書）。

戦後は、舞台のほか映画でも活躍し、一躍スターとなります。一九四七（昭和二十二）年の『安城家の舞踏会』（吉村公三郎監督）で、没落貴族のニヒリストの長男を演じ、高く評価され、毎日映画コンクール男優演技賞を受賞しています。その後、吉村公三郎の『わが生涯の輝ける日』、黒澤明の『羅生門』、『白痴』、溝口健二の『雨月物語』、成瀬巳喜男の『浮雲』などに出演し、インテリから労働者まで、エリートから駄目男まで、幅広い演技で、多くの支持を集め、異色ともいえるスターへの道を歩き続けました。

演劇評論家の尾崎宏次は、森はインテリゲンチャを演じることができた数少ない俳優の一人であったといい、そして「戦争が終わったとき、日本の映画はそういう俳優をもとめたのである。ある種の暗さも、ある種の明るさも、またある種のおかしみも、その俳優のものとして持っていてほしかった」、「（森雅之は）そういった内側にあるものをたくみに表出することができた。ただのダンディズムではなかった」と書いています（『映画読本　森雅之――知性の愁い、官能の惑わし』）。

佐藤忠男は、初期の『安城家の舞踏会』や後の『浮雲』での「泣く」演技に注目し、「泣く演技がしみじみと心に残る男優は珍しい」と書いています。人間の深い内面と陰影を表現できる役者としての、森ならではの演技への興味深い賛辞です。因みに、この『浮雲』では、第一回のキネマ旬報主演男優賞を受賞しています。
映画監督の吉村公三郎は森と同じ歳で、森とは役者として付き合いつつ、友人でもあったといいますが、森の演技について興味深い話を語っています。
「僕は戦前はそんなに演劇人と親しくはなかったんだけど、森君はなかでつきあいがあったね。いろんなことを教えられた。とくに、役者の演技にはリズムがなければいけないっていう彼の定説が印象にのこっている。じゃあ、リズムを出すために具体的にどうすればいいかっていうと――たとえば煙草のくわえかた、口からの離しかたに変化をもたせるんだっていう。これが演劇のリズムだと。おもしろいことを言うなと思った。で、彼がやってみると、たしかに煙草の吸いかたがうまい。それだけで惹き込まれる。そのとき彼は天才型だと思ったね。（中略）
森君を〈こいつはうめぇな〉って思ったのは、『安城家の舞踏会』で当時素人だった津島恵子が彼をひっぱたくところがあるんだよ。そのひっぱたかれた顔が実にうまいわ。だいたい、受ける芝居をうまく演るのは、名優だよ」（前掲書）
映画のほか、新劇のみならず、幅広い舞台でも活躍し、またテレビでも『樅の木は残った』（NHK）などの諸作品に出演し、存在感ある役者としての多くのファンの人気を集めました。
俳優の小沢栄太郎は、「彼は魅力ある役者であった。そこがまた僕とは対照的で、けい古がきらいで、その場その場の一発勝負で、ふいっといいアイデアが浮かぶ。といって怠け者では決してないのだ。どこかに、きちんときまりをつけておかないと気のすまないところがあって、のんびりさと几帳面さが、うまい具合に共同生活をしていた」（前掲書）と話しています。

一九七三（昭和四十八）年、自宅で倒れますが、診断の結果直腸がんがあちこちに転移し、末期状態と判明します。森は痩せ衰える姿を見せたくないと、妻子以外の見舞いを拒否したといいます。また入院中、「やっと芝居がわかってきたというのに、ここで死ななければならないとはなあ」と、無念さを語りました。

そして同年十月、死去しました。享年六十二歳でした。死の直前意識の戻った森は「もう一度舞台に立ちたい」と語ったといいます。根っからの役者の洩らした執念の言葉です。

先の小沢栄太郎は、「淋しくなると彼はよく電話をくれた。用事があるわけではなかった。病院で、会えずに、そして会わずに僕は帰った」と語っています。


殿山泰司はその独特な風貌もさることながら、独自のキャラクターと個性的な演技で知られています。そして、その生い立ちと人生もまた波乱に富んだもので、それを書いた自伝風の作品がまた抜群に面白いものです。その作品と人生について調べていくにつれ、以前から興味を持っていたこの役者が一段と好きになりました。

鎌倉市扇ガ谷にある浄光明寺は、皇室の菩提寺として知られる京都東山の真言宗泉涌寺派の名刹で、閑静な雰囲気を漂わせていました。その墓地で殿山の墓に出会ったとき、「泰ちゃんここに居たのですか」、と思わず声をかけたくなりました。あの強烈な個性派俳優が、いま、その簡素な佇まいのなかに、静かな眠りについていたのでした。戒名「遊心院泰翁映徳居士」が、いかにもあの殿山らしい起伏の人生を物語っているように思われました。

殿山泰司は一九一五（大正四）年、神戸市の生糸商を営む父の長男として生まれます。両親が離婚し、父にともない上京し、父とその愛人であった義母が営むおでん屋のあった銀座で少年時代を過ごします。

父母とも仕事で忙しく放任主義で、また、母親は実の母ではなくて、泰司少年は不遇な、さびしい少年時代を過ごしました。殿山は毎朝自分で卵焼きを作り、冷や飯をかき込んで数寄屋橋の袂にある泰明小学校に通いました。殿山はその頃のことをこう書いています。

「親父はおれよりも早く起きて、そのころは日本橋にあった魚河岸《うおがし》へ、店の品物の買出しに行ってしまうし、母親は、この母親というのが、おれとは生《な》さぬ仲で、つまり赤の他人なんだけど、おれが学校へ行くというのに、起きてもこない。ぐうぐう寝てやがるの。そりゃ店が夜中の十二時まで営業してて、あと片付けやなんかをすれば、床につくのはどうしても午前の一時二時にはなる。そんなことは分ってるよ。だけどさ、いくら手前の腹を痛めねえからって、縁あって子供になったんだろう。可愛くねえかもしれねえけど、学校へ出かけるときぐれえ起きてくれたらどうなんだ。まして小学校の下級生だよ。これでおれの人生の出発点が狂ったようだな。うん、確かに狂ったんだ」

（『三文役者あなあきい伝』ＰＡＲＴ１）

たしかに不遇な泰司少年の旅立ちでした。泰明小学校から府立第三商業学校に進学しますが、素行不良で退学します。長男ながら家業は弟に譲り、俳優への道を志します。そのきっかけとなったのが、若き日のエノケンらの演技に出会ったことでした。

一九三六（昭和十一）年、新築地劇団に入団しますが、同期に千秋実、多々良純などがいました。一九三九（昭和十四）年には、新しく創設された南旺映画の『空想部落』（千葉泰樹監督）に沢村貞子、千田是也、薄田研二らとともに出演し、これが本格的な映画デビューとなりました。

この時期は、二・二六事件、日中戦争から国家総動員法成立、大政翼賛会創立等、戦時体制へ向けて急速に突き進む時期で、芸能界にもその波は激しく押し寄せてきました。『三文役者あなあきい伝』などにも、この事件や時代の空気が殿山の体験として語られていますが、一九四〇（昭和十五）年には劇団が弾圧を受けて解散させられ、一九四二（昭和十七）年には殿山自身招集されて中国各地を転戦します。この非人間的で過酷な軍隊生活は、殿山にとって忘れがたい大きな試練となりました。

敗戦後、中国で捕虜となり、抑留生活を送りますが、それはあのソ連によるシベリア抑留とは異なり、それほど過酷なものでもなかったようで、隊員同士で『父帰る』を上演する演芸大会が開かれたりしていますが、この軍隊生活から捕虜生活までの様子も、『三文役者あなあきい伝』の中で詳しく書かれており、興味深いものでした。

戦後復員し、一時山形県新庄市に疎開しますが、一九四六（昭和二十一）年、松竹大船撮影所で俳優活動を再開します。新藤兼人脚本・吉村公三郎監督による『安城家の舞踏会』に出演したのがきっかけで、以降新藤・吉村コンビによる作品への出演の機会も多く、一九五〇（昭和二十五）年に新藤、吉村が近代映画協会を設立した時には、創立メンバーとしてこれに参加しています。殿山は、新藤に誘われた時の心境をこう語っています。

「新藤さんは一流のシナリオ・ライター。吉村さんは一流の監督。おれだけはやっと名前の売れかかったくらいの貧弱なバイプレーヤー。この撮影所をおん出たら、その前途はどうなるのか、果たして仕事はあるのだろうか、見通しは真ッ暗だったけど、おれを誘ってくれた新藤さんの、その声がうれしくて、死ぬほどうれしくて、だから、おれもズルズルと退社を決意した」（前掲書）

新藤作品では『裸の島』で乙羽信子と共演、この台詞のない脚本で初めての主役を好演し、『人間』では毎日映画コンクール男優主演賞を受賞するなど、多くの作品に出演しています。吉村作品でも、『偽れる盛装』『千羽鶴』『足摺岬』『越前竹人形』など、ほとんどの作品で常連として活躍しています。

その他、『真昼の暗黒』（今井正監督）、『復讐するは我にあり』『楢山節考』（今村昌平監督）、『白昼の通り魔』『愛のコリーダ』（大島渚監督）など、日本映画を代表する多くの監督たちの作品に出演する一方で、娯楽映画や日活ロマン・ポルノへも出演するなど、幅広いジャンルの作品で活躍しています。

その独特な風貌と個性的な演技が名脇役として高く評価され、それぞれの作品に欠かせない存在感を示しました。

新藤兼人は、バイプレーヤー殿山についてこう語っています。

「タイちゃんが、自分というものを一本貫きとおした役は『裸の島』と『人間』である。わたしの全作品に出てもらったが、他はすべてバイプレーヤーである。多くのほかの作品もそうだ。みなバイプレーヤーとしてのタイちゃんである。個性を買われてのバイプレーヤーだが、あくまでも本筋に添える脇役なのである。(中略)

タイちゃんも役者である。タイちゃん流に押しても引いても柳に風で引き退《さが》らないしぶとさはあった。相手がバイプレーヤーを猫や犬と同じように物と見るなら、煮ても焼いても食えない物になってやれ、という腰のすえ方である。相手がバイプレーヤーを人間と理解するなら、こちらも生きた人間になりましょう、ということである。バイプレーヤーの側からいうなら、主役だけじゃ映画もテレビも作れない。バイプレーヤーがいるから主役が存在するのである」(『三文役者の死――正伝殿山泰司』)

殿山自身「三文役者」を自称し、自著の表題にも「三文役者」を使い、先の新藤監督が書いた評伝ともいうべき著書の表題も、『三文役者の死――正伝殿山泰司』となっています。トレードマークであるジーンズとサングラスを愛用し、私生活でもジャズやミステリーをこよなく愛したことで知られ、またそのエッセイの独特の語り口と味わいも多くのファンを獲得しています。

殿山は、その独特の風貌の陰に、やさしい誠実な人柄を秘めていました。

近代映画協会以来の付き合いである映画監督の吉村は、殿山について、現今、人が逆境にあるとき心から好意を示してくれる人が少ない中で、新藤兼人と殿山泰司は誠実で、数少ない得がたい友達であると語っています。

吉村が体調を崩し、生活も困窮している中で、久しぶりに出会った殿山に、「なんでもボクに出来ることがあったら、出来るだけのことはしますから言ってください」と声をかけられ、不断は冗談ばかりとばしている彼の誠実さが、涙が出るほど嬉しかったと語っています（『映画監督吉村公三郎　書く、語る』）。

また、長部日出雄は、殿山の著書の解説の中で、こう書いています。

「じつに粋で洒脱な都会人だった。都会人の核心をなす含蓄――。いくつになってもそれを失わず、そこはかとない羞じらいを身辺に漂わせ、笑顔はいつもはにかんでいた。

それでいて、言葉遣いは乱暴なのである。乱暴ったって、相手を侮ったり、蔑んだりする話し方では、決してない。むしろ親愛の情の表現、あるいは都会っ子、東京っ子、それも銀座っ子の照れ隠しでもあったのだろうか」（『三文役者あなあきい伝ＰＡＲＴ２』）

まさに、殿山という人物を的確に語った言葉です。

こうして、殿山自身の言葉や殿山について語られた言葉を見てくると、殿山の脇役としての矜持、そして人柄の誠実さが見えてきます。そこに、彼の演技の深さや、また彼が多くの人々に愛された秘密をみることができるように思います。

殿山は、一九八九（平成元）年、堀川弘通監督の『花物語』の、千葉県館山でのロケに参加しましたが、そのときすでに全身が肝臓がんに侵されていました。その病身で、坂を登るきつい演技にも耐え抜きました。偉大なる「三文役者」が見せた、最後の執念でした。

そしてこのロケから四日後、都内駿河台の三楽病院で死去しました。十日前から同じ病院に入院中の新藤兼人に看取られての最期だったといいます。享年七十三歳でした。

浄光明寺の墓地はお寺から離れた閑静な場所にあり、この殿山泰司の墓を訪ねる人はあまり多くはないようです。殿山は私の好きな俳優の一人でした。その墓前に立っていると、あの殿山の、「よく来てくれたね」という、無愛想ではあるが温かみのある声が聞こえてくるようでした。

チャンバラと任侠
～中村錦之助（萬屋錦之介）と鶴田浩二

同じく日本映画の黄金時代を担った二人の代表的な俳優にも出会いました。中村錦之助（萬屋錦之介）と鶴田浩二です。その際立った人気と幅広い作品群を振り返るとき、ここに掲げた表題はいささか限定的に過ぎる嫌いはありますが、シンボリックな意味で使ったことをご了解いただきたいと思います。

中村錦之助（萬屋錦之介）の墓（鎌倉霊園）

錦之助の墓は、鎌倉霊園の北西部にあたる高台にありました。広めの墓域に小ぶりの墓碑が三基並び、真ん中の墓碑に、「寶樹院殿萬譽錦童大居士」という戒名が記されていました。あの、華麗な人気を誇った錦之助ですが、その墓は、あくまで控えめで静謐な雰囲気を漂わせていました。

中村錦之助は、もともと歌舞伎役者で、後に映画俳優に転じていますが、父は三代目中村時蔵、弟に俳優中村嘉葎雄がいることはよく知られています。

一九三二（昭和七）年、東京青山で生まれ、三歳のとき東京歌舞伎座で初舞台を踏みます。暁星中学校卒業後は女形として活躍、高い評価を得ました。やがて立役に転向しますが、四男という立場にあるとき、長子優先という伝統のこの世界で主役を目指すことはきわめて困難でした。

やがて、当時美空ひばりが所属していた新芸プロに注目され、ひばりの相手役としてスカウトされます。しかし、父時蔵は大反対でした。その時のことを錦之助はこう書いています。

「父の表情が、一瞬変わりました。激しい怒りを、胸の内に懸命に抑えている様子が読み取れました。まもなく父は二階へ上がっていき、そのまま休んでしまったようなのです」（『わが人生《みち》　悔いなくおごりなく』）

そして、父は「行くなら歌舞伎をやめて行きなさい」と厳しい口調で言いました。錦之助は歌舞伎をやめることを決意し、映画界に入ることにしたのです。

一九五四（昭和二十九）年、錦之助は映画界に入り、『ひよどり草紙』などに出演、ひばりとの共演を果たし、その若衆姿が話題を呼びました。その後東映に移籍し、『笛吹童子』『里見八犬伝』『紅孔雀』などが大ヒットし、一躍大スターとなります。

錦之助が東映に入った頃のことを、当時京都撮影所製作課長であった岡田茂（後の東映会長）はこう語っています。

「いわば美少年役で人気者になった彼は、その後、演技派大スターに成長していくが、その片鱗を

僕が見たのは、千恵蔵御大と初共演した『お坊主天狗』だ。（中略）
翌日の撮影後、千恵蔵御大は〈エライやつが現れたな。将来、すぐスターになるな〉と感心していた。伊藤大輔さん、内田吐夢さんといった名監督が、ぜひ錦之助さんで撮りたいというようになるまで、さほど時間はかからなかった。あっという間にスターになった。スター誕生なんていうのは、あんなもんかと思った」（『波瀾万丈の映画人生――岡田茂自伝』）
以降、大川橋蔵、東千代之介らとともに、東映時代劇を背負う看板スターとして活躍します。そのチャンバラ・スターとしての観客の人気は高く、「森の石松」「一心太助」「宮本武蔵」などは、映画史に残る当たり役となりました。
錦之助、千代之介、橋蔵の三人は東映若手のトリオとして圧倒的人気を誇っていましたが、因みに一九五六（昭和三十一）年の「週刊東京」の人気投票のランキングにはこの三人が入り、錦之助の人気はダントツでした。その男優の部の結果を掲げておきます。

①	中村錦之助	一六、一〇七	⑥	東千代之介	三、五五〇
②	池部良	九、二七六	⑦	青山恭二	三、一七三
③	鶴田浩二	八、七一〇	⑧	高田浩吉	三、一一九
④	長谷川一夫	五、一一五	⑨	大木実	二、九五二
⑤	市川雷蔵	三、五五八	⑩	大川橋蔵	二、八三六

もちろん、大衆娯楽作品だけでなく、『親鸞』『反逆児』『武士道残酷物語』などでは優れた演技力

を発揮し、ブルーリボン賞主演男優賞などを受賞しています。

一九六〇年代に入ると、映画産業は斜陽に転じ、衰退の一途をたどり、テレビの時代へと移っていきます。錦之助は東映内部の労働争議で東映俳優クラブ代表等をつとめたりしますが、一敗地にまみれます。

一九六八（昭和四十三）年には、「中村プロダクション」を設立し、テレビ時代劇の世界に進出し、以降『子連れ狼』『長崎犯科帳』『破れ奉行』『破れ新九郎』などに出演しています。

一九七一（昭和四十六）年には歌舞伎座の三代目中村時蔵十三回忌追善興行に出演、屋号を「萬屋」に改め、萬屋錦之介と改名しています。芸名を変えたことについて、錦之助は、「萬屋の名をさらに広く知っていただきたいと考えたからだ」と語っています。

私生活では有馬稲子、淡路恵子、甲にしきと三度の結婚をしていますが、映画界に入った長男（淡路恵子との実子）は交通事故死、次男は不祥事の末に自殺するという不運に遭遇しています。

晩年は体調不良にも悩まされ、一九八二（昭和五十七）年には歌舞伎公演中に倒れ、重症筋無力症と診断されますが、翌年にはこれを克服し、復帰を果たします。その後、角膜剝離、咽頭がんなどの病と闘いつつ映画やドラマで活躍しますが、一九九七（平成九）年、肺炎のため、千葉県の国立がんセンター東病院で死去しました。享年六十四歳でした。

錦之助は晩年、その生涯を振り返って次のように書いています。

「歌舞伎の家に生まれ、映画界へ進んだ私の芸の道。振り返れば公私ともに山あり谷あり、人に支えられ、またさまざまの人生を歩んで参りました。

けれども、芸の道には終わりということがありません。そんな長い坂を今後も一歩ずつ、一日一日を全力投球で歩み、悔いのない役者人生を、と念じております」(『わが人生《みち》　悔いなくおごりなく』)

こうした言葉を聞くと、六十四歳という死は、まだまだ志半ばという感じが否めません。私生活上の不運や、難病との闘いなど、あの往年の大スターの晩年を思うとき、一抹の淋しさを禁じえません。

鶴田浩二は時代劇から任侠物、現代劇からテレビドラマまで幅広いジャンルの作品を遺し、そしてまた歌手としても人気を博した、時代を代表する俳優であったといえます。梨園の出の錦之助とは、その出自はきわめて対照的ですが、ともに戦後の日本映画の黄金時代を築いた大スターといえます。

鶴田の墓は錦之助と同じこの霊園の、ほぼ中央部、祭場近くにありました。墓域は広く、墓碑は黒御影の洋型で、その大きな墓碑の正面一杯に本名が「小野榮一」と刻され、その下に、芸名鶴田浩二が記されていました。裏面には、戒名が「鶴峰院榮譽誠純悟道大居士」と刻され、「昭和六十二年六月十六日歿、俗名榮一　行年六十二歳」が記されていました。往年の大スターらしい雰囲気の墓前に立つと、あの鶴田の作品の数々が次々と思い出され、懐かしいシーンと名演技が甦ってきました。

鶴田は一九二四（大正十三）年兵庫県西宮市生まれ、陸軍航空工廠に勤務していた父の転勤に従って、大阪市西成区に転居します。しかし、父と別れた母とともに浜松市に転居、水商売をしていた母と祖母との貧しい生活が続きました。この頃の鶴田について、鶴田の長女カーロン愛弓は、「幼年期の父は、頼る人もなく、重く暗い日々の中で、自分の境遇を恨みながら一人ぼっちで生きていたのだろう」と書いています（『父・鶴田浩二』）。

少年時代は映画に熱中して遊び回る日々を過ごしましたが、やがて伯父のつてで松竹下加茂撮影所に入り、高田浩吉の内弟子となります。そして、一九四四（昭和十九）年四月、大阪の此花商業学校を経て関西大学専門部商科に入学しますが、直後の五月には第一期海軍飛行科予備生徒として横須賀第二海兵団に入団します。その後土浦、館山を経て横須賀海軍航空隊に移りますが、そこで少尉として敗戦を迎えます。このときの体験が、鶴田の人生に大きく影響したといわれています。

戦後は再会した高田浩吉に映画界志望を伝え、高田浩吉劇団に入団し、高田の付き人となります。一九四八（昭和二十三）年大曾根辰夫監督の尽力で松竹に入り、師匠の高田浩吉の芸名にちなんで、鶴田浩二として俳優活動に入ります。そして大曾根辰夫監督、長谷川一夫主演の『遊俠の群れ』に出演、本格デビューを果たします。その翌年の一九四九（昭和二十四）年には、同じく大曾根監督の『フランチェスカの鐘』で主役に抜擢され、佐田啓二、高橋貞二とともに、松竹を背負う三大スターとなりました。

その後、「若旦那シリーズ」、美空ひばりと共演した歌謡青春ドラマ『あの丘越えて』など、多くのヒット作品に主演し、トップ・スターとなり、雑誌「平凡」の人気投票では、二位の池部良、三位の長谷川一夫を大きく引き離して第一位となっています。映画評論家の山根貞夫は、「この人気はむろん、甘い美貌によるものだったろうが、同時に、甘さの陰にただよう虚無のにおいも大衆の心をつかんだにちがいない。戦争体験を持つ世代の影である」と書いています。

一九五二（昭和二十七）年には、新生プロを起こし、独立プロとして『弥太郎笠』『ハワイの夜』などを製作しています。その後フリーとなり、松竹のみならず東宝、大映などでも活躍します。その後東宝と専属契約を結びますが、ヒット作に巡り会えず、一時スランプに陥ります。

そして一九六〇（昭和三十五）年、東映のゼネラルマネージャー的立場にあった岡田茂（後の同社社長）に引き抜かれ、以降、東映を代表するスターとして数多くの作品を残しています。

岡田は当時のことをこう回想しています。

「昭和三十七（一九六二）年、僕は野心的な作品を企画した。翌年、封切った『人生劇場　飛車角』である。時代劇はマンネリ化して飽きられつつある。だが、義理人情の世界や立ち回りの美学を日本人が好まなくなったわけではない。それなら、舞台を近現代に移し、もっとリアルでいい話にしたらどうか。

頭に浮かんだのは『人生劇場』だった。しかし、主人公は青成瓢吉から侠客の飛車角に変えなければならない。主演には東京撮影所のトップスター鶴田浩二さん、相手役の女郎にはお嬢さま役だった佐久間良子さんを起用した。この二人に気鋭の高倉健さん、ベテランの月形龍之介さんを絡ませ、京都から沢島忠監督を呼んで撮った作品は、低迷していた鶴田さんの起死回生のヒット作となった」（『波瀾万丈の映画人生――岡田茂自伝』）

この『人生劇場　飛車角』で、鶴田は残侠の徒飛車角を熱演し大ヒットとなり、仁侠映画のブームが到来します。以降、鶴田は東映の任侠路線を中核として担い、一九六四（昭和三十九）年の『博徒』、翌六五（昭和四十）年の『明治侠客伝　三代目襲名』などをはじめとして、数多くのやくざ映画の主演をつとめ、高倉健、藤純子らとともに大衆の人気を獲得していきました。

鶴田と長い交友のあった作家三島由紀夫は、『博奕打ち　総長賭博』などでの鶴田の演技を絶賛しています。

「鶴田浩二は、『飛車角と吉良常』でも、この『総長賭博』でも、年配にふさわしい辛抱立役（注、もともと歌舞伎で、主役的な立場にありながら、受けに回り、控えめな演技を要求される役柄）を見事に演じていた。

私が鶴田びいきになったのは、殊に、ここ数年であって、若いころの鶴田にはなんら魅力を感じなかったが、いまや飛車角の鶴田のかたわらでは、さしも人気絶頂の高倉健もただのデク人形のように見えるのであった。

このことは鶴田の戦中派的情念と、その辛抱立役への転身と、目の下のたるみとが、すべて私自身の問題になって来たところに理由があるのかもしれない。恐らく全映画俳優で、鶴田ほど、私にとって感情移入の容易な対象はないのである。

彼は何と〈万感こもごも〉という表情を完璧に見せることのできる役者になったのだろう。吉良常の死の病床に侍《はべ》る彼、最愛の子分松田をゆるしあるいは殺す時の彼、そういうときの彼には、不決断の英雄性ともいうべきものが迸《ほとばし》り、（これは実人生ではめったに実見されぬことだが）、男の我慢の美しさがひらめくのだ」（『決定版三島由紀夫全集35』）

三島は、鶴田の演技への賛辞とともに、それまで正当に評価されることのなかったやくざ映画に、新しい光を当てたともいえます。

三島は、ほかでの鶴田との雑誌の対談の中でも、鶴田の演技へ賛辞を送っています。三島と鶴田はほぼ同世代の戦中派、共感するところが少なくなく、この対談は大きな盛り上がりを見せています。

鶴田は、映画のほか、テレビでも優れた作品を残しています。とくに、NHKの『男たちの旅路』（一九七六〜七九年）の戦中派のガードマンや、『シャツの店』（一九八六年）のワイシャツ作りの昔気質の一徹な職人では独自の境地を拓き、注目を集めました。このシリーズの成功は、山田太一という脚本家との出会いと信頼関係のもたらしたものでした。体調不良と精神的停滞の時期にあった鶴田は山田の誠実さにふれ、その脚本の新鮮さに、「取り組んで見たい作品にやっとめぐり合った」と話したといいます。

山田との出会いが、鶴田にとっていかに画期的なものであったか、鶴田の長女・カーロン愛弓の言葉がそれを物語っています。

「父は常に斜に構えてものを言う性癖があって、他人が父の言葉を通して父の本質を掴むのは中々難しかった。しかし山田さんを見ていると、父が斜に構えると、自分の目線を移して、父と同じように物事を見、父の真意を理解しようとしているように思えた。

父もそうした山田さんの姿勢に共感したようだった。父は人と話していると、すぐに理屈をつけたがる人だったが、山田さんと話している父は、とても素直に見えた。最愛の映画が自分から遠ざかっていくのを感じて、不安と焦りの中にいたあの頃の父にとって、山田さんの存在は、いつしか大きな支えになっていた」(『父・鶴田浩二』)

そして、山田太一脚本の、この『シャツの店』が、鶴田の遺作となりました。

一方、鶴田は歌手としても、「好きだった」「赤と黒のブルース」「傷だらけの人生」などのヒット曲を出し、多くの賞を受賞しています。

鶴田は一九八五(昭和六十)年、肺気腫と診断され治療を受けながら入退院を繰り返していましたが、手術の結果末期的な肺がんと判明し、余命半年と宣告されました。

家族は本人に告知せず治療に当たりましたが、一九八七(昭和六十二)年六月、死去しました。享年六十二歳、山田との出会いから新境地を開拓した鶴田の、惜しまれる旅立ちでした。

伝説の名優たち

～二代目尾上松緑と二代目中村鴈治郎

ほぼ同時代を生きた、時代を代表する二人の歌舞伎役者が、同じ鎌倉霊園の隣接する場所に眠っていました。共に人間国宝ともなった二代目尾上松緑と二代目中村鴈治郎の二人の名優がその人です。その墓のすぐ近くには、あの作家川端康成、そして画家の宮本三郎、詩人の堀口大学らが眠っていました。

松緑の墓はさすがにその墓域が広く、正面の墓碑には「藤間家之墓」と刻され、その左側に「錦樹院達玄日豊居士　俗名藤間豊　平成元年六月二十五日没　行年七十六歳」と記されていました。墓碑の左手の大きな自然石に、大きく「愛」と刻された文字が印象的でした。

その墓前に立ったとき、松緑の長兄で、かつて〝海老さま〟として圧倒的な人気を誇った十一代目市川團十郎の墓を青山霊園に訪ねたことを思い出しました。兄弟二人の人気俳優に出会えたことは幸運でした。

二代目尾上松緑は、先人の芸を今に最もよく伝える歌舞伎界の重鎮といわれた役者で、また舞踊家としても日本舞踊藤間流の家元として知られています。

松緑は、本名藤間豊で、一九一三（大正二）年、七代目松本幸四郎の三男として東京浜町で生まれました。長兄には、先述の十一代目市川團十郎、次兄に八代目松本幸四郎（白鸚）がいます。一九一九（大正八）年に暁星小学校に入学、同級生に吉田茂総理の息子の健一がいました。在学中関東大震災で罹災し、一時大阪に避難します。帰京後、一九二七（昭和二）年、十四歳で六代目尾上菊五郎に師事します。

入門時、師匠から厳しくしごかれました。その頃の思い出を松緑はこう語っています。

「三田の家には舞台はなく、大広間でけいこをつけてもらったのだが、寒中に開口一番〈裸になれ〉といわれてびっくりした。そうこうするうちにおじさん自身もパンツ一枚になる。

先ず私の骨組みを見て、舞踊の基礎からはじめようというわけだ。当時私はまだ帝劇の子役時代からぬけ出したばかりで、踊りのおの字も知らなかった。そこでまず腰のすえ方、筋肉の使い方から訓練してくれたわけだ」（日本経済新聞社編『私の履歴書』文化人13）

一九三三（昭和八）年には、二十歳で新宿の新歌舞伎座での『舟弁慶』で静と知盛の霊の大役をつとめますが、翌年には徴兵検査を受け、赤坂三連隊に入営します。ここでも芸の修業以上の厳ししごきを受けました。しかし、指の異常を理由に除隊を申し入れ、現役免除となります。

一九三五（昭和十）年には、二十二歳で歌舞伎座で二代目尾上松緑を襲名します。一九三八（昭和十三）年には真野愛子と結婚、一九四一（昭和十六）年には二度目の応召で満州へ派兵されます。太平洋戦争開戦の年で、戦時体制は急速に強化され、それは芸能界にもおよび、やがて一九四四（昭和十九）年には各劇場は閉鎖されてしまいます。

戦後、劇場は再開され、舞台活動は復活します。しかし一九四九（昭和二十四）年、父・七代目松本幸四郎、師の六代目尾上菊五郎が相次いで他界するという不運に遭遇します。

松緑は父の死に目に会えませんでしたが、ただ松緑は、役者にとって舞台は戦場であり、役者というのは出演中は自分の体の故障以外は休めない因果な職業であると語り、日ごろ師匠の六代目が「親の死に目にあえるような役者になるな」と話していたことを思い出して、ただ瞑目したと書いています（前掲書）。

師匠の六代目の死後、菊五郎劇団を結成し、劇団理事に就任、劇団を率いて活発な舞台活動を展開します。松緑三十六歳のことでした。

その後の松緑の活躍は目覚ましく、立役としてその恰幅のいい体型を生かして世話物や舞踊に優れた芸を見せました。一九五一（昭和二十六）年には『若き日の信長』の平手中務役で芸術祭奨励賞を受賞しています。

しかし、昭和三十年代の半ばごろから新しいメディアであるテレビが急速に普及し始め、歌舞伎にとっては大いに脅威となりました。劇場も、歌手やタレントの活躍の場として使われることが多くなりました。松緑はこう語ります。

「これも時代のすう勢でいたし方のないことだが、歌舞伎役者はあくまで歌舞伎を守っていくより方法はなく、私たちはコツコツ十年一日のごとく歌舞伎を勉強していた」（前掲書）

しかし、やがて歌舞伎の人気も回復してきましたが、松緑はこの新しいメディアや新劇へと芸域を広げていきました。NHKテレビの大河ドラマ第一作『花の生涯』で井伊直弼、『勝海舟』で勝小吉、『草燃える』では後白河法皇を演じました。また、新劇では『オセロ』『シラノ・ド・ベルジュラック』などに出演しています。

松緑は、歌舞伎を中心に、幅広い業績が評価されて、テアトロン賞、日本芸術院賞、重要無形文化財保持者、文化功労者、文化勲章などの栄誉に輝いています。

幅広い芸域を誇り、数々の受賞に輝く松緑ですが、松緑は、歌舞伎役者にとって一番重要なことは、「雰囲気を持つ」ということだと言い、こう語っています。

「ふり返ってみると、自分の個性を発揮できないんです。亡くなられた映画監督の小津安二郎さんに言われたんですが、〈君のやり方はまっとう過ぎるよ、それじゃ損だよ、ということはあまりに個性がない〉。ごもっとも、本当にそうだと思ったんですが、無理に個性をつくるということは非常に危険でしてね。

六代目は〈自分の雰囲気をつくれ〉と言いましたし、播磨屋のおじさん（初代吉右衛門）は〈うまい役者になるより、いい役者になることを心がけろ〉と言っていましたけど、この二人の言葉をプラスするといい雰囲気が出ると思うんです」（「演劇界」一九八三年十月号）

時代を代表する名優の、芸の心を語る言葉です。

昭和が終わりを告げた一九八九（平成元）年六月、松緑は急性肺炎のため入院先の関東逓信病院で逝去します。七十六歳でした。
最後に松竹社長永山武臣の語る一つの挿話を紹介しておきます。
「随分昔のことであるが、ある著名な批評家が七代目幸四郎の三人の子息をたとえて、金、銀、銅と評したことがあった。十一代目團十郎が金で、白鸚が銀、そして松緑が銅だというわけである。松緑さんはそれを読んでとても悔しがって、私にこぼしておられた。今、三兄弟はみな鬼籍に入ってしまったが、七代目幸四郎は、昭和の歌舞伎を、金、銀、銅ならぬ金、金、金で彩ったのだと私は思っている」（前掲書）
永山は、松緑の死は、ひとつの大きな山がなくなったようだとも語っています。兄弟三人が、揃って不世出の名優であることに異論はないでしょう。

二代目尾上松緑の墓の左隣には、二代目中村鴈治郎の墓がありました。鴈治郎は父初代鴈治郎の芸風を継ぎ、和事のほか女形、老け役まで幅広い芸域を誇った役者でしたが、昭和の歌舞伎界を代表する二人の名優が、こうしてこの鎌倉の地の墓地に隣接して眠っているのには驚きました。

鴈治郎の墓がなぜ松緑の墓に隣接しているのか、疑問に感じていましたが、松緑の以下の言葉に出会って、ようやく納得したのでした。

「鴈治郎さんは僕より年上ですのに、僕のことを兄さん兄さんと呼んで、鎌倉霊園に僕が女房の墓をこしらえると、隣の土地があいているときいて、兄さんの隣にわたいも入ろうと、隣をお買いに

なりました。とんだところでお隣同志、ふしぎなご縁ですねえ」（「演劇界」一九八三年六月号）

広い墓域の正面奥に墓碑があり、「林家之墓」と刻され、墓碑の左側に、「二代目中村鴈治郎　光藝院殿春鴈日好大居士　昭和五十八年四月十三日没　俗名好雄　行年八十一歳」と記されていました。

二代目中村鴈治郎というと、その独特な風貌と、その子二代目中村扇雀（四代目坂田藤十郎）と女優中村玉緒のことなどを思い出し、その墓前に立つとき、どこか懐かしさを覚えるのでした。

二代目中村鴈治郎は、一九〇二（明治三十五）年、初代中村鴈治郎の三男として大阪市南区玉屋町に生まれました。兄弟の中で、妹のたみは長谷川一夫の妻となり、また、自身の長男は四代目坂田藤十郎で、長女に女優の中村玉緒がいます。

一九〇六（明治三十九）年、四歳で京都南座で初舞台を踏み、一九一〇（明治四十三）年に、初代中村扇雀と改名します。

一九一九（大正八）年、十九歳の時、神戸松竹座で「青年歌舞伎」の旗揚げをします。座頭が扇雀（鴈治郎）で、当初市川右太衛門、嵐寛寿郎、後に長谷川一夫が参加しています。後にいずれも舞台のみならず、映画でも大活躍する名優たちです。京都南座を拠点としたこの青年歌舞伎は鴈治郎が十八歳から二十二歳まで足掛け五年間も続き、鴈治郎の芸の修業の場ともなりました。

青年歌舞伎は人気を誇りましたが、やがて鴈治郎はそれに飽き足らず、再び父のもとで修業することを決意します。

しかし一九三五（昭和十）年に父が死去、一九四一（昭和十六）年には四代目翫雀《かんじゃく》を襲名します。

この年は太平洋戦争開戦の年で、以降、歌舞伎界も次第に戦時体制の中に組み込まれていきます。大劇場は閉鎖され、翫雀一座は軍需工場慰問に駆り出され、巡業を続けました。

一九四五（昭和二十）年の敗戦を、上加茂の疎開先で迎えました。玉音放送で天皇の声を初めて聞き、敗戦の実感が胸に迫り思わず泣いてしまいましたが、一方でホッとしたのも事実であったと語っています（前掲書）。

戦後早々に劇場封鎖令が解除され、大阪歌舞伎座で上演が復活しました。

そして一九四七（昭和二十二）年、二代目鴈治郎を襲名します。襲名披露は大阪歌舞伎座と京都南座で行われ、大盛況でしたが、やはり「鴈治郎」という名前の重さは相当なものでした。鴈治郎はこう語ります。

「襲名披露は翌二月も南座でやりましたが、戦後の文化に飢えた時でもあり、両方とも大入り満員が続きました。しかし鴈治郎は襲名したものの、まだあのころの関西では父のイメージがあまりにも生々しく残っており、私としては大変な重荷でしたが、襲名した以上は責任をもって父の名をけがさないようにと、そればかり考えて私なりに全力投球で舞台をつとめました。しかしやればやるほど父の偉大さがわかり、自分の非力が歯がゆく思われてなりませんでした」（前掲書）

一九五三（昭和二十八）年には、東京の新橋演舞場で、宇野信夫脚本・演出による『曾根崎心中』を復活上演し、演舞場開場以来という大当たりとなりました。その後全国で公演し、ついに上演回数五百回を数え、「徳兵衛」は生涯の当たり役となりました。

しかしその後、上方歌舞伎は先輩の延若、梅玉らの高齢化、あるいは逝去等もあり、またテレビという新しいメディアの進出の中で、その人気は急速に衰えて行きました。

一方で周囲との軋轢や、扇雀（長男で二代目中村扇雀）ブームへの外からの反発等もあって、役者の廃業を思うようになりました。

そして舞台を退き、しばらく悠々自適の生活を送っていましたが、やがて溝口健二監督らの熱心な誘いを受け映画界（大映）入りをします。

この時、鴈治郎は五十三歳に達していましたが、以降約十年間、人生の第二ステージを映画やテレビの活躍で彩ることになります。

主な出演作として、『静と義経』（島耕二監督）、『女殺し油地獄』（堀川弘通監督）、『炎上』『鍵』（市川崑監督）、『浮草』『小早川家の秋』（小津安二郎監督）、『どん底』（黒澤明監督）、『雁の寺』（川島雄三監督）など、錚々たる監督たちによる作品を挙げることができます。

鴈治郎は映画の演技でも優れた才能を見せました。共演者の一人、山田五十鈴はこう語っています。

「鴈治郎さんの事と申しますと、何んと言ってもびっくり致しましたのは、映画へ入られて素晴らしい演技を見せられたことです。驚威でした。リアルというか、肌理《きめ》の細かい写実な演技が強烈な印象に残っています。立派な作品をたくさん残されましたが、私は黒澤（明）さんの『どん底』で鴈治郎さんの大家に女房で共演致しました。古典も映画も何もかも基礎は同じだとつくづく教えられた思いがしたものです」（「演劇界」一九八三年六月号）

その後再び舞台に復活し、上方歌舞伎の真髄を演じて見せました。その長い芸歴が評価され、一九六七（昭和四十二）年人間国宝、一九七〇（昭和四十五）年日本芸術院賞、一九八〇（昭和五十五）年文化功労者など、多くの受賞の機会にも恵まれました。

鴈治郎の人柄を物語る逸話として、『芸と人　戦後歌舞伎の名優たち』の著者織田紘二は、人間国宝の内示に際して聞いた、次のような話を紹介しています。

「人間国宝認定の折、稽古場の奥の部屋で高橋さん（注、文化庁からの使者）が、〈重要無形文化財をお受けいただきたく云々〉と言われると、大抵なら〈ありがたくお受けいたします〉と答えるのだろうが、鴈治郎さん、〈アア、そうでっか、これ駄目でっか。これ駄目でっか〉と、右手の親指で玉をはじく仕種（パチンコ）をしたり、小指を立てたり（説明不要）されたという。高橋さんも困っただろうが、答えを保留し笑っておしまいになったという。日本芸術院会員の折には〈馬券は買ってもよろしいか？〉とのたまわれたとも聞いた」

普通には考えられない、いかにも鴈治郎らしい、愉快なエピソードです。

一方、私生活では長男扇雀が扇千景と結婚し、長女玉緒が勝新太郎のところへ輿入れするという慶事もありました。

鴈治郎は、その自伝ともいえる『私の履歴書』（文化人12、日本経済新聞社編）の最後を、こんな言葉で結んでいます。

「どんな仕事でもそうでしょうが、特にわれわれの社会では楽をしようと考えてはいけないということです。一般社会では年をとると出世してあまり身体を動かさなくなりがちですが、幸い私どもの方は五十すぎたころ芸が円熟してきて、いい役がついていそがしくなります。しかし私たちの年配になると、楽をしたくなるものですが、そうするとボケてしまいます。（中略）私はよくせりふの多い新作物の役を与えられることがありますけれど、そういう時は喜んで引き受け、徹夜でせりふをおぼえるように心がけております。こうして無理におぼえて演技の工夫をし、初日を終わった時はなんともいえないすがすがしい気持ちがします。これは最初に述べた若さを保つ私の健康法の一つであり、これを信条としてこれからもいのちの続くかぎり舞台をつとめたいと思っております」

雁治郎の芸への限りない愛着と、プロ根性を読み取ることができます。

鴈治郎は一九八〇（昭和五十五）年体調を崩し、京都南座の『曾根崎心中』を途中休演し、翌年の名古屋の御園座も中途休演しました。そして一九八三（昭和五十八）年、八十一歳で死去しました。

その逝去に際して、先の二代目尾上松緑は、こう語っています。

「歌舞伎は何といっても雰囲気が一番大事ですね。一番惜しまれるのは、これで上方歌舞伎の雰囲気がうすれることです。東京だけ残ればいいというものではありません。（中略）

鴈治郎さんは歩き方でも何でも独特の良さがあり、上方歌舞伎の数少ない巨星の一つが墜ちて、この影響はまことに大きいといわねばなりますまい」（「演劇界」一九八三年六月号）

鴈治郎は、かつての願いどおり、松緑とともに、同じこの霊園の隣同士で、永い眠りについています。

第三章　思索と創作の間《はざま》で

「心友」という絆

～小林秀雄と今日出海

この鎌倉の地には、主に東慶寺を中心に、日本を代表する碩学や文化人たちが数多く眠っています。以下しばらくはそんな人物たちを取り上げますが、この限られた紙幅で、その学殖の蘊奥《うんのう》に分け入ることは至難の業です。そこで、ここではその愚を避けて、それぞれの業績について簡潔にふれつつ、その人々の生きた姿や人物像、交友関係などを中心に、なるべく分り易く書くよう心がけますので、お付き合いください。

小林秀雄は、いわゆる鎌倉文士たちを含む幅広い交友でも知られていますが、その中でも作家で、初代文化庁長官もつとめた今日出海とは学生時代以来の付き合いで、共に鎌倉に長く住み、交流を続けています。今はあるところで、「小林君との交友録を書けば際限がない。それが私の内面的な履歴書になってしまうかもしれない」（日本経済新聞社編『私の履歴書』文化人4）と語っています。

小林の墓は鎌倉市山ノ内の東慶寺にあります。東慶寺はJR横須賀線の北鎌倉駅のすぐ近く、線路を挟んで円覚寺とは反対の西側にあり、鎌倉尼五山の一つで、縁切り寺、駆け込み寺として知られる名刹です。明治後期には尼寺から僧寺に変わり、その墓苑は文化人、碩学など錚々たる著名人たちの墓所としても知られています。入り口の細い階段の上にある小ぶりの山門は、独自の風情を感じさせるものでした。

墓苑は山門の奥深く、樹木に囲まれた閑静な場所にあります。そこに小林秀雄の墓もありました。墓域の右手には、「小林家」と刻された御影石の標柱があり、正面にはかつて小林が京都の白洲正子のもとを訪れたとき、骨董屋で買い求めていたという五輪塔が建てられていました。五輪塔を含め、墓域全体が苔で覆われており、独自の雰囲気を漂わせていました。

小林秀雄は一九〇二（明治三十五）年四月十一日、東京神田に生まれます。東京府立一中、一高を経て一九二八（昭和三）年東京帝国大学仏文科を卒業しました。一中の頃富永太郎、河上徹太郎と知り合い、大学時代の同級生に今日出海、中島健蔵らがおり、またその頃中原中也、大岡昇平とも知り合います。

小林と出会った頃のことを、今日出海はこう回想しています。

「彼は日が暮れるまで、火の気のないバラック建の四合舎で語り続けた。それは会話というものではない。独言か、べらんめェ口調の講演だった。相手が私であることなど忘れているようだ。仏蘭西文学の話から日本の小説に及んだ。（中略）

次第に暮れて来る四合舎の中で、黒帽黒服黒ネクタイの小林が妖気を帯びて見えたものだ」（新潮社小林秀雄全集編集室編『この人を見よ――小林秀雄全集月報集成』）

今は、そんな小林に呆れつつも、どこか惹かれるところがあり、以降長い交友を続けることになります。

東大仏文科在学中の、ランボーの『地獄の季節』との出会いが、小林の大きな転機となりました。卒業後、小林は文芸批評を手がけ、一九二九（昭和四）年『改造』の懸賞評論『様々なる意匠』で文壇に登場します。

翌一九三〇（昭和五）年四月から一年間にわたって「文藝春秋」に文芸時評を連載、批評家としての地位を確立しました。日本における本格的な近代批評は小林によって創始されたともいわれています。

一九三五（昭和十）年からは「文学界」の編集責任者になり、批評家として活動を展開します。以降、『ドストエフスキイの生活』『無常といふ事』『モオツアルト』『ゴッホの手紙』『考へるヒント』『本居宣長』など、知的刺激に溢れ、今でも多くの人々に読まれている作品を数多く遺しています。

こうした一連の小林の業績を見ていると、そこに、かつてその作品から強烈な知的刺激を受けた若かりし日々を投影される方も少なくないと思います。

文芸批評に始まった小林の知的営為、創作活動は、その枠を超えて広がり、そして深化していくわけですが、高橋英夫はその軌跡をたどりつつ、「こうして文芸評論家というより、思想家としての風貌を濃くしていったが、その思想は西欧文化の受容を通じて自己を確立しなければならなかった日本知識人の苦悩を認めつつもそれを批判し、その超克の道を歴史と自然にみいだす方向をとっていった」と書いています。

小林の業績は、批評を文学に高めたことにあるといわれますが、高橋もいうとおり、その批評活動は文芸批評に止まらず、音楽、美術、歴史等など幅広い領域に及び、「批評の神様」とも呼ばれ、一般の読者のみならず、知識人たちにも大きな影響を与えました。

一九五九（昭和三十四）年に日本芸術院会員、一九六七（昭和四十二）年には文化勲章を受章しています。そして一九八三（昭和五十八）年三月一日、腎不全のため、慶應義塾大学病院で八十歳の生涯を閉じました。戒名は「華厳院評林文秀居士」でした。

以上、小林の業績をざっと見てきたわけですが、ここでは、小林と交流のあった人々の証言をもとに、その人物像の一端に近づいてみたいと思います。

先に、今日出海が小林と出会った頃の話を紹介しましたが、その小林の舌鋒の鋭さについては、作家で登山家の深田久弥もこう書いています。

「私が小林と更に親しくつきあうようになったのは、私が鎌倉に転居してからである（昭和七年夏）。その頃彼はやはりお母さんと二人で、雪の下に住んでいた。道をへだてて大仏次郎さんの家があり、近くに今日出海がいた。われわれは飲む機会が多かった。酔ってくると彼の舌鋒は鋭くなり、その容赦のない酷烈な批評は鎌倉で有名になり、やがて文壇でも評判の一つになった」（『この人を見よ——小林秀雄全集月報集成』）

文芸評論家の山本健吉は、小林との出会いが、自身の道を決めることになったと、次のように語っています。

「小林氏の初期評論を読み、痛棒を食ったような衝撃を受けていた。その大きな影響は二つあった。一つは、それまで私の頭を締め付けていたマルクス主義の呪縛による後遺症を完全に拭《ぬぐ》い去ったこと。もう一つは、文芸批評という仕事が、小説や詩のような仕事と同じく、一つの創造的な仕事であり、それに生涯を捧げて悔いないものだという確信に到達したこと。この二つは、私の生涯に大きな転機をもたらしたもので、それを出発点として、私の後半生は形成されたというべきである」

（郡司勝義『小林秀雄の思ひ出』）

小林の集中力を物語る一つのエピソードについて、今日出海はこう書いています。

「モーツアルトを書いていた時、蓄音機のレコードがすり切れるほど、朝に夕に晩に聞き通したものだ。私の書斎のウィゼワの『モーツァルト伝』を持って行ったかと思うと返して来たが、五百ページ上下二巻のフランス語本をたちまちのうちに読了する読書力と集中力は当時からいまだに衰えていないようだ」（前掲書）

たしかに、小林の集中力と音楽漬けの生活は相当なものであったようで、小林の長女の白州明子も、物心ついてから家の中でレコードの鳴っていない日はまずなかった、と語っています。

しかし一方で、今は、小林がこうした抜群の集中力を見せつつ、決してそれは異常でも変人でもなく、実は健全な常識人なのだと語ります。秀才や英才や天才は変人で非常識人である場合が多く、小林ほどの凝り性では変人になるものだが、いくら凝っても、小林は健康な常識人だった、というのです。

長い交友のあった今日出海ならではの冷静な眼差しといえるように思います。

女優の越路吹雪は、小林と今日出海とともに、パリのホテル・マンチェスターで暮らしたときの、こんなエピソードを綴っています。

「私は作家の世界を存じませんし、作家としての小林先生のこともよく存じませんが、おなじ巴里の屋根の下で暮らした、あの何の気取りもない三枚目で、又とびきり二枚目でもある人間小林先生が大好きです。

昭和二十八年、私が一人旅に疲れはててはじめて巴里に着いたとき、キャッチボールみたいに私を受けとめて下さったのが小林先生と今先生でした。

(中略)

先生は道を歩きながら、よく私に絵の話をして下さいました。巴里の街のショウウィンドウは、私にとっては絵の話より、はるかに魅力がありましたので、目玉をキョロキョロさせながら上の空で話をきいていると、先生も呆れ果てて、しようのない奴だと吹き出されたものでした。この良い機会にもっと本気でお話をきいていたら、もう少し利巧になっていただろうにとザンキにたえ

左から今日出海、越路吹雪、小林秀雄（「文藝春秋」創刊30周年記念「東京・愛読者大会」、歌舞伎座で）ⓒ樋口進／文藝春秋／amanaimages

ません。
ミュウジカル・プレイやショウも、よく御一緒に観て歩きましたが、良いものを観たあとは、その道でおまんまを食べている私以上に興奮されて、先生おこっちゃったのかしらと思うくらい、少年のように熱弁をふるわれたのを思い出します」（前掲書）
小林の変わらぬ生真面目で一途な姿と、越路のおおらかさに、一見ミスマッチを思わせつつ、温かい交流を思わせるエピソードです。
最後にもう一つ、家庭での小林を物語る、長女明子の言葉を引いておきます。
「素面の時は、レコードを聞いている時も、絵や骨董を見ている時も、人の話を聞いている時さえ、ほとんど喋らず、指先で髪の毛をくるくる捻りながら、何かを考えている父が、お酒が入ると途端に饒舌になりました。その内容は、能書きや解説は一切なく、旅先で出会った素晴らしい人や景色や、美味しかった食べものの事、面白かった本の事、音楽の事等々を、自分の考えを交え熱っぽく話しました」（野々上慶一・伊藤玄二郎編『父の肖像』）
常識人小林を語った今日出海の言葉、パリでの小林を語った越路吹雪の言葉、そして家庭での小林を語った長女明子の言葉、こうした一連の言葉に耳を傾ける時、そこに、一見硬派で近寄りがたく見えつつも、しかし愛すべき魅力的なひとりの人物像が浮かび上がってきます。
ここには引用できなかったものを含めて、多くの人の語る小林秀雄像について耳を傾けたあと、再びその墓前に立つとき、小林という人物が、より親しく身近な存在として、近づいてくるようにも思われました。帰宅後、書架にあった小林の本をあらためて手に取り、至福の時間を過ごしました。

小林は晩年、鎌倉の自邸で、ゴルフやクラシックや落語のレコードを楽しむ日々を過ごしていましたが、一九八二（昭和五十七）年、膀胱がんの大手術を敢行し、手術は成功したのですが、体力はとみに衰えていきました。そしてその翌年、腎不全のため東京・新宿の慶應病院で八十年の生涯を閉じました。

小林は生前、鎌倉の東慶寺に墓地を求め、そこに、あの本居宣長が愛したという山桜を一本植えていましたが、その寺の墓苑で、いま静かな眠りについています。

余談ですが、小林秀雄の文章は、その難解さで知られ、また大学入試などによく出題されています。この難解な文章は受験生たちを悩ませることになるわけですが、もし小林秀雄が生きていたら、このことをどう思っているのか、聞いてみたいところです。そして、できればその問題を小林自身に解いてもらってみたら――などと妄想してみたりします。というのも、私は多くの作家や学者たちとの付き合いの中で、自身の作品から入試問題が出題され、解いてみたら満点が取れなかったという話を聞いたことがありましたし、私自身も、著者として同様の経験をしたことがしばしばあったからです。

小林は問題を見て、のっけから「くだらん！」と言って放り出すか、はたまた「俺にも満点は取れないよ、高校生諸君、ごめん！」と言って、にやりと笑うのでしょうか。

小林秀雄の広い交友の中で、ここでは先にも幾度か登場した今日出海を訪ねます。

今と小林の出会いは、先にも書いたように東大仏文科時代です。今は、当時心理学科にいた波多野完治から、文学をやるなら自分の一高時代の同級の小林秀雄という、変わり者だが鋭い学生が仏文に入ったはずだから、是非会って友達になれと勧められました。初対面の印象は、奇妙で乱暴な奴という感じでしたが、どこか人の善さそうなところもある、そんな印象でした。

小林は、「バルザックの意志（ヴォロンテ）というものは、他の奴らとまるで異なったものだ」とか「ランボーは人生をクーぺした」などという、一度聞いただけではなんともつかみ得ない奇異な言葉を発し、今は戸惑いましたが、どこか惹かれるところがありました。

それ以来、交友は続き、先にも書いたように、「小林君との交遊録を書けば際限がない。それが私の内面的な履歴書になってしまうかもしれない」というほどのものになっていきました。

今の墓は鎌倉の市街地から少し離れた、二階堂の鎌倉カトリック霊苑にあります。そこは、あの瑞泉寺のすぐ近くで、さすがにカトリックの霊園らしく、他の古刹とはいささか雰囲気の違うところを感じました。ダーク・ブラウンのその墓碑の正面には、「今家」と大きく刻されていました。裏面には、今日出海、明治三六年十一月六日生まれ、昭和五九年七月三十日没、とありました。

今日出海は一九〇三（明治三十六）年、北海道の函館市に生まれます。明治三十五年生まれの小林とは一つ違いということになります。三人兄弟で、長兄はあの著名な作家今東光です。父が日本郵船会社の船長をしていたことから、その任地が変わるたびに、小樽、函館、横浜、神戸など港町を追って転居しました。

神戸で小学校に入りますが、当時は病弱で、学校のことより、病臥していたことの方が記憶に残っているといいます。一年生の時の同級に、後に中国文学の大家となる吉川幸次郎がいました。県立神戸一中に入りますが、途中で東京へ転居し、暁星中学に入学、その後旧制浦和高校を経て東大仏文科に進みます。その頃も依然として病弱で、もっぱら読書を好み、文学への興味を深めていきます。東京の住まいは本郷の西片町で、かつて夏目漱石も住んでいたという学者町で、明治の匂いを色濃く残す町でした。

同級生には小林秀雄、中島健蔵、三好達治等がおり、恩師の辰野隆らの薫陶を受けました。辰野の家にはしばしば出入りし、談論風発を楽しんでいます。

今は、この頃新劇運動に強く惹かれ、築地小劇場のチェーホフの劇やドイツ表現派の舞台を見て圧倒され、新劇の学生グループ「心座」を創設し、村山知義、舟橋聖一、富田常雄らとともに活動しました。

一九二八（昭和三）年、大学を卒業しますが、「大学は出たけれど」という言葉が流行語になるほど、この頃は就職が困難な時代でした。仏文科出身の九名の同窓生も、研究室に残った中島健蔵を除いてほとんど就職がないなかで、今は母の尽力で遠縁に当たる美術史家の矢代幸雄の世話で、新設された帝国美術院附属美術研究所に就職しました。

一方で、創作活動にも関わり、「文藝都市」に小説や評論を書き、「文学」「新文学研究」「三田文学」などにも寄稿しました。

一九三二（昭和七）年、明治大学に文芸科が創設され、講師として勤務しつつ、演劇、映画、文学等幅広い執筆活動を展開しました。また、一時フランスに滞在し、アンドレ・マルローらと親交を結んでいます。帰国後は、中島健蔵、井伏鱒二、堀辰雄、三好達治らと、「文学界」の同人として、評論や小説などの創作活動を続けました。

そして、戦時体制が急速に強まるなか、軍の報道班員として、多くの作家たちとともに南方地域へ派遣されます。二度目の派遣は、一九四四（昭和十九）年、フィリピンでした。因みに、大岡昇平も同じ年にフィリピンのミンドロ島に派兵されています。今は報道班員でしたが、大岡は一兵卒として参戦し、過酷な戦場に投入されました。その経験をもとにして書かれたのが『レイテ戦記』『俘虜記』であることはよく知られている通りです。

今がフィリピンに到着して一週間後には米軍が上陸し、今らは山岳地帯へ逃れ、およそ半年の間、死と向き合いながらジャングルを放浪しました。そのときのことを、今はこう書いています。

「もうこれ以上進むことも退くこともならず、市民の逃げ去った空家に分宿したものの、ここも空からの攻撃が絶えず、山蔭のジャングルに近い部落に移り、ここで息をつめての蟄居生活だ。五ヶ月の飢えた乞食のような生活を拙著『山中放浪』に書いたが、今思い出してもぞっとするような惨めな生活だった」（日本経済新聞社編『私の履歴書』文化人4）

そして、幸運にも近くの平地に不時着した日本軍の偵察機に乗せてもらい、帰国できました。今の言葉にあったように、この間の経験が『山中放浪』という長編にまとめられ、戦後一九四九（昭和二十四）年に刊行されました。

戦後は、明治大学を退職し、しばらく蟄居生活を送っていましたが、旧知の関口泰に誘われ、文部省の文化課長をつとめ、文化行政に関わることとなります。敗戦後の貧しい生活のなかで、国民は経済的にも精神的にも疲弊の極みに達していました。そんな中で、今が発想したのは芸術祭開催でした。そのことについて、今はこう書いています。

「私はこんな時、芸術祭を開催しようと思い立った。あまりに情けない風景と心情に反発したかったのだ。国が敗れても日本には伝統に立つ立派な芸術があるのだと誇示したかった。碌に飯も食っていない芸術家がどうせ死ぬなら舞台で死にたいとつぶやいているのを聞いては、彼らによき死に場所を与えてやりたかった。また、いい芝居を進駐軍に見せてやりたかったこともある。マックアーサーは〈日本は文化的には十二歳の少年にすぎぬ〉と言ったそうだ。日本の芸術祭を見せて、これが十二歳の少年の芸術かと言ってやりたかった」（前掲書）

単なる小役人ではない、惨めな敗戦国としての、この国や国民に対する今の熱い思い、そして反骨精神を見ることができます。

今の長女まど子によると、今のこの発想は当時の大蔵省主税局の責任者池田勇人に、こんな時期に芸術祭等けしからんと反対されましたが、今は自身の主張を貫き、実現させました。

使命感に燃えて文化行政に取り組む一方、創作活動についてみると、一九五〇（昭和二十五）年には、『天皇の帽子』で第二十三回の直木賞を受賞しています。

大仏次郎は、その選評のなかでこう述べています。

「今日出海氏のは、ユウモアもあり、明るく愛すべき作品である。部分的に作者がぼかして逃げたようなところがあるのが問題だが、大衆的な性質は、自然に素直に現われている。読者は気楽に作者について行って、風格も品位もある作者の世界に導き入れられる」（『日本文学全集59』集英社版）

以降、『悲劇の将軍』『怒れ三平』『晴れた日に』などの作品を残しています。

また、文化行政とのかかわりに関して言えば、文化課長のあと芸術課長をつとめ、病気のため退職しますが、後に創設された文化庁の初代長官に就任しています。

評論家の尾崎秀樹は、官僚嫌いの今が、文化行政の中心的椅子について、しかもその困難な仕事を処理できたのは、一つには日本の作家にありがちな陰湿な風土とふっきれた世界の人だったからだと書いています（前掲書）。

今は自身の生涯を振り返りながら、その自伝（『私の履歴書』）の最後の方にこう書いています。

「私は右に片寄ることも、左に傾くことも好まない。自分はマルクスでも、レニンでもなく、市井の凡夫と心得ているのだから、そのような凡人が左に傾くことは左の既成概念にすがりつくことにすぎない。誰かにすがりついて生きることは性に合わないことである。（中略）

私は昨年明治百年の記念式典に参列して、日本人の百年の功績をえらいものだと思いながら、また同時に急いで先進国に追いつこうとして、大事なものを、捨ててはならぬものを随分落として来たのではないかとも考えていた。進むことも大事だが、落としてきたものを拾う仕事も大事だと思っている」（日本経済新聞社編『私の履歴書』文化人4）

この短い言葉のなかにも、今が作家として活動しつつも、行政と関わり、その柔軟な発想とリベラルなスタンスを堅持し、独自な道を歩いた稀有な人物像と、その高い見識を読み取ることができるように思います。

同時にまた、官の職にありつつ、あの小林秀雄とも終生の交友を続けた、今の知性と懐の深さも、刮目に値するものと思われるのです。

今は一九八四（昭和五十九）年、生涯を通じて親交のあった小林秀雄の逝去の翌年、小林の後を追うように、脳梗塞のため鎌倉市内の道躰医院でその生を閉じました。享年も小林と同じ八十歳でした。

今はいま、小林の眠るこの鎌倉の地にある鎌倉カトリック霊苑で、静かな眠りについています。

碩学たち、その起伏の人生
～鈴木大拙と西田幾多郎

先の小林秀雄に続いて、この東慶寺墓苑では、禅を欧米各国に紹介した世界的な仏教学者鈴木大拙と、禅などの東洋思想と西洋哲学を統合し、「西田哲学」と呼ばれる独自の哲学を構築した西田幾多郎の墓にも出会いました。鈴木と西田は旧制四高以来の心友で、その墓も同じこの墓苑のすぐ近い位置にありました。

鈴木大拙の墓は、谷川徹三の墓の近くで、緑の生垣に囲まれた広めの墓域の正面に五輪塔があり、「大拙居士　青蓮大姉」と刻され、右手に「鈴木大拙夫妻之墓」と記された標柱が建っていました。ひっそりとしたその佇まいは、深い思索へ誘うような独自の雰囲気を漂わせ、しばし立ち止まりました。

鈴木大拙（本名、貞太郎）は一八七〇（明治三）年、金沢藩の藩医良準の四男一女の末っ子として金沢で生まれました。小学校入学後父を亡くします。やがて石川県専門学校（後の第四高等学校）に進みますが、そこで西田幾多郎と出会い、その後、生涯の友として交友を続けることになります。

大拙は、この頃当時の数学教師北條時敬の影響で禅に関心を持ったといわれています。

しかし、大拙は家計が逼迫し授業料が出せなくなり退学、十九歳で小学校英語教師となります。さらに追い打ちをかけたのは、一家を支えていた母の死でした。失意の大拙は、富山県の国泰寺で参禅を試みます。

しかし、紹介状も予備知識もない、唐突な参禅は失敗に終わります。ともかく、大拙の言葉によると、「何も教えてもらえず、バカにされ、叱られ、追い返された」のでした。

一八九一（明治二十四）年、大拙は二十一歳のとき再び学問を志し、上京します。そして寄宿舎で郷里の後輩、安宅弥吉に出会います。後に安宅産業の創業者となる安宅弥吉は「お前は学問をやれ、俺は金儲けをしてお前を支援してやる」と約束し、成功した安宅は、終生大拙を経済的に支援しました。その安宅もまた、この寺の墓苑に大拙とともに眠っていました。

大拙は東京専門学校（現早稲田大学）に入り、英文学を学びますがこれに飽き足らず、この頃、郷里の先輩の早川千吉郎の紹介で、かねて志していた禅を、鎌倉の円覚寺の管長今北洪川とその後継者である釈宗演について学びます。

この頃、夏目漱石もまたこの円覚寺で参禅していますが、大拙は、『私の履歴書』の中で、「その時分、円覚寺の帰源院に夏目漱石が来て参禅をしておって、わしが翻訳したものを見てもらったことがあるな」と書いています。漱石もまた、その著『門』の中で、参禅中の大拙をモデルにした男を登場させています。

釈宗演はかつて漱石が円覚寺に参禅した時の「老師」でもありますが、福沢諭吉の慶應に学び、セイロン（現スリランカ）で修行した臨済宗の高僧で、鈴木の「大拙」の名は、この釈宗演から受けた居士号で、『碧巌録』の「大巧は拙なるに似たり」（大きな上手は下手に似ている）からとったものです。

一八九二（明治二十五）年、二十二歳で東京帝国大学文科大学哲学科選科に入学します。選科への入学は同郷の学友西田幾多郎の勧めによるものでした。

一八九三（明治二十六）年には、釈宗演がシカゴの万国宗教会議に出席しますが、大拙はこの時の宗演の演説の原稿の英訳を依頼されています。

大拙は、一八九七（明治三十）年、宗演の推薦により渡米し、東洋学者ポール・ケーラスが経営するオープン・コート出版社に勤務しながら勉学に努め、また出版の仕事に従事しました。そこで英訳『大乗起信論』や『大乗仏教概論』など、禅についての著作を英語で著し、禅文化ならびに仏教文化を海外に広く紹介し、東西の文化交流に尽力し、仏教学者として世界に知られるところとなります。

一九〇九（明治四十二）年、十二年ぶりに帰国、久しぶりに西田との再会を果たします。大拙は三十九歳になっていました。帰国後は東京帝国大学文科大学講師、学習院講師を経て、学習院教授に就任します。この頃、西田もまた同じ学習院でドイツ語の教師をつとめており、二人は交友を深めていきます。また、大拙はこの間しばしば円覚寺の正伝庵に寄宿し、参禅しています。

一九二一（大正十）年、大拙は学習院を辞し、西田幾多郎らの勧めで真宗大谷大学教授に就任します。以降、京都に転居し、その頃京都帝国大学にいた西田らとの交友を続けながら、学究生活を続け、仏教と禅を世界に広めるための活動を展開します。

　この間、安宅弥吉との交友は続き、安宅は大拙のために住宅を提供したり、研究資金の援助をしたりしています。

　一九三六（昭和十一）年には世界信仰会議出席のためロンドンに行き、その際オックスフォード、ケンブリッジ大学のほか、アメリカの大学などで、「禅と日本文化」の講義をしています。

　一方、私生活では一九三九（昭和十四）年、アメリカで出会い、結ばれた、最愛の夫人ビアトリスを亡くするという不幸を経験しています。夫人の入院中、大拙は大学の講義を休んで献身的に看護を続けました。

　そしてその翌年、一九四〇（昭和十五）年には、英文で書いていた『禅と日本文化』を岩波新書（北川桃雄訳）として刊行します。その序文を西田幾多郎が書いています。そこには、西田の見た大拙という人物像が鮮明に描かれています。


「大拙君は私の中学時代からの親しい友の一人である。七十の老翁尚当時の事を思い浮かべることができる。君はその頃から他と異なっていた。弱年にしてすでに超世間的で深く人生問題について考えていた」

「アメリカに居ること又十年余にして四十の頃帰ってきた。それより今日に至るまで、あるいは仏典を英訳し、あるい

鈴木大拙著、北川桃雄訳『禅と日本文化』岩波新書、1940年

は禅について論じ、研究論述、齢古希に及んで未だその窮する所を知らない。著書等身、君は日本に於いてよりも外国の仏教学者の中によく知られて居るであろう」

「君は一見羅漢の如く人間離れをして居るが、而も非常に情に細やかな所がある。無頓着の様であるが、而も事に忠実で綿密である。（中略）しばしば堪え難き人事に遭遇して、困る困るといって居るが、何処か淡々としていつも行雲流水の趣を存して居る」

長い交友のある、心友ならではの言葉です。同様に、大拙もまた、後述するように、西田を、学者としても人間としても高く評価しています。

しかし、大拙は、一九四五（昭和二十）年六月、太平洋戦争敗戦の直前、長い交友のあった西田幾多郎の訃報に接します。大拙はその遺骸の前で号泣したといいます。

大拙は、「西田が死んで話し相手がなくて困る、淋しい」と手紙に書いています。

それより少し前の一九四一（昭和十六）年に、大拙はこの東慶寺内に松ヶ岡文庫を設立しています。これは財界有志の寄付等によって設立され、その後増改築を重ねていますが、一九五九（昭和三十四）年には、かねてから大拙の支援者であった出光佐三によって鉄筋コンリート二階建ての新館が落成しています。

一九四四（昭和十九）年には、代表的著作である『日本的霊性』を刊行します。そして一九四九（昭和二十四）年には文化勲章を受章します。文化勲章を受章し、八十歳ともなると、通常は悠々自適の余生を送ることが多いのですが、大拙の行動力は衰えるどころか、ますます精力的な活動が続きます。

とくに注目されるのが海外での活躍です。アメリカのプリンストン大学、エール大学、ハーバード大学等で仏教哲学、禅を講じつつ、またコロンビア大学の客員教授としてニューヨークを拠点に活躍します。

そして、西欧では伝統的価値観への懐疑や不安から東洋思想への関心が高まり、「禅ブーム」が起こり、D・T・スズキの名は世界に知られるようになりました（植木武編『国際社会で活躍した日本人』）。その他、イギリス、ドイツ、イタリア、フランス、オーストリア、スイスなどにも足を伸ばし、帰国したのは一九五八（昭和三十三）年で、大拙は八十八歳を迎えていました。

大拙は晩年、東洋と西洋について、こう語っています。

「わしは良く東洋東洋というが、すべて東洋がいいなどとは言うのじゃない。東洋の人びとは、もっともっと西洋のことを知らないといけないな。それとともに東洋のすぐれている点を見失ってはならないのだ。戦後十年アメリカにいて、東部、西部の諸大学で仏教、ことに禅を中心にして東洋思想の講義を続けてきたが、それにつけても東洋の長所と短所について大いに感ずるところがある」（日本経済新聞社編『私の履歴書』文化人4）

東西の架け橋として、仏教思想の研究と普及に生涯をかけた、大拙ならではの言葉です。

この言葉は、先に今日出海が語った、「（日本人が）急いで先進国に追いつこうとして、大事なものを、捨ててはならぬものを随分と落して来たのではないかとも考えていた。進むことも大事だが、落としてきたものを拾う仕事も大事だと思っている」という言葉と重なるように思います。

大拙は最晩年になっても学びへの志は衰えを見せず、次のような言葉を残しています。

「これからまた（鎌倉の松ヶ岡）文庫に皆がわしをたずねて来るだろう。たずねて来てくれる人はたいてい皆おからだを大事に、と言ってくれるが、本当に大事にしてくれるつもりなら、あんまりたずねて来てくれない方がありがたいな。まだまだ暇がないのだ」（前掲書）

大拙の率直な本音が語られていますが、その恐るべきエネルギーと知的探究心の強靱さには、圧倒されるばかりです。

大拙は晩年鎌倉に住み、自ら創設した松ヶ岡文庫で研究を続けましたが、一九六六（昭和四十一）年に、東京築地の聖路加国際病院で死去します。九十五歳という長い生涯の中で、和文、英文を含め膨大な著作を著し、学界のみならず、日本文化に計り知れない遺産を遺しました。

大拙の葬儀委員長は、大拙に深く心酔し、またその支援者でもあった、出光産業の創業者であった出光佐三がつとめました。

その佐三もまた、同じこの東慶寺の、大拙の墓にほぼ隣接するところで、眠りについています。

最後に大拙の家族のことについて少し補足しておきます。大拙には、妻ビアトリスとの間に、一人息子アラン（勝）がありました。これは、戸籍上は実子となっていますが、養子であったとも云われています。この大拙の子息アランが、あの「東京ブギウギ」の作詞者であり、「ボタンとリボン」の訳詩者であり、また、この「ボタンとリボン」などの歌手として知られる池真理子と一時結婚していたことなどはあまり知られていません。

実はアランは子供の頃から問題児で、中学校で暴力事件を起こして退学になったりしています。しかし、同志社大学に入学後は、日米学生会議に日本代表として参加する等の活躍をしています。大学卒業後は通信社の記者として一時上海等で勤務していますが、この頃服部良一と知り合っています。戦後、帰国してからは、服部良一との縁で、「東京ブギウギ」を作詞、これが大ヒットとなります。

しかし、私生活ではスキャンダルが絶えず、結婚と離婚を繰り返し、暴行事件で逮捕されたりしています。大拙は、不肖の息子ともいえるこのアランのことで終生振り回されています。

私たちにとっては雲の上の存在とも見えるこの碩学が、息子のことでこれほど苦悩していたことはあまり知られていません。しかし、そうした事実を知ることが大拙の値打ちを下げることにはならないのであり、「偉大すぎる親を持った子の苦悩、ままならぬ子を持った親の葛藤」、それを知ることが、大拙という人間像をより深く知ることになるのではないか、――『東京ブギウギと鈴木大拙』を書いた山田奨治は、そう書いています。

昨年（二〇一六年）は大拙没後五十周年という節目の年でした。その墓前に立つと、その不朽の業績とともに、九十余年という長い歳月と知られざる私生活などのことが思い出されて、あらためて粛然とするのでした。

大拙の墓の程近くに西田幾多郎の墓があります。長年の心友であった二人の碩学が、こうして終の棲家も同じくしている姿に感慨深いものがありました。

西田の名は、西田がよく歩いた京都の琵琶湖疏水沿いの「哲学の道」でもよく知られています。

西田の墓の墓域は広めで、周囲を囲む石塀から墓石を含め、墓域全体が苔に覆われ、独自の雰囲気の空間を形成していました。正面の五輪塔には、「寸心居士」という文字が刻されていました。

一九二八（昭和三）年、西田は京都帝国大学を定年退職しますが、退職に際して催された会食の席上で、西田が述べた言葉が、「或教授の退職の辞」として残されています。それは西田自身の一生を簡潔に物語ったものですが、その初めのほうでこう語ります。


「私は今日を以て私の何十年の公生涯を終わったのである。（中略）回顧すれば、私の生涯は極めて簡単なものであった。その前半は黒板を前にして坐した、その後半は黒板を後にして立った。黒板に向かって一回転をなしたといえば、それで私の伝記は尽きるのである」


もちろんこれは帝国大学教授を定年退職した時点でのことで、この後も著作活動は続くわけですが、「黒板に向かって一回転をなしたといえば、それで私の伝記は尽きるのである」という言葉は、きわめて簡潔で、切れ味鋭く、しかし味わい深いものであるように思えます。

しかし、この後に続く文章では、一見孤高に見えるこの碩学の、起伏に富んだ人生が語られています。以下、西田の生涯を簡潔にたどってみます。

西田は一八七〇（明治三）年、石川県宇ノ気町（現在のかほく市）に、父得登の長男として生まれました。小学校卒業後、石川県師範学校を経て石川県専門学校（後の第四高等学校）に学びます。先に書いたように、ここで鈴木大拙と出会います。この四高時代は、将来の方向を哲学に定めた時期でもあり、西田自身「私の生涯において最も愉快な時期であった」と語っています。しかし、「青年の客気に任せて豪放不羈、何の顧慮する所もなく振舞うた」結果、ここを中途退学することになります。

その後東京帝国大学の選科に学びます。しかし、正規の旧制高校卒でない選科生は、ここで大きな差別に遭遇します。

東大哲学科選科終了後、山口高校教授を経て、金沢の母校四高の教授となります。この十年間の四高時代は、「金沢にいた十年の間は私の心身共に壮《さかん》な、人生の最もよき時代であった」と語るとおり、公私共に充足の時代でした。西田は西洋哲学の研究に努めるとともに、鈴木大拙の影響で禅を学びます。洗心庵の雪門老師らに学び、座禅に専念し、やがて「寸心」居士の号を受けます。一九一〇（明治四十三）年、京都帝国大学の助教授となり、やがて教授に就任します。

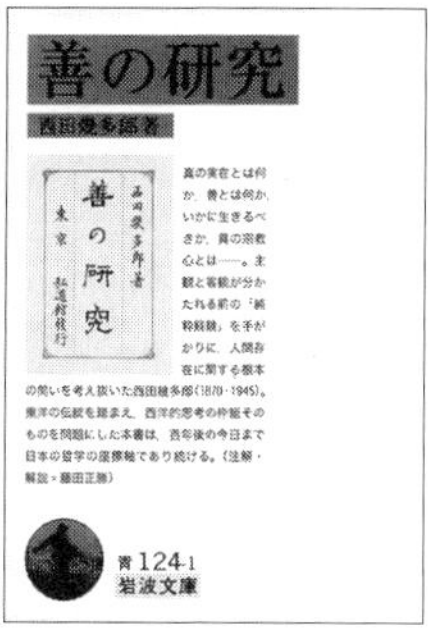

西田幾多郎『善の研究』
岩波文庫、1979年

一九一一年（明治四十四）年、近代日本哲学の最初の独創的著作となる『善の研究』を刊行します。これは座禅の修行に努めつつ、四高で学生に講義した講義録をまとめたもので、純粋経験などのキー・ワードをもとに、西洋近代哲学と自身の座禅体験に基づく東洋的思想、心性を総合した独自の哲学体系を目指したものです。これは当時の青年や知識人など多くの人々に大きな影響を与えました。

しかし、一方で若い頃から、生家の没落や相次ぐ家庭的不幸、離婚等を経験し、苦悩の日々を送りました。一九一八（大正七）年には母寅三が死去し、その翌年には、妻の寿美が倒れ、長い闘病生活にはいり、続いて長男謙の病死、長女をはじめ娘たちの入退院が続く等、度重なる不幸に、暗澹たる日々を過ごしました。

こうした西田の苦悩は身近にいた人間でなくてはわからないことで、そのことについて大拙はこう書いています。

「彼は家庭的に種々の不幸があったに拘わらず、自分の思想体系を組み立てんとして悪戦苦闘した。少しも屈しなかったその間の精進ぶりは、只だ彼の著書のみを見ている者にはわからぬであろう。冷静な智の塊りとしか見えない論理的構想の裏に如何に多くの涙痕の斑斑たるものがあるかは、親しく彼を見ていた者でなければ分るまい」（『日本人の知性4　鈴木大拙』）

その頃作られた西田の歌を引いておきます。

妻も病み子等亦病みて我宿は夏草のみぞ生ひ繁りぬる
子は右に母は左に床をなべ春は来れども起つ様もなし
かくてのみ生くべきものかこれの世に五年《いつとせ》こなた安き日もなし

病身の妻と娘を抱える西田の家計は苦しいものでした。西田もまた、一時期、安宅の援助を受けています。

名著『善の研究』『思索と体験』などを遺し、「西田哲学」で知られるあの碩学に、こんな不幸の連鎖の日々があったとは、寡聞にして知り得ませんでした。

十八年間に及ぶ京都帝大時代には、三木清や西谷啓治などの哲学者を含め、多くの子弟を育て、独自の西田哲学を樹立しました。

文芸評論家、思想家の唐木順三は、西田のもとで学ぶに至ったわけをこう書いています。

「高等学校の終りに西田先生の『善の研究』を読んだ。『思索と体験』は解ったが、これは解らなかった。解らなかったが、大学は京都にきめた。アナアキズムに興味をもちつづけたため大学では社会学をやろうかとも思っていたのだが、京都へ行って、社会学の先生の顔をみ、西田先生の顔をみて、すぐ哲学専攻にきめた」（上田閑照『西田幾多郎――人間の生涯ということ』）

西田の顔をみて哲学専攻を決めた、という言葉も印象的です。思想とか著作だけではなく、その人物に対面して伝わってくる、あるいは響き合う何かがあるということでしょうか。

三木清もまた、『善の研究』を読んで、西田のもとに学んだ一人でした。

西田の講義風景について、京都大学時代に西田に学んだ哲学者の高山岩男はこう書いています。

「日本の哲学徒を魅了し、世間に〈京都哲学〉とか〈京都学派〉とか呼ばれるようになった根源は、西田幾多郎の「講義」の姿にあると信じている。京都大学教授の停年も近づく数年間は、大講堂があふれるというだけでなく、学生のほか、近県で教鞭をとる卒業生をはじめ、他の学部の教授・助教授がそのなかに混じって聴講し、講壇上を和服姿で行きつ戻りつする西田の姿を追い、水を打ったように静かであった講義風景を、筆者はいまなお思い出すことができる」(『日本大百科全書』)

西田が多くの人をひきつけた背景には、その講義や学問の蘊奥《うんのう》もさることながら、西田の人間性への畏敬の念もあったものと思われます。

西田の心友鈴木大拙は、西田は思想家としても人物としても、近代日本が生んだ偉大なるものの一人であるといいつつ、人間西田についてこう語ります。

「彼を一言で評すると誠実でつきる。彼には詐りとか飾りとかいうものは不思議になかった。自分等は人前へ出ると何かにつけ本来の自己の上に何かを付け加えたがるものである。西田君はどこへ出しても同じ人間であった、余計に見せようともしなければ、割引しても出さなかった。(中略)それ故、彼は他の機嫌をとろうなどということは断じてしなかった。いかな顕官であろうと富豪であろうと、普通一般の人と同様に挨拶していた。彼は社会的地位などというものに対して何等の関心を持っていなかった」(「わが友西田幾多郎」、『鈴木大拙全集第十九巻　文化と宗教』所収)

まさしく誠実で飾らない人柄であったようで、たとえば西田が和辻哲郎の家を訪ねたとき、玄関に出たお手伝いさんは、夫人に取り次ぐのに、「変なおじさんが来ています」といったという話や、地方講演に行った時も、迎えに出た人が見逃してしまうほど地味で普段着のままであったという話があります(森清『大拙と幾多郎』)。

一九二八（昭和三）年に京都帝国大学を定年退職しますが、大学を退いたとき、「今までは人のために働いたことが多かったが、これからは自らの研究に没頭するのだ」といって、思索と著述に専念しました。

定年後は春と秋は京都で、夏と冬は鎌倉で過ごすという生活を続けていましたが、やがて鎌倉の地に定住します。

しかし晩年は自身の病気のほか、親友山本良吉の死、長女弥生の死などの悲運に遭遇します。そして、山本、長女の急逝と同じ年の一九四五（昭和二十）年六月、太平洋戦争敗戦のおよそ二ヶ月前、尿毒症のため、鎌倉で急逝しました。七十五歳でした。先にも述べたように、大拙はその遺骸の前で号泣したといいます。若い頃からおよそ六十年に及ぶ深い交友を思い、深く胸に迫るものがあったのでしょうか。

大拙は後に、「あんなに急に死ななければ、まだまだ強健な頭脳を持っていたので、仕事もできたろうにと思うと、なんだかさびしくてならぬ」と偲び、彼のような人物は今しばらく出てこないであろう、と語っています。

北鎌倉の東慶寺での告別式には、京都からも多くの弟子たちが参列しました。西田が埋葬されたこの東慶寺墓苑、その西田の墓のすぐ近くに、後に心友鈴木大拙も永い眠りにつくことになります。日本思想史を代表する二人の碩学が深い交友関係にあり、同じこの墓苑のすぐ近くに眠っていることにあらためて驚き、その墓碑に向き合う時、あらためて深い感懐に襲われたのでした。

『東洋と西洋』と『古寺巡礼』

～谷川徹三と和辻哲郎

日本を代表する哲学者であり、倫理学者である谷川徹三と和辻哲郎も、長い交友関係にあり、そしてまたその終の棲家も、この鎌倉の東慶寺墓苑の中のすぐ近くにありました。鈴木大拙、西田幾多郎に続くこの二人の碩学との出会いは懐かしく、また充足感溢れるものとなりました。

谷川徹三の墓（東慶寺）

谷川の墓は鈴木大拙の墓のすぐ近く、崖を背景にして建てられたその墓碑は、基本的には和型ですが、洋風を思わせるもので、五輪塔の多いこの墓苑では、異色の存在と見えました。墓碑の正面には「谷川徹三　たき」という、味のある文字が刻されていました。

谷川徹三は一八九五（明治二十八）年、愛知県知多郡常滑町に生まれました。小学生の頃には、東京の高商（現一橋大学）に学んでいた兄の影響でテニスに熱中し、本や雑誌に親しみました。この読書熱はその後ますます昂進し、蘆花、藤村、漱石、二葉亭などのほか、トルストイ、チェーホフなどにも親しみました。『藤村詩集』などは、それを読んでから一週間ほどは酒にでも酔ったようなボーッとした気持ちになったほど熱中したものでした。

旧制愛知県立第五中学校（現愛知県立瑞陵高等学校）を卒業後、第一高等学校を経て、京都帝国大学哲学科へ入学します。京大の哲学科を選んだ理由について、谷川はこう書いています。

「私が京都へ行ったのはもちろん西田幾多郎の引力によるものであった。西田先生のものは私は『思索と体験』を最初に読んだ。そしてその中の〈論理の理解と数理の理解〉というような論文によって哲学に対する目を開かれたように思ったものだが、それとともに〈愚禿親鸞〉とか〈トルストイについて〉というような文章によって人間としての先生に直接ふれる思いがしていっそう惹かれたのである」（『自伝抄』）

これは、先に西田幾多郎について語った、唐木順三の言葉と響きあうものです。

大学ではあまり講義には出ていませんが、西田幾多郎と田辺元の特殊講義だけは欠かさず聴講していました。卒業後同志社大学講師などを経て一九二八（昭和三）年に法政大学法文学部哲学科教授となります。法政大学の哲学科は一九二四（大正十三）年、安倍能成、和辻哲郎を教授として出発していました。谷川が赴任したとき二人はすでに転出していましたが、そこには自由で伸び伸びとした雰囲気が漂っていました。

その後文学部長、能楽研究所長を経て、一九六三（昭和三十八）年に総長に選出され、一九六五

（昭和四十）年までつとめました。この間、安倍能成らと雑誌「世界」を刊行、林達夫らと「思想」の編集に当たります。こうして出版ジャーナリズムに関わりつつ、芸術・社会・文化・思想など多方面にわたる評論活動を展開しています。

また、世界連邦運動に加わり、帝室博物館（現・東京国立博物館）次長をつとめました。

一方、東京はもとより全国各地から講演を求められ、出かけました。講演のテーマは、「今日の文化の問題」「幸福ということ」「宗教と科学」「思想というもの」「人生について」「人間の回復」など多岐に亘ってます。

谷川の講演は、多くの国民に大きな感銘を与えましたが、太平洋戦争敗戦の翌年の松山市での講演「人間の回復」ではこう語りかけました。冒頭の一節です。

「長い間わたし達は人間を見失っていた。悲しい時に悲しいと言わず、嬉しい時に嬉しいと言わなかった。おめでたくないのにおめでとうと言い、怒るべきものに有難うと言って来た。こういう言い表しの中には一種のヒロイズムがあった。時には崇高な精神さえもあった。けれどもそれが人間の本性にもとったことであったのは確かである。それは偽善の烙印を押されても致し方のないことであった。わたし達はどんな場合にも真実の上に立たなければならないし、真実の上に立たないところに本当のことはできない。その真実の上にそれは立たなかったのである。（中略）つまり、われわれは人間を見失っていたのである。この人間をわれわれは回復しなければならない」

そして、こう続けています。

「人間の回復の第二の問題は人間の向上心である。物質の根本性能が重力としていわば下に向うところにあるのに反して、精神の根本性能は重力に抗して上に向うところにある。人間の社会の進歩はいつでもこの心と結びついている。フィヒテは人間の根本悪をトレーグハイトとよんだ。トレーグハイトとは物質の惰性を意味すると同時に、精神の怠惰を意味する。人間の根本悪とは、人間が人間らしく生きることを阻むものである。基本的人権とはわれわれがそのように人間らしく生きる条件になるものである。それだけでよく生きるということになるわけのものでもない。われわれがその権利に忸《な》れて、その精神に伴う義務を怠ったならば、それはよく生きることを妨げるものともなるであろう。自由とは縛られていたものから解き放たれることであると共に、自ら自分の主人になることであって、それは自らに対する責任の観念ときりはなせない」(『自伝抄』)

この講演は一九四六(昭和二十一)年に行われたものですが、各地での講演活動は、敗戦直後の、生きることへの自信を喪失していた国民に対して大きな感動と生きる力をもたらしました。

谷川の活動は、東西の哲学、思想、芸術、文化の幅広い領域に亘り、思索と研究に携わりつつ、一方で平和運動にも関わり、国民に熱く語りかけました。

一九八七(昭和六十二)年、劇作家の北条秀司、国文学者の犬養孝らとともに文化功労者に選ばれています。国や世代を超えて、幅広く支持されている詩人の谷川俊太郎はその長男です。

昭和が終わりを告げ、平成が幕をあけた一九八九年、谷川は日本橋三越で開かれている日本伝統工芸展の授賞式に、運営委員長として出席していました。しかし、その翌日の九月二十七日未明、虚血性心不全により自宅で死去しました。九十四歳でした。

谷川から多くの影響を受けた阿川弘之は、弔辞のなかでこう語りました。

「〈生涯一書生〉という晩年の御著作の題名通り、幾つになっても書生っぽさをお失いにならなかった先生のそうした一面が、お人柄の温かさ、物を見る上の豊かさ広さ人間らしさにつながっていたのだろうと拝察致します。確かな眼と人に接して寛容な御資質とで、教育者としても亦立派な業績をお残しになりました。（中略）私自身、自分の中にある乏しい才能を先生によって引き出され、志賀直哉先生に直接師事するに至る道筋をすべて整えて頂いた者でございますが、それを言うなら先生御生涯の最高傑作、教育者谷川徹三の最大の成果は、令息俊太郎さんの詩であり、詩人谷川俊太郎その人ではありませんでしょうか」

「父親として祖父としての先生はさぞや御満足御安心で、もはや此の世に心残りはおありにならぬかも知れませんが、私どもにすれば、きょうこうしてお別れすることに矢張り限り無き淋しさを感じます。喩えて申さば、鎮守の森のほとりにひときわ高くそびゆる老樹があって、土地の者皆朝々これを仰ぎ、何ゆえともつかぬ安堵の念を覚えて居たのに、ある日大木はついに樹齢尽き地に倒れて村人の視界より消えて了い、そこに虚しく碧空だけが残った、そのような思いでございます」

（『雪の進軍』）

ほぼ一世紀近くを生き抜き、昭和の終焉とともにその長い人生の幕を閉じた、この「大樹」を送る阿川の言葉は、多くの感動を誘いました。その阿川の訃報を、この稿の執筆中に耳にしました。

阿川もまた、谷川の眠るこの東慶寺のすぐ近くの浄智寺に眠っています。

谷川はその自伝の中で、「京都時代に私は、私の生涯に大きな場所を占める二人の人を相前後して知った。志賀直哉と和辻哲郎である」と書き、そして、志賀と和辻は、谷川の生涯の師である西田幾多郎よりも大きな場所を占めていると書いています。

その和辻が、同じこの東慶寺の谷川の墓のすぐ近くに眠っていました。墓域は広く、竹林に囲まれ、墓碑の正面には「和辻家之墓」と刻され、比較的和風の、そして五輪塔などの墓の多い碩学たちの墓が目立つ中で、その墓碑は、先の谷川の墓と同様、和洋を折衷した感じのもので、いかにも和辻らしい佇まいを見せていました。

和辻は、一八八九（明治二十二）年、兵庫県神崎郡砥掘村（現姫路市）の医師の二男として生まれます。旧制姫路中学、旧制第一高等学校を経て、東京帝国大学文科大学哲学科に入学します。

年齢は谷川より少し年長ですが、地方の県立中学から、一高を経て京大哲学科に進んだ谷川とほぼ同様な経歴をたどっています。

在学中、谷崎潤一郎らと「第二次新思潮」の同人となります。卒業後一九一三（大正二）年に刊行した『ニイチェ研究』が最初の著書で、その後『ゼエレン・キェルケゴオル』を出し、わが国における初のキルケゴール研究書となり、ニーチェ、キルケゴールの研究に没頭します。

その後、京大教授、ドイツ留学を経て、一九三四（昭和九）年から東大教授をつとめます。その間、

和辻哲郎『古寺巡礼』岩波文庫、1979年

奈良、飛鳥を訪ね、その仏教美術と日本の伝統文化に深く魅せられ、『古寺巡礼』『日本古代文化』『日本精神史研究』などを著し、日本文化史、日本精神史研究に独自の分野を切り拓き、多くの業績を残しました。

また、ドイツ留学中の経験などをもとにした『風土』や、倫理学を人と人との間の学としてとらえた『人間の学としての倫理学』を著し、「和辻倫理学」を確立しました。『古寺巡礼』や『風土』は、今でも多くの読者を擁する名著といえます。

谷川徹三との関係でいえば、岩波書店の「思想」の編集に共に携わるなど、その交友は長く続いています。谷川は、和辻との出会いの頃のことについてこう書いています。

「和辻さんは大正十四年の春、京都大学へ赴任して来られた直後私はたずねた。和辻さんのものも私は一高の時代からいろいろ読んでいた。『古寺巡礼』は私に日本の古美術への眼をひらいてくれたものであったし、『日本古代文化』は私に日本というものへのその後の関心のきっかけをつくってくれた。『思潮』や『思想』における和辻さんの広い分野にわたった論文からも私はいつも刺激を受けていた。それに当時『思想』の編集者であった和辻さんからその雑誌への寄稿を頼まれ、〈古典的と浪漫的〉という、同志社の文学部の特殊講義でしていた講義の草案を出してもらったこともあって、初対面から打ちとけて話すことができた」（『自伝抄』）

哲学者高橋里美は、和辻の学殖と研究に対する姿勢についてこう書いています。

「私（高橋里美）の読んだ、同君（哲郎）の書物から受ける印象は、君は論理より直観に長じ、分析よりは綜合を得意としたこと、そしてその綜合に筋を通したものも、また直感的論理ともいうべき、一種独特なものであったということである。そしてそれが、極めて巧みな言語によって表現されていることである。思うに和辻君の芸術的天分が、これを可能ならしめたことと思う。物を見る目の附けどころの斬新さと的確さ、その観たものを巧妙に表現する豊かな文才、この点において和辻君は正に当代第一というべく、他の追随を許さないものがあった。君の著作が一世を風靡し、魅了したのに不思議はない」

「東京大学退官後、君はどこの大学からの招聘にも応ぜず、講演旅行などは一切引き受けず、ただ一筋に研究に没頭した。ほかならぬ安倍能成君からの、学習院への招聘さえ辞退した。君には二度の勤めをする経済的必要もなかったであろうが、それにしても世間的誘惑を斥けて、研究一途に精進したその態度は、まことに敬服の至であって学者のもって範とするに足るものである」（森銑三編『大正人物逸話辞典』）

少々長くなりましたが、先の谷川徹三とは親しい交友関係にありながら、ある意味で対照的な書斎派知識人の姿をそこに見ることができるように思います。

一方、研究と同時に、その講義にも全精力を傾注し、決して手を抜くようなことはありませんでした。同じ頃東大にいた中村元にたいして、「講義というものは、やり方でどのようにでもなる。

間に合わせのやっておくこともできるが、しかし望むらくは、教師がたとい講義時間のあとでバッタリ死んでも、その草稿がすぐに活字に組んで公刊できるようにしておきたいものだ。無駄な努力だといえばそれまでだが、それくらいにしてこそ講義に力が入る」と語ったということです。中村は、その真摯で誠実な姿勢に深く感銘を受けたと書いています。

その中村が東大に赴任し、和辻のもとへ挨拶に伺ったとき、中村の恩師であるインド哲学者の宇井伯寿の学風を尊敬し、高く評価していた和辻から、「宇井さんは学問的な人でしたから、その態度を崩さないようにしてください」といわれたと語っています。

私はかつて『東京多磨霊園物語』を書いたとき、多磨霊園に眠る宇井伯寿と中村元の墓を訪ね、その人物と学問と篤い師弟関係に深く感銘を受けたことがありましたが、いま、こうして和辻と宇井、そして中村という三人の碩学が深くつながっていることに気づかされ、あらためて、深い感懐を覚えたのでした。

和辻の最も身近にいたものとして、妻・照の著した『和辻哲郎とともに』があります。照はその「あとがき」で、和辻の『自叙伝の試み』が一高時代までで未完に終わっているので、その後を細々と書き辿って、幽かな影を残したいという願いから書いたと語っていますが、これは人間和辻を知る上での貴重な記録となっています。

その中から一箇所だけ引用します。孫との交流の中に、外からは決して窺うことのできない和辻の、やさしさ溢れるおじいちゃん像が浮かんできます。

「哲郎は若い内から有名な子煩悩だったが、年を取ってからは大そうな孫煩悩になった。陽子は内孫の初子だったから、未だよく歩けもしないうちから抱いて散歩に連れて行った。陽子の喜ぶヒヨコや山羊や兎や牛を見せるためには、腕が折れそうになっても額から汗が流れてもかまわず我慢して遠くまで行った。

（お医者さんごっこでは、孫陽子の前に）長々と寝て、小さい手で脈をとられたり、聴診器をあてられたり、熱を計られたり、注射を打たれたり、はては大きく口をあいて平然と咽喉までしらべられたりしていた」

あの碩学の、なんとも微笑ましい姿が、鮮明に映し出されています。

和辻は晩年に至るまで、宿痾の心臓疾患と闘いながら、研究と執筆に真摯に取り組んでいましたが、一九六〇（昭和三十五）年、心筋梗塞のため逝去しました。享年七十一歳でした。

先の和辻照の『和辻哲郎とともに』を読むと、病に倒れた晩年の和辻に対する、妻照の献身は感動的ですらあります。また、病床にあって、最期の日々を静かに坦々と過ごす和辻の姿にも胸を打つものがあります。

和辻は療養中に、妻の照に、「一度にポコッといってしまったんでは、余り名残が惜しめないやね。でもこの位ゆっくりとしたらもうよかろう」と語っていたということです。穏やかな、静かな最期の迎え方が窺える言葉です。

和辻の逝去に際して、多くの人々が追悼の言葉を語っていますが、その中で、独文学者で評論家の小宮豊隆は、和辻の幅の広さがその専門を豊かにしたと、次のように語っています。

「和辻君は東大の哲学科を卒業したのであるが、その後和辻君と親しくなってから、私は和辻君が小説に興味をもっているのみならず、邦楽にも興味を持ち、洋楽に興味を持ち、絵画に興味を持ち、自然美に興味を持ち、茶道に興味を持ち、建築に興味を持ち、歌舞伎に興味を持ち、あらゆる方面に興味を示していることに不思議な感じを抱いた。しかしそのことは和辻君の専門の哲学を無意味なものにするのでもなんでもなく、たとえば寺田寅彦が小説を書いたり、絵画を描いたり、音楽の稽古をしたり、映画を見たり、随筆を書いたりすることによって、寧ろ専門の物理学を極めて有意義なものにしていると同じように、和辻君の哲学を有意義なものと仕上げているのである。結局そのことは自分の専門を大事にするとともに、自分の専門に正しい批評を加えて、自分の専門に新しい内容を加えることに外ならなかった」（『近代作家追悼文集成』37）

この言葉は、諸科学が急速な分化と専門化に邁進している現代、和辻の学問と、それに向きあう姿勢が重要な意味を持ち、重い問いかけとなっていることを物語るもののように思えます。

先にも書いたように、小林秀雄から、今日出海、鈴木大拙、西田幾多郎、谷川徹三、和辻哲郎へと訪ねてきたこの墓参の散策は、掛け替えのない濃密な時間に浸る幸運に恵まれ、また思索への誘いとなりました。

伝説の編集者と出版人

〜池島信平と小林勇

文豪や作家、そして碩学たちが多く眠るこの鎌倉の地では、その作家や学者たちを支え、育てた出版人や名編集者と謳われた人々にも出会いました。ここでは、菊池寛が創刊した「文藝春秋」を有数の総合雑誌に育て上げ、伝説の名編集長といわれた池島信平と、岩波茂雄が創業した小さな個人商店を、岩波とともに日本を代表する大出版社に育て上げた小林勇を取り上げます。

信平の墓は、先の田中絹代や佐田啓二と同じ、円覚寺の塔頭の一つ松嶺院の墓地にありました。信平の墓は洋型で、正面に大きく「池島信平墓」と刻され、裏面に「経国院篤信恒平居士」という戒名と六十三歳の没年が記されていました。信平がこの地を墓に選んでおいたのは、墓地をつつむ雰囲気が気に入ったことと、禅宗が好きで、この寺がその一派の臨済宗であったこと、駅に近く、円覚寺といえばすぐ場所がわかることなどからでした（塩澤実信『文藝春秋編集長』）。

池島信平は一九〇九（明治四十二）年、東京市本郷区春木町に牛乳屋を営む父信之助の二男として生まれました。小学校時代は体が弱く腎臓病を患い、一年間休学しています。東京府立第五中学校（現都立小石川高校）を経て東京帝国大学文学部に入学します。

卒業後文藝春秋社に入社したのは、総合雑誌として知られた「文藝春秋」の編集長で、作家としても盛名を馳せていた菊池寛への憧れがあったからでした。入社試験はかなりの難関で、菊池寛によるとそれほど広告はしなかったにも拘らず、七百名ほどの応募者があったといいます。結局最終的には六名が合格し入社しましたが、信平もその中の一人でした。

入社した信平は、何よりその自由で独特な社風に驚きます。勤務中もしばしば将棋盤に向き合う、無類の将棋好きでも知られる菊池寛の独自な個性が、戸惑いを覚えるような社内の雰囲気を作り出していました。ジャーナリストとはこんなものか――信平の予想を超えた世界がそこにありました。

信平が文藝春秋社に入社したのは一九三三（昭和八）年で、まず新人六人が雑誌「話」編集部に配属されました。信平の言によると、ここは社会部のような仕事をするところで、ここでたくさんの人と会い、その談話筆記等をして、雑誌記者としての基本を学んだといいます。

またここで、社長にしてこの雑誌の編集長を兼ねた菊池寛の薫陶を受けながら、編集者として順調に成長していきました。文藝春秋社も好調で、一九三五（昭和十）年には芥川賞、直木賞を創設しています。

一方この時期は、戦時体制が急速に進み、言論統制が加速した時代でもありました。国家総動員法が公布されたのが一九三八（昭和十三）年、戦時体制における官製の国民統合組織である大政翼賛会が発会したのが一九四〇（昭和十五）年で、同じ年に言論統制の中心機関である内閣情報局が創設されています。菊池を中心とした雑誌の論調も体制順応、国策への協力の色合いを強めていきました。とくに当局による用紙統制は出版社として死活問題でもありました。

そうした状況のなかで苦悩していた信平は、一九四三（昭和十八）年、「満州文藝春秋社」設立のため、新京に派遣されます。新会社は、社長に菊池寛、専務取締役・永井龍男、取締役・吉川英治などの体制で、信平は編集部長のポストを命じられました。

家族を残して赴任した信平でしたが、極寒の地での生活は厳しいものがありました。しかし、その翌年には本社に帰任し、「文藝春秋」編集長に指名されます。しかし、時局はますます緊迫し、かつての憧れであった編集長という仕事は、信平にとって充足感もなく、居心地もいいものではありませんでした。

そしてその翌年の一九四五（昭和二十）年五月、終戦の直前、信平にも召集令状が届きます。応召した信平は横須賀海兵団に入団、北海道に配属されますが、やがて敗戦の日を迎え、復員します。

戦後、一九四六（昭和二十一）年、文藝春秋社は解散し、新しく文藝春秋新社が設立され、佐佐木茂索社長のもと、信平は取締役編集局長に就任します。その二年後には、菊池寛が急逝します。長年、菊池を師と仰いできた信平にとっては、大きな衝撃でした。

この年、信平は編集局長在任のまま「文藝春秋」編集長を兼務します。ジャーナリスト信平にとっては、やはり現場こそ自らの戦場であり、「文藝春秋」を先頭に立って牽引し、発展を図りたいと考えたのでした。

信平は、アメリカの雑誌「リーダーズ・ダイジェスト」などを模範にして、「文藝春秋」の革新を図ろうとしました。この点について、こう語っています。

「いままでの日本の総合雑誌編集者がむずかしい議論、空疎なイデオロギーというものにこだわって、自分で雑誌を狭くし、読者をみずから自分で限定していた時代に、〈リーダイ〉はかなり高度の内容を持ちながら、実にやさしい形で読者にアピールしている。シュガー・コーテッド（糖衣）といわれる編集法であるが、とにかくどんな記事でも、はじめの五、六行で、すでに読ませる表現法を必ずしている。エピソードでまず出発している。どんな問題でも、初めに読者が読みついたら、最後まで読ませる技術を備えているのに驚いた。日本の編集者も執筆家も、よほどこれは勉強しなければならぬと痛感した」（塩澤実信『文藝春秋編集長』）

「文藝春秋」は信平のもとで順調な発展を続け、一九五五（昭和三十）年には創刊五百号を達成し、発行部数もおよそ五十万部となりました。

一九五七（昭和三十二）年六月には、信平の雑誌記者生活二十五年を祝う「信平を励ます会」が、東京ステーションホテルで開かれ、錚々たる顔ぶれのおよそ二百名の出席者がありました。個性的なメンバーの多彩な祝辞が披露されましたが、その中から大宅壮一の言葉を拾っておきます。

「私はかねてから〈編集者女給論〉を唱えています。編集者とは女給と同じ一種の消耗品で、ミメ美わしいころには銀座の一流のバーでチヤホヤされるが、衰えるにつれて、だんだん場末の方へ落ちぶれていく。（笑）

ところが、池島君は二十五年間、一流の女給生活を送っている。これは、ジャーナリズムという

よりは日本の産業界の一つの記録であります。（笑）（中略）
しかし、今なお、ふろしき一つで場末を渡り歩いている女給も沢山いることも忘れないでいただきたい」（前掲書）

信平はまた、座談の名手としても知られ、ＮＨＫのラジオ番組「文壇よもやま話」「歴史よもやま話」の名司会者として、その博学と話術の巧みさが多くのファンを獲得しました。

一九六六（昭和四十一）年、佐佐木社長が急逝し、信平はその後を受けて社長に就任します。通常の場合、社長のポストは憧れの終着駅ですが、根っからのジャーナリストで現場好きの信平にとって、このポストはあまり居心地のいいものではなかったようです。しばしば編集部に顔を出し、現場の社員との交歓する時間を楽しんでいました。

信平の交友範囲はきわめて広く、信平に接した多くの人がその人柄に深く惹かれるものを感じていたようです。

たとえば今日出海はこう語っています。

「男は時には気が滅入ることがあるものだ。そんな時、綿々と愚痴を述べる奴は男とは申し難いが、しかしそれでも滅入ったりした時、酒か友が欲しいものである。池島信平はかかる場合欠かせぬ友として誰からも、先輩同僚後輩からも慕われる因果な性分を持っていた。だが、池島とても侘びしい思いに、ふと捉われることがあるらしい。するとその相手に私が選ばれるのが今までの習いである」（塩澤実信『雑誌記者池島信平』）

うらやましい限りです。こんな友人を持てることは最高の幸せといえます。

また同業で、信平と交友のあった岩波書店の小林勇は、信平と飲んでいて楽しいのは、話がさっぱりしていて、くどくないからいいと語り、またその人柄について、信平ほど怒ったり喧嘩したりすることのない人を、私はあまり知らない、と語っています（『人はさびしき』）。

一九七三（昭和四十八）年二月、信平は湯島天神に観梅に出かけ、その出先で脳卒中の発作を起こし、病院に運ばれましたが、そのままそこで最期を迎えました。六十三歳でした。

文藝春秋本社ホールで行われた葬儀と告別式には、現職の総理大臣田中角栄をはじめ各界の著名人が弔問に訪れ、会葬者は四千人を超えたといいます。

今日出海が語っていたように、先輩同僚後輩から慕われた信平ですが、とくに後輩のなかに、信平の信奉者は少なくありません。そのなかから、とくに交友の深かった作家開高健の追悼の言葉を引いておきます。


「芥川賞をもらってから文章を売って暮すようになったのだが、以後、池島さんとはアルコール抜きやアルコール入りで冗談、雑談、議論に何度ふけったことだろうか。私のような青二才でものびのびと口をきいて平気でいられる寛大が池島さんにはいつもあった。気さくで、晴朗だったが、どれほど酔っていてもほとんど一分ごとに間髪を入れず発射する名言は痛烈に正確であった。しかもそれが熟練のユーモアにやんわりとくるんであるので、相手は一言で封殺されながらも切れ味のあざやかさに感心しつつ笑って黙り込むしかないのである」（文藝春秋出版部編『文学よもやま話』）

そう語った開高も、偶然にも池島と同じこの鎌倉の円覚寺の塔頭松嶺院に眠っています。その墓の近さにも驚きました。二人はいま、変わらぬ談論風発を存分に楽しんでいることでしょう。

池島信平の墓のある円覚寺松嶺院のすぐ近くの東慶寺には、同じ出版人として長い交友のあった岩波書店の元会長小林勇が眠っています。

池島が亡くなったとき、小林は「幾日もその人のことを思って過ごした。このような心持ちは私にははじめての経験であった」と語っています。この短い言葉の中に、二人の交友の深さを感じ取ることができるように思います。

その出会いの頃について、小林はこう書いています。

「池島信平にはじめて会ったのは昭和二十八年であった。その日から忽ち二人は親しくなった。私はその頃盛んに酒を飲んでいたが、彼もまた酒を大いに飲んだ。その日は大日本印刷の招宴で多勢の人がいたけれど、池島は異彩を放っていった。(中略)

初めて会った日から池島は私を勇と呼びすてにし、私は信平と呼んだ。これは池島の生涯の終わるまで変らなかった。私にとって信平は、今までの友人と異なった魅力ある男だった。また信平にも私はめずらしい人間に思われたかもしれない。二人のつき合いは急速に深くなっていった」(『人はさびしき』)

小林の墓は東慶寺にありました。小高い塚の上に建つ五輪塔は独自の形を見せ、苔むした墓域全体が、風雪を感じさせるものでした。

小林勇の経歴は、東京帝国大学卒の池島信平とはまったく対照的です。

小林は一九〇三（明治三十六）年、長野県上伊那郡赤穂村（現駒ヶ根市）の農家の五男として生まれ、十一人という大家族の中で育ちました。信平より六歳年長ということになります。

地元の高等小学校を卒業し、赤穂公民実業学校の商業部に入ります。同校を卒業後、家業の農業を手伝います。この農業体験が、小林にとっては得がたい体験となりました。師範学校に進んだすぐ上の兄の影響で文学に興味を持ち、武者小路実篤や石川啄木に熱中します。そして、上京への夢をふくらませます。

やがて父の許しが出て上京し、すでに東京で編集者の仕事をしていた長兄のところに滞在します。そして、本好きの小林に対して兄は書店勤めを勧め、神保町の岩波書店に連れて行きます。創業後七年という、まだ規模も小さい岩波でしたから、そのまま店主岩波茂雄の面接を受け、採用が決まりました。一九二〇（大正九）年四月、小林十七歳のことでした。

最初は小売部に配属され、住み込みで働きました。仕事のかたわら夜学に通い、文学に親しみました。当時岩波書店は哲学叢書や漱石全集で、出版界に確固たる地位を占めていました。小林は編集の仕事には関わらなかったのですが、多くの作家たちと接触する機会はあり、そこから多くのことを学びました。

一九二三（大正十二）年九月、関東大震災に遭遇し、会社は壊滅的な打撃を受けますが、苦難のなか、再建を果たしてゆきます。

その翌々年に、小林は営業部から出版部へ異動になります。二十二歳の時でした。かねてから興味を持っていた本作りの現場に移り、小林は精力的に仕事に取り組みました。多くの作家たちと交渉する機会が多く、そうした人脈が小林の財産となりました。

そのなかで、小林にとってとくに重要な存在は幸田露伴でした。露伴とはその後長い付き合いとなり、ついに『蝸牛庵訪問記――露伴先生の晩年』という本を書くまでに至っています。

一九二六（大正十五）年、改造社の山本実彦が創刊した「円本」が大成功し、「円本時代」が到来します。それは出版各社に大きな衝撃を与えました。

そして岩波も、「岩波文庫」の創刊に踏み切ります。

岩波書店は、当初は岩波茂雄の個人商店的な存在で、社風にも、その強烈な個性が色濃く反映していました。一方、小林もまた自己主張を堂々と述べる気骨の人であったので、両者はぶつかることもしばしばでした。しかし一方で、それがこの会社のダイナミズムを生んだといえるかもしれません。

その岩波文庫の創刊に当たって、強力な助っ人が現れました。京都にいた新進気鋭の哲学者三木清が法政大学教授として上京し、小林らの協力者となったのです。三木と小林は当時双方とも独身で、公私共に深い交友を結んでいきました。

小林はこの「岩波文庫」の草創期に、昼夜を分かたず精力的にその仕事に取り組みました。後に小林は、それが自身の出版者としての生涯に重要な意義をもつものであったと語っています。「岩波文庫」は発売と同時に爆発的に売れ、順調に伸びていきました。

しかし、一九二八（昭和三）年、岩波で起こったストライキ事件をきっかけに、小林は岩波を退社します。岩波書店に入って八年後のことでした。

その後新興科学社を起こし、雑誌「新興科学の旗のもとに」を発行しますが、やがてこれを廃刊し、新たに鉄塔書院を設立します。しかし急速に進む軍事体制の中で、当局の検閲は厳しく、小林のところの本にも発禁処分が出るものもありました。

一方で、この間小林は岩波の次女小百合と結婚します。

そして、親交のあった幸田露伴や小泉信三、その他の友人たちの勧めもあって、岩波書店に復帰することになります。一九三四（昭和九）年、小林は三十一歳になっていました。

しかし、日中戦争が起こり、戦時体制が急速に高まるなかで、メディアへの検閲と弾圧もまたいっそう厳しくなりました。一九四〇（昭和十五）年には津田左右吉の『古事記及び日本書紀の研究』『神代史の研究』『日本上代史研究』『上代日本の社会及び思想』の四冊が発禁になり、著者の津田と発行者の岩波茂雄が起訴されます。

こういう状況の中で、岩波茂雄は一貫して日中戦争反対の姿勢を崩しませんでした。小林はそういう岩波を、「日本中が狂気の嵐の中にある時、正しく生き通している岩波を大切な人だと思っていた」と語っています。

そして太平洋戦争が始まると、当局による言論弾圧はますます執拗を極め、一九四二（昭和十七）年、横浜事件が起こります。それは、同年の細川嘉六の逮捕に始まり、翌四三年から四四年にかけて中央公論社、改造社、日本評論社、岩波書店などの編集部員や研究者が逮捕された事件で、逮捕者からは官憲による拷問により四人の死者を含む多くの犠牲者を出しました。

その逮捕者の中に小林もいました。小林に対してもまた、執拗な拷問が続きました。少々長くなりますが、小林の手記を引用しておきます。

「五月一杯苦しい日々がつづいた。私は警察に来た日に、三つの誓をたてていた。早く帰りたいと思わない、自分をいやしくしない、健康に気をつける、であった。早く帰りたいという気を起せば必ず彼らに屈服してしまう。そうはいっても家のこと、店のことを思う。私は〈何処にいても同じだ〉ということを改めて自分にいいきかせた。戦争はいやだがそれでもまだ少しは自由がある。こうしていてもいつ召集されるかわからない。大分たってからの或る日私は特高に、赤紙が来たら釈放するかときいて見た。彼は〈お前のような奴出られるものか〉といった。私はやれやれ戦争には行かないですむと思った」（前掲書）

特高による取調べの拷問がいかにひどいものであったか、小林の手記を続けて見てみます。

「七月一杯休んでいた取調べが、八月になってまた始まった。今度も拷問がつづいた。夕方になって私がへとへとになり、よろめいて帰って来ると留置所の看守たちが、不思議そうな顔をして、〈来た早々やられたんだから、もうヤキは入らぬ筈だのになあ〉などといった。私は特高達の望むようなことはしゃべれない。嘘でも何でもいわない限り彼らは私をなぐる。
三、四日頃、あいかわらずやられている時、検事が私に会いに来たと報せがあった。特高は慌てて取調べをやめて、私を留置所へ返して逃げた。改めて私は呼び出された。階段を上る時そこにかけてある小さな鏡に写った顔をみた。私は刑事にいって、便所に行き、ゆっくり少用をたした。洗面所の鏡で見ると、私の顔はひょっとこのようにはれ上がり、血だらけになっている」（前掲書）
過酷な取調べの実態と、それに堪えた小林の毅然たる態度を読み取ることができます。この事件は、多くの犠牲者を出した、特高警察によるでっち上げ事件でした。一九四五（昭和二十）年、敗戦の日から二週間たった八月二十九日、ようやく小林は釈放されたのでした。

その翌年、岩波茂雄が亡くなりました。共に岩波書店を育てて来た盟友としての喪失感は計り知れないものでした。

晩年は会長として後進を育て、一方、趣味の絵に熱中し、楽しみました。小林の、「うまい絵を描くよりいい絵を描きたい」という言葉は、単に絵のことにとどまらず、もっと深い意味を持っているように思われます。

小林は、一九八一（昭和五十六）年、体調を崩し北里大学付属病院に入院し、一時回復しますが、十一月二十日急性心不全のため死去しました。享年七十八歳でした。北鎌倉の東慶寺で葬儀が行われ、この地に埋葬されました。

先の池島信平と小林勇らは無二の親友であり、酒友でした。また、先に今日出海が、気が滅入ったり、落ち込んだ時欠かせない友人が池島信平であると語っていました。
同様なことを、井上靖が小林について語った言葉があります。本稿の結びに、その言葉を引いておきます。
「時々、小林さんが健在であったらと思うことがある。かなり烈しい思いで、小林さんと一緒になり、一緒に酒を飲みたいと思うことがある。年々歳々、そうした思いはしげく私を見舞いそうである。私はいつか池島信平さんより十二年も長く生きており、小林さんの場合もまた、いつか私はその生年を越そうとしている。そのためか、最近小林さんにも、池島さんにも、聞いて貰いたいようなことが、身辺にたくさんあることに気付く。そうした時の、そうしたことのできないと知った時の思いは格別である。人生の淋しさというものは、こういうことであろうかと思う」（谷川徹三・井上靖編『回想　小林勇』）
小林への熱い思いであると同時に、それは、小林という人物を、短いながら、鮮やかに切り取った言葉にもなっているように思われます。

百寿の閨秀作家
～野上弥生子と小倉遊亀《ゆき》

齢百歳に至り、あるいはそれを超えて、最後の最後まで創作活動に没入した二人の女流作家が、隣接した二つの古刹に眠っていました。閨秀作家野上弥生子と閨秀画家小倉遊亀の墓前に立ったとき、やはりえも言われぬ畏敬と感動の念に包まれました。

野上弥生子は、百歳を目前にして、その長い生涯を閉じましたが、夫豊一郎に先立たれたあとも、独り居を楽しみながら、最後の最後まで現役を貫き通したその姿は、深い感動を呼びます。作家の小池真理子はこう書いています。

「野上弥生子という作家に私が急に親しみを覚えるようになったのは、長じた弥生子が人生のうちのおよそ半分近くと言ってもいいほど長い歳月を北軽井沢の山荘で過ごした、ということを知ったからだった。（中略）人の住んでいない、熊やキツネ、テンやウサギがいる森の中で、たった独り、怖がるでもなく、さびしがるでもなく淡々と日々の暮らしを営み、本を読み、思索し、原稿用紙にペンを走らせていた野上弥生子の姿には、素朴な逞しさを感じる」（小池真理子選『精選女性随筆集』10）

その強固な精神と、たゆまざる知への関心、そこから紡ぎ出される作品の数々とその生き方は、多くの人々を感動に誘います。

野上の墓は東慶寺墓苑の奥まった墓所にあり、近くに鈴木大拙や西田幾多郎、谷川徹三らの碩学の墓がありました。紫陽花の彩る緑に囲まれた墓域の奥に五輪塔があり、その正面の、苔に覆われた「野上家」と刻された文字に、年輪を感じました。

野上弥生子は一八八五（明治十八）年、大分県臼杵町に酒造家小手川角三郎・マサの長女として生まれました。小学校卒業後、才気煥発なこの少女は、当時まだ稀有の例であった女学校への進学を決意します。その頃臼杵の町には女学校がなく、東京の叔父小手川豊次郎のもとに寄宿し、明治女学校に入学します。

明治女学校というのは、キリスト教精神に基づく独自の教育方針を掲げた学校で、北村透谷や島崎藤村が教鞭をとり、新宿中村屋の創業者で、多くの作家や芸術家を支援した相馬黒光や、自由学園の創立者で、「婦人之友」を創刊した羽仁もと子らを輩出したことでも知られています。

その規則や伝統に捉われない自由な雰囲気は弥生子に合っていたようで、この学校で学んだことは弥生子に大きな影響を与えました。

授業のほかに、時折各界の名士の講演会が開かれたりしていましたが、生徒たちにとってはこれも大きな刺激になっていたようで、弥生子はとくに内村鑑三の講演に感動したといっています。

在学中、英語の家庭教師をつとめたのが、後に夫となる野上豊一郎でした。豊一郎は弥生子より二歳年長ですが、弥生子と同じ臼杵町の出身で、当時東京帝国大学英文学科に在学中でした。豊一郎が夏目漱石の門下であったこともあり、弥生子は漱石に学び、影響を受けることになります。漱石生誕百年記念に際して弥生子が行った講演を記録した「夏目先生の思い出」には、その師弟の交流が記録されています。

一九〇六（明治三十九）年、明治女学校卒業後、弥生子は豊一郎と結婚しますが、その翌年には、高浜虚子の「ホトトギス」に『縁』を発表して作家デビューしています。

その後、『海神丸』『真知子』『迷路』等を発表しますが、八十歳を目前にして書いた『秀吉と利休』は、政治の世界の人間秀吉と芸術家である人間利休の対立と葛藤を描いたものとして高い評価を受けました。また、自らの少女時代の回想をもとにした『森』は、八十七歳時の起筆作ですが、完結には至らず、絶筆となりました。

弥生子は、作家と言われることにためらいを感じつつ、こう語っています。

「作家っていわれるけれども、第一自分の書斎ができたのはいつごろだろう。主人《あるじ》なきあとの空巣ねらいで、……（笑）。三人の子供たちが育つにつれて、彼らには勉強部屋をあてがってやらなければならないでしょう。私がでんと机に坐って、女流作家になることはできなかったのよ。ですから、私は女流作家なんていわれると、面映ゆいよりも何か喜劇的に感じてしまう。このごろでこそ、私も世間ずれして、悪者になって、作家といわれても否定しないけれども、ものを書き出したのも、明治女学校へ入った時と同じで、ついふらふらと。それからは辛抱強く続けてきただけなんです。（中略）

私、結婚してものを書こうとは思わなかったけれど、何か知識を求めるとか、人間的に成長する

とか、そういうことは続けたかった」（前掲書）

謙虚でありつつ、その後の創作活動の原点ともいうべき強靭な意思を感じさせる言葉です。また、夫豊一郎と一高の同期であり、漱石の門下でもあった作家中勘助への、若い頃から懐き続けた熱い思いを、その日記の中に「永久の秘密」として書き綴っています。そうした中勘助の存在が、野上夫婦の諍《いさか》いの一因ともなったようです。私はこの地で弥生子の墓に対面して、かつて青山霊園で中勘助の墓に出会ったときのことを感慨深く思い出しました。

また、弥生子と同じ北軽井沢に隠遁していた、元京都大学教授の哲学者田辺元との恋愛関係についても、その後明らかになりました。もともと野上夫妻と田辺夫妻は軽井沢の山荘仲間でしたが、弥生子と田辺はそれぞれ連れ合いを亡くした後、交友が続きました。

弥生子は軽井沢に滞在している期間、哲学を学ぶために、歩いて十分ほどのところにある田辺山荘に、熱心に通いました。田辺は弥生子に、アリストテレスの『ニコマコス倫理学』やデカルトの『方法序説』、カントの『純粋理性批判』などの読書を勧めるなど、誠実で厳しい指導につとめました。もちろんその他文学や詩についても語り合うなど、濃密な時間を過ごしました。やがてそれは師弟関係から恋愛関係へと進んでいきました。

その文学と哲学をめぐる知的な交友と恋愛関係ともいえる心の交流を物語る書簡三百四十六通が、『田辺元・野上弥生子往復書簡』として岩波書店から刊行されています。

二人の関係は、田辺が死去する一九六二（昭和三十七）年まで続きましたが、その翌年の六三（昭和三十八）年には、「中央公論」に連載していた『秀吉と利休』が完結しています。弥生子は齢七十八歳を数えていましたが、その後二十年あまりを生きることになります。

冒頭でも述べたように、弥生子は何より山荘での自然の中の独居を楽しんでいました。その悦びと感動を物語る言葉に、随所で出会います。そのひとつ。

「夏とてまだ名ばかりの山の冷えは、夕方近くなると、さかんに焚いてちょうどよいほどです。私は反対側の楽椅子にもたれ、人語を聞かず、ただ鳥声の言葉通りで、その鳥たちさえすでに啼きやんだ高原一帯を包むしんしんと深い静寂を、いっそそれで諧調づける薪のぱちぱち鳴る音に耳を貸していると、あらためておくべき場所に身をおいた思いに打たれるのでした」（「山よりの手紙」）

「おくべき場所に身をおいた」という言葉が、印象的です。こうした至福の時間と空間の中で、多くの作品を生み出した弥生子の生涯は、掛け替えのない充足のときであったといえます。

高齢に達し、老いとうまく折り合いをつけながら、充足の日々を過ごす、――「おくべき場所に身をおいた」という弥生子の言葉は、あの青山霊園で出会ったシャンソン歌手の石井好子の言葉を思い出させます。石井は、長い歌手人生の終わり近くになって、忍び寄る老いを感じつつも、そのままの自分を受け入れ、歌い続けましたが、その石井の語った言葉が、「私はいま石井好子を歌っている」「自分はここにあるんだ」という言葉でした。

しかしまた、弥生子にとって、かの地での高齢の独居生活は、厳しいものでもあったようです。竹西寛子はそれを支えたものを、恐ろしいほどの意志の力、持続の意志であったと書いています

（『言葉を恃む』）。

弥生子の創作意欲は、最晩年に至っても衰えることがありませんでした。

一九八四（昭和五十九）年、白寿を迎えた弥生子は丸の内の東京會舘で開かれた「祝う会」に出席し、執筆への意欲を語りましたが、その翌年、一九八五（昭和六十）年三月二十九日、成城の自宅で倒れ、その翌日九十九歳の生涯を閉じました。百歳まであと三十日あまりを残すばかりでした。

葬儀は築地本願寺和田堀廟所で行われ、葬儀委員長を谷川徹三、司会を大江健三郎がつとめました。

最後に、作家加賀乙彦の、追悼の言葉の一部を引いておきます。

「野上さんはおのれの世界を、勤勉と努力によって一歩一歩築きあげてこられた方だ。知識が人間を豊かにし、思索が体系をつくっていくというのは教養の理想だが、野上さんにはこの明治の人の理想が生きていた。そのため、ちょっとしたエッセイを読んでも、久しぶりにお会いして一言二言お聞きしても、私はかならず何かを教えられるのだった。〝先生〞と呼ばれるのを非常に嫌っておられたけど、先生とお呼びしたい気持ちが、私にはしばしばおこるのだった」（倫書房編集部編『弔辞大全』）

弥生子は武者小路実篤、北原白秋、土岐善麿らと同じ一八八五（明治十八）年生まれでした。同年代の彼らに比してはるかに長い時間を生き、そして最後まで創作の意欲を失うことはありませんでした。

また、野上弥生子が生まれた年は、日本の内閣制度が制定され、伊藤博文が初代総理大臣に就いた年でした。それからほぼ一世紀、日本の近現代の激動とともに歩んだ人生でした。

小倉遊亀は、長寿の野上弥生子よりもさらに長い歳月を生き抜きました。長命の画家や作家が少なくない中でも、その百五歳という年輪は突出した存在といっていいでしょう。そしてその人生も、遅咲きともいえる作家人生も、きわめて起伏に富んだものでした。

小倉遊亀の墓は、鎌倉五山の一つでもある名刹浄智寺にありました。総門に掲げられた「寶所在近」という言葉に、強烈な印象を受けました。境内の奥に墓地があり、住職の朝比奈宗温さんに案内していただきました。遊亀の墓は、広めの墓域の中央の盛土の上に、五輪塔風の墓碑がありました。百歳を超えてなお旺盛な創作意欲を見せた閨秀画家との出会いは、やはり大きな感動を呼び覚ましました。なお、そのすぐ近くには、作家渋澤龍彦や、つい先だって逝去した作家阿川弘之の墓もありました。

小倉遊亀の墓（浄智寺）

小倉遊亀は一八九五（明治二十八）年、滋賀県大津市に溝上巳之助・朝枝の長女として生まれました。同じく明治の生まれですが、野上弥生子より十歳年少ということになります。

県立大津高等女学校を卒業後、一九一三（大正二）年、奈良女子高等師範学校国語漢文部に入学します。選択科目として図画を履修しますが、そこで水木要太郎や横山常太郎に出会い、絵や古美術への関心を深めます。

同校卒業後、小学校や女学校で教壇に立ちますが、以降二十年あまり教職に携わりつつ、独学で絵を学びます。この点、連れ合いが大学教授で、経済的にもなんらの不自由もなく執筆に専念できた野上弥生子とは、対照的な環境にあったといえます。

一九二〇（大正九）年、安田靫彦に入門を許され、本格的に画を学びます。遊亀は病気中の安田靫彦のもとを訪ね、熱心に面会を求め、許されます。ほんの五分のつもりが、一時間にもなりました。そのとき遊亀は二十六歳でしたが、この時代の若い女性にしては、驚くべき行動力と見えます。

また、速水御舟の影響も受けています。御舟からは、写生というものは形だけでもいけない、色だけでもいけない、その中に入っている菊なら菊のいのちとでもいうものを引きずり出したものでなくては、写生ではないということを、いやというほど教えられました。

一九二六（大正十五）年、第十三回院展に「胡瓜」が初入選、一九三二（昭和七）年に、奥村土牛とともに日本美術院同人に推され、女性初の同人となります。

私生活では、一九三八（昭和十三）年に山岡鉄舟の最後の高弟で、禅の修業者である小倉鉄樹と結婚しました。遊亀四十三歳の初婚でしたが、六年後に死別します。以降、独身を通し、創作に専念します。古典に学び、知的で爽快感が溢れつつ、情感がにじむ画風は多くの人に支持されています。

代表作に、「少女」「O夫人坐像」「裸婦」「母子」「良夜」「舞妓」「姉妹」などがあります。一九七六（昭和五十一）年には日本芸術院会員に推され、一九八〇（昭和五十五）年に文化勲章を受章、女性の受賞者としては三人目でした。

数々の受賞に輝く遊亀ですが、受賞はもちろん嬉しいけれど、もっと嬉しいのは、ふだん絵なんかに何の関係もないような人々が、絵を見て楽しい思いをしてくれることだと語っています。そんな遊亀の心情が、その絵が多くの人々に愛される理由の一つとなっているように思います。

晩年も旺盛な創作活動を続け、一九九三(平成五)年の「白寿記念・小倉遊亀展」をはじめ、「百歳記念・小倉遊亀展」「百二歳の芸術・小倉遊亀展」などの展覧会が開催され、また一九九九(平成十一)年にはパリ・エトワール三越で海外での初個展「小倉遊亀展」が開催され、その作品とともに、百歳を超えてなお創作に打ち込むその姿は多くの感動を呼びました。

この展覧会の翌年、二十世紀が幕を閉じたその年、二〇〇〇(平成十二)年七月二十三日、遊亀はその長い生涯に幕を閉じました。享年百五歳、文字通り二十世紀を丸ごと生きぬいた生涯でした。

なお、五十四歳のとき養子に迎えた西川典春は遊亀によく献身し、実の母同様に世話を続けましたが、遊亀百一歳の時、六十四歳で先立ちました。また典春の娘、つまり遊亀の孫にあたる寛子は、雑誌「暮らしの手帖」の編集者でしたが、晩年の遊亀の介護を引き受け、その最期を看取っています。その分厚い介護の日記は、詳細を極め、読む者の感動を引き起こします。

その寛子は、遊亀が人に「仕事ざかりはいつごろでしょう」と聞かれたとき、はっきりと「七十代です」と答えていたことを紹介し、次のように書いています。

「たしかにその言葉は、祖母の作品群を見ても歴然としている。

企業での勤労年齢を人生の壮年期とみなす一般の社会観では、六十歳は老後、七十歳代は、すでに老境に入って久しい。けれども祖母の人生に〈老後〉という時間は今でも存在しないと思う。

〈老後〉。老いて後の時間、という言葉はどこか悲しい。老いた後にはもう何も残っていないという、不必要なものを指す、よけいもののにおいがあるからかもしれない。

たしかに、加齢とともに体力や筋力、それに記憶力が衰えてゆくのは悲しいことであるし、周囲の者にも厳しい現実を突きつけられる。しかし、それを越えてなお余りある、人間としての知恵や経験、俗世にまみれた活動期には得られようもなかったおやかな微笑が、年を重ねてゆくとともに、獲得できるものと信じている。」(『小倉遊亀　天地の恵みを生きる――百四歳の介護日記』)

まさに小倉遊亀の身近に最後まで寄り添った人の説得力ある言葉であり、それはまた、老いゆく人々に対する畏敬の念と、老いに向き合う人々を強く励ます言葉ともなっています。

最後に、遊亀自身の長い創作人生から紡ぎ出された言葉をいくつか紹介しておきます。

そのなかには、自然を愛し、自然に学ぶことの意味、そしてそこから学び取る人生を語る言葉もいくつかありました。

「自然の外側の美しさだけを真似して描いたって駄目なんです。それには、まあ、自然が好きでなくちゃ駄目でしょうけどね。梅の強い枝が生き生きとして、梅の花が咲き始める。あれもね、私、自然が人間に見せてくださる一つのね、宗教的にいえば教えだし、芸術的にいえば美だしね。ともかく死んではいない。生きてます。だからね、私たちも死んじゃいけない、生きてなくちゃいけないんです」

「生きてるっていうことは、きのうよりきょうの方が一歩つけ加えてね、きのうの自分に何か一つ新しく加わったもんでなくちゃならないと思えるんですよね。だから、自分をおろそかにするもんじゃない。勉強はおこたれないですね」（以上、『小倉遊亀　画室のうちそと』）

小倉遊亀は百歳を超えてもその旺盛な創作意欲を失わず、歳とともに作品は艶やかさを増し、その人生もまた円熟味を深めてきました。

先の言葉にも、限り無く自然を愛した遊亀の画業と人生が滲んでいるように思います。それはまた、この生きにくい世を生きて行く私たちを励ます力強い言葉ともなっています。

〝黄昏の詩人〟と〝高原の詩人〟
～堀口大学と尾崎喜八

詩人で、仏文学者でもある堀口大学のことを詳しくご記憶の方は、今はもうあまり多くはないかもしれません。しかし一方で、次のような詩の一節あるいはフレーズに、限り無く懐かしい思いを抱かれる方も少なくないのではないでしょうか。

たとえば、シャンソンでもよく歌われ、なじみの深い、アポリネールの「ミラボー橋」。

ミラボー橋の下をセーヌ河が流れ
　われらの恋が流れる
　わたしは思い出す
悩みのあとには楽しみが来ると

　日も暮れよ、鐘も鳴れ
　月日は流れ、わたしは残る

そして、初期の詩集『月光とピエロ』のなかの「夕ぐれの時はよい時」で繰り返されるこのフレーズ。

夕ぐれの時はよい時。
かぎりなくやさしいひと時。

あるいはまた、若き日に口ずさんだ「ヴエルレエヌ詩抄」の中のこの一節。

巷《ちまた》に雨の降る如く
われの心に涙ふる
かくもこころに滲《にじ》み入る
この悲しみは何やらん？

こうした名訳と詩を遺した堀口の墓を訪ね、あらためてその仕事と人生を振り返り、その作品に出会い、懐かしさとともに、堀口という人物がいっそう身近に感じられたのでした。
堀口大学の墓は、先に父堀口九萬一のところで書いたように、鎌倉霊園の川端康成の墓の左隣に

堀口大学の墓（鎌倉霊園）

並ぶように建っていました。墓碑の正面には「堀口家代々」と刻され、裏側に、「十代大学建之」とありました。奇しくも、鎌倉を限り無く愛した文士が、隣同士に眠っていたのでした。

大学はこの霊園に墓地を買い求め、墓石には、自身の手になる文字を刻しました。長女すみれ子によると、大学は、「僕が死んだら、この墓の前でにぎやかに酒盛りをしておくれ、墓石にたっぷりと御神酒をかけてね」という言い置きを残していたそうです。

堀口大学は、一八九二（明治二十五）年、東京市本郷区森川町に生まれます。外務省勤務の父九萬一の朝鮮国への赴任に際して、家族は郷里新潟県古志郡長岡町（現在の長岡市）に引き上げます。母は大学が四歳のとき、二十四歳という若さで病死し、以降祖母の手で育てられることになります。「大学」というのはペンネームと思われがちですが、実は本名です。子供の頃、小学生のくせに大学とはなんだなどと、いじめられたといいます。

大学は、その名前の由来についてこう書いています。

「親父の説によると、大学という名は、第一にまず、読みちがえられる心配がないのが美点だと言っていた。第二には、一度で誰にも覚えられる。この二つが名には一番大事なことだそうだ。親父が僕にこの名をつけてくれたのには、色々と理由があった。僕が生れたその頃、親父はまだ東京帝国大学の法科の学生だった。本郷区森川町一番地、あの赤門の真前の小さな借家に住んでいた。謂わば地理的、歴史的の二重の事蹟を記念するために、僕のこの大学という名はつけられたわけだ」

（工藤美代子『黄昏の詩人』）

県立長岡中学校を卒業後上京し、祖母と妹の三人で上野桜木町に居を移します。十八歳のおり、「スバル」で吉井勇の短歌「夏のおもひで」を読んで明星派短歌に魅了されます。

大学は、法事のため長岡に帰省する時、始発駅の上野駅前の売店で偶然雑誌「スバル」を手にし、そこで吉井勇の歌と出会います。その歌集を買って、上野から長岡までの列車に乗車し、その間十二時間を一睡もしないで読み続けました。大学はそのときの感動を、丸谷才一との対談の中で、こういう歌を一首でも作ったら、もうこの世は用済みにしても惜しくないと思うほど感動したと語っています（かまくら春秋社編『想い出の堀口大学』）。

そして、与謝野鉄幹・晶子に師事し、新詩社の歌人として出発します。

ここで終生の友となる佐藤春夫と知り合います。この佐藤とともに一高の入試に挑戦しますが、ともに失敗、そして一九〇九（明治四十二）年慶應義塾大学文学部予科に入り、そこで永井荷風の知遇を得、この頃から詩作を始めます。以降七十二年、最後まで現役の、まことに長い詩人の生涯を全うしたのでした。

しかし、父九萬一は当時赴任地のメキシコに在勤していましたが、大学をあくまで自分と同じ外交官にすることに拘り、慶應を辞めて一高を受験するように周囲に働きかけます。一高から帝大法学部、そして外交官という自身と同じ道を歩かせたかったのでした。しかし、父の願いは叶いませんでした。

一九一一（明治四十四）年、大学は二十歳で慶應を中退し、外交官だった父の赴任地メキシコに行きます。メキシコでの堀口家では日常の通用語がフランス語でした。大学は義母スチナとの会話を通じてフランス語を学びます。大学は、フランス語を常用する、教養溢れるスチナとの出会いがなかったら、翻訳家の道をたどり、フランスの詩、フランス人の心を深く探ることもなかったであろうと語っています（関容子『日本の鶯』）。

たまたまこの地に滞在中、大学はメキシコでのクーデター事件に遭遇しています。革命軍に追われたマデロ大統領の妻子や親族らは、親交のあった堀口九萬一公使に援助を求めました。九萬一は、公使館が攻撃される危険を冒して、身を挺して彼らを匿いました。このときの状況は、第一章の堀口九萬一のところで書いたとおりです。

大学は父のメキシコ公使退任に従って、メキシコから一時帰国しますが、その後、父の赴任に従いつつ、ベルギー、スペイン、ブラジル、ルーマニアと、青春時代の大半を海外で過ごします。その間に仏文学に親しみ、象徴主義詩に傾倒し、とくにブリュッセルで出会ったグールモンの作品に決定的な影響を受けます。大学はそれを宿命的な出会いだったと語っています。

ブリュッセルからスペインのマドリッドへ移った大学は、この地で初期の代表作であり、後に

『月光とピエロ』として刊行される「月夜」「ピエロ」などの作品を発表します。

また、マドリッドでは、画家マリー・ローランサンと出会い、その作品に深く魅了されます。

また、大学はこのときマリーから、彼女のかつての恋人であった詩人アポリネールの作品を紹介されます。この項の冒頭に引いたのは、その代表作「ミラボー橋」ですが、大学は後にこのアポリネールの詩集を刊行することになります。

しかし、父は、そうした大学に温かい眼差しを注ぎつつも、彼が文学を生業《なりわい》として独立することには反対でした。


「僕の文学志望に対する父の反対にも、親としての一理はあった。つまり生活の道としての文学は、極めて危険の多い冒険だというのだ。他に職業を持って、かたわら文学を楽しみにやるのがむしろ本筋ではないかというのだ」（「僕の銀行員」、『堀口大学全集』第六巻所収）

一九一七（大正六）年、自らも外交官であった父の要請を受けて帰国し、外交官試験に臨みますが、病気のためその目的を達することなく、文学に専念する決意を固めます。

一九一八（大正七）年に訳詩集『昨日の花』、その翌年には、詩集『月光とピエロ』と歌集『パンの笛』をそれぞれ自費出版します。一九二五（大正十四）年に刊行した訳詩集『月下の一群』は、日本近代を代表する名訳詩集といわれ、昭和の詩壇に大きな影響を与えました。

フランス文学者の佐藤朔は、こう書いています。

「『月下の一群』が大正十四年に、第一書房から豪華本で出版されたことは今日から見ると、一つの事件であった。これほど多くのフランスの詩人の作品が一挙に翻訳され、紹介されたことは空前絶後と言ってよかった。それまで六十六人の詩人の大部分が未紹介であり、長短三百四十篇の作品はほとんどすべて初訳であった。中でもアポリネール、ジャコブ、コクトー、ラディゲなどの詩篇に初めて接したわれわれは、新しいポエジーの領域を覗き見るような思いで一驚したものだった」(「高貴な詩人たち」、長谷川郁夫『堀口大学――詩は一生の長い道』所収)

文芸評論家の河盛好蔵は、大学の詩にはエロチシズムとエスプリが美しい調和を保っていて、それが作品の新鮮さを保ち続けているのだと語っています(『新装日本の詩歌』17)。

また、野坂昭如は、堀口大学の詩は、外側は日本の古典のラベルをはり、内側に西欧というアルコールをたたえたようなもので、その中に知性を混ぜあわせてブレンドしたようなものだと語り、そして、たまにはそういう豊潤な酒を味わいたい、と書いています(「想い出の堀口大学」、別冊「かまくら春秋」所収)。

たしかに大学は若い頃から、外交官の父に従って海外生活を送り、西欧的教養を身に付けていますが、一方、根強い日本回帰の志向を持ち、私生活でもいつも瀟洒な和服姿で通し、また和風の屋敷と畳の生活を楽しんでいました。

太平洋戦争中は、静岡県興津や新潟県妙高山麓(旧関川村)の妻まさのの実家に疎開します。戦後は著作活動を再開し、一九五〇(昭和二十五)年から神奈川県葉山町に住み、ボードレールの「悪の華」などの全訳を刊行する等の著作活動のほか、各種文学賞の選考委員をつとめています。一九七九（昭和五十四）年には文化勲章を受賞しています。

長女の堀口すみれ子は、父はどんな人物かと聞かれて、簡単には説明できないが、ともかく大きくてあたたかい人だったと語っています。

大学は一九八一（昭和五十六）年、葉山の自宅で、八十九歳の長寿を全うしました。

すみれ子は、大学の最期の頃についてこう書いています。

「誰もが、春さえくれば、春風が、明るい陽の光が父の健康を約束してくれると思っていました。けれど、今にして思えば、たしかに父は、自分の最期がもう間近にせまっていることを知っていたのだと思い当たる節が数々あります。

枕辺にいる私や子供たちを、じっと見つめ、一人一人の頬をなでながら〈君たちと別れるのはつらいなあ、さびしいなあ、いつまでも一緒にいたいなあ〉などと言い出すものだから、子供たちは目を真っ赤にして泣きたいのをこらえなくてはならないようなことも、一度や二度ではありませんでした」

「その晩、肺炎を起こした父はのどがからまるくぐもった声で、〈苦労をかけたね、ありがとう〉とやっとの思いで言うと、自由の利くようになった右手をさしのべました。そっとにぎり返したその手は、とても力づよく、これが父の最後の言葉になるなぞとは思いもしませんでした」（『父の形見草』）

その翌日、ついに最期の時を迎えたのでした。すみれ子は、「人は生きてきたように死ぬ、というつか本で読んだ言葉を思い出しながら、突然のそして見事な最期に、私はただ呆然としていました」と書いています。

堀口の七十余年に及ぶ仕事は詩、短歌、評論、エッセイ、翻訳と幅広く、大正から昭和の文壇に大きな影響を与えました。作家の中村真一郎は、堀口こそ近代日本の最大の天才詩人であると述べています。

その墓前に立つとき、あの、「夕ぐれの時はよい時。かぎりなくやさしいひと時」「日も暮れよ、鐘も鳴れ　月日は流れ、わたしは残る」「巷《ちまた》に雨の降る如く　われの心に涙ふる」のフレーズが、懐かしく、深く響いてくるのが聞こえるようでした。

尾崎喜八の墓碑（明月院）

〝黄昏の詩人〟堀口大学に対して、〝高原の詩人〟（〝山の詩人〟）と称された尾崎喜八もまた、同じこの鎌倉の地に眠っています。その墓は、あの「アジサイ寺」としても知られる明月院にありました。

その墓を訪ねたのは、もうアジサイも終わりの頃でした。尾崎夫妻の晩年を共に過ごし、喜八を支えた長女栄子の納骨式への、栄子の長男で尾崎の孫にあたる石黒敦彦氏のお誘いによるものでした。方丈の裏手の坂を登ったところに、墓地がありました。霧が峰から運んだ自然石の墓碑は、いかにも「高原の詩人」尾崎を偲ばせる佇まいを見せていました。墓碑には、青銅の板がはめ込まれ、詩集『田舎のモーツァルト』の中の一編「回顧」が刻されていました。

尾崎は一八九二（明治二十五）年、裕福な回漕店を営む尾崎喜三郎の長男として東京・京橋に生まれます。偶然にも、堀口大学とは同じ年生まれということになります。

小学校の頃から読書を好み、自然に親しむことを好む少年でした。京華商業学校卒業後は、独学で英語のほかにドイツ語やフランス語を学びます。

二十歳の頃、雑誌「スバル」などで高村光太郎の名を知り、白樺派の理想主義の影響下で詩作を始めます。また、ロマン・ロランの『近代音樂家評傳』やベルリオーズの『自伝と書翰』などをはじめ、多くの外国作家の作品の翻訳を刊行し、またそこから詩作を学びます。

関東大震災後東京郊外の高井戸村をはじめ都内で半農生活を営みつつ詩作を続け、『旅と滞在』『山の絵本』『雲と草原』『高原詩抄』などの作品を発表します。

尾崎は自然を単に鑑賞するだけでなく、自ら半農の生活を営み、自然を観察し、登山に熱中し、そしてまた自然地理学や気象学の勉強に励み、自然詩人の本格派ともいえる独自の存在感を示しています。文芸評論家河盛好蔵は、尾崎の自然との向き合い方についてこう書いています。

「このことは彼の自然観察が精妙で具体的であり、彼が単に自然を観照するだけではなく、自然の中に没入して、自然とともに生き、自然との親密な対話を通して、自然との調和、形而上学的若しくは宗教的な調和を希求していることをよく示している」（『新装日本の詩歌17』）

一九四五（昭和二十）年、空襲で家を焼かれます。戦争が終わったあと、戦時中、その詩作を通じて戦争に加担したことに深く苛《さいな》まれます。

しかしまた、戦後、五十四歳の尾崎はこう語っています。

「たとえ戦争による心身の深い痛手がなくても、もう人生の迷いの夢から醒めていい年齢だった。この上は全く無名者としてよみがえり、ただびととして生き、艱難も屈辱もあまんじて受けて、今度こそは字義どおり、また永年の念願どおり、山野の自然に没入して万象との敬虔な融和のなかに魂の平和をつむぎ、新生の美しい視野を得なければならない」（前掲書）

人生の折り返し点というべきこの頃、喜八もまた大きな転換点に立っていたのでした。

そして、翌一九四六（昭和二十一）年には長野県富士見村に移住します。ここは、尾崎の娘栄子が、結核療養のため富士見高原のサナトリウムで入院治療中の夫のために滞在していたところで、尾崎夫妻の移住は、娘栄子の勧めによるものでした。因みにこの富士見高原は、堀辰雄の『風立ちぬ』『菜穂子』の舞台になったことでも知られているところです。

尾崎らが住んだのは、元伯爵渡邊家の別荘分水荘の一部でしたが、寒くて暗く、心身にこたえ、また経済的にも苦しい時代でした。

しかし、そうした過酷な条件下で、尾崎は土地の人々との交流にもつとめ、また、一九五二（昭和二十七）年に世田谷区上野毛に移るまで、この高原を拠点に暮らしました。

尾崎はこの地で、『高原暦日』『美しき視野』『碧い遠方』などの作品を残しています。後に刊行される、最高傑作といわれる『花咲ける孤独』はこの地で生まれました。

この作品について、詩人の伊藤海彦はこう語っています。

「この詩集は喜八の詩集中最も秀れたものと編者は思う。恐らくこの高峰がなかったら喜八は近代詩人ではありえても現代へとつながる詩人とはならなかったかも知れないとさえ思う。それにしてもこの詩集の題の何と意味ふかく美しいことか。いつの世でも詩人がその真価を呈示するとき、見えざるものに確乎として手をふれその名を明かすとき、必ず孤独でなければならなかったし、他人の目にはどうであれ、その詩人にとってその孤独こそ花咲けるものだったにちがいないから」（重本恵津子『花咲ける孤独――評伝・尾崎喜八』）

およそ六年の富士見高原滞在後、帰京してからも『田舎のモーツアルト』『尾崎喜八詩文集』などを刊行、そして西洋音楽にも造詣の深かった喜八が、「芸術新潮」に連載した「音楽と求道」は、後に『音楽への愛と感謝』として刊行されています。

この「音楽と求道」の執筆は、晩年の喜八に対して、掛け替えのない至福のときをもたらしたようです。尾崎の長女栄子はこう書いています。

「父の初期の作品から終始一貫してどこにも音楽が流れているが、ここで改めて音楽と自分の文学とを完全に結びつけて、評論ではなく、詩人の内にある音楽を書きつづけることに、父は最大の精力をつぎこんでいたようだった。書きたいと願っていても機会がなければ書きためるという事の出来ない父にとって将に天恵と云えよう。七十六歳から八十歳までの五年間、齢をとって寡作では

あったが此の仕事に毎月々々打込んでいた」（前掲書）
最後に、『花咲ける孤独』の中から、一篇紹介しておきます。

或る晴れた秋の朝の歌

又しても高原の秋が来る。
雲のうつくしい九月の空、
風は晴れやかなひろがりに
オーヴェルニュの歌をうたつている。

すがすがしい日光が庭にある。
早くも桜のわくらばが散る。
莚《むしろ》や唐箕《とうみ》を出すがいい、
ライ麦の穂をけふは打たう。

名も無く貧しく美しく生きる
ただびとである事をおまへも喜べ。

しかし今私が森で拾った一枚のかけすの羽根、
この思ひ羽《ば》の思ひもかけぬ碧《あお》さこそ
私たちにけさの秋の富ではないか。

やがて野山がおもむろに黄ばむだらう、
夕ぐれ早く冬の星座が昇るだらう。
さうすると私に詩の心がいよいよ澄み、
おまへは遠い幼い孫娘のために
白いちひさい靴下を
胡桃《くるみ》いろのあかりの下で編むだらう。

この詩について、尾崎は『自注　富士見高原詩集』の中で、こう書いています。

「毎年自然が漸く秋の色に変って来る頃、私はまずこの歌（フランスの作曲家カントループが収集し編曲した民謡集『オーヴェルニュの歌』）を心に浮かべて山や高原への憧れを募らせたものである。そして今やその高原に居を定めて、文学の仕事のかたわら馬鈴薯や豆やライ麦など、ささやかな畑仕事もやっている私たち夫婦だった。

無名で貧しくてもそんな生活を正しとして心豊かに生きている或る秋の朝、森の中で一枚のカケスの羽根を拾ったのである。〈思い羽の思いもかけぬ碧さこそ〉の思い羽とは、一般に鳥類の尾の両脇に装飾のように顕著な色をしている羽根の事で、ここでは実相を描くと同時に掛け言葉の役割も果たさせている。（中略）

第三聯の〈名もなく貧しく美しく〉の句は、この詩が出来てから約十年後、切に望まれてある映画の題名になった」

因みにこの映画とは、一九六一（昭和三十六）年公開の、松山善三脚本・監督の『名もなく貧しく美しく』のことです。小林桂樹、高峰秀子が聾夫婦を演じたこの映画は、大きな反響を呼びました。そのタイトルの新鮮さも、人々を惹きつけました。

松山善三は尾崎の作品の愛読者であったことがうかがえます。そしてこの詩とその中のこのフレーズに深く感動し、尾崎にこの言葉の使用を懇請したのでした。

尾崎の生涯と仕事を振り返る時、この詩に感動した松山の心情に、深い共感を禁じえませんでした。

尾崎は一九七四（昭和四十九）年、急性心不全のため鎌倉の病院で八十二歳の生涯を閉じました。波乱と苦難に満ちた生涯でしたが、虚名や虚栄から距離を置き、清貧に甘んじ、自らの信念を貫いた充足の人生でもありました。その晩年には、こんな味わい深い言葉を遺しています。

「静かに賢く老いるということは、満ちてくつろいだ願わしい境地だ」（「春愁」より）

第四章　この道を行く

異才の越境者
～大宅壮一と開高健

大宅壮一と開高健の間には特別に深い交友関係は見られませんが、ただ、開高が「大宅壮一ノンフィクション賞」の選考委員を長くつとめたという事実一つを取っても、この二人には見えない太い絆があるようにも思われます。

実際、二人はノンフィクションの大家、評論家、作家として新しい道を切り拓き、共に多才多芸のマルチプレーヤーとして、時代を読む先見性に優れ、そこから紡ぎだされた切れ味鋭い言葉の数々が、人々を惹きつけ、強烈なインパクトを与えました。そこには、既成の「作家」という枠を大きく超えた、「異才の越境者」ともいえるスケールの大きさを感じさせるものがありました。

その二人が、同じこの鎌倉の地に眠っていたのでした。

大宅の墓は、先の大仏次郎や志村喬と同じ瑞泉寺にあります。

大宅壮一の記念碑（瑞泉寺）

その瑞泉寺の境内には、あの大宅の遺した名フレーズ「男の顔は履歴書である」が刻された記念碑もありました。その味わいのある文字を眺めていると、あの迫力のある、しかしどこか親しみの持てる大宅の風貌が目に浮かび、懐かしさを覚えたのでした。

大宅壮一という、いわば稀に見る〝巨人〟を、限られた紙幅でコンパクトにまとめるのは至難の業です。そこで、ここでは、その人と仕事を簡単に振り返りつつ、大宅の残した数々の名言・語録をもとに、その素顔に迫ってみたいと思います。

大宅壮一は一九〇〇（明治三十三）年、大阪府の富田村（現高槻市）に、醸造業を営む父八雄の三男として生まれます。父が大酒飲みで家業に専念しなかったため、壮一は小学校の頃から肩曳き車で醤油の配達をするなど、家業を助けました。

一方で、この頃「少年」「少年倶楽部」などの少年雑誌に投稿を始め、メダルをもらい、投稿熱が高揚しました。

高等小学校を卒業する頃、壮一にとって人生を一変させるような偶然に遭遇します。たまたま遊びに来た同級生に勧められて受験した中学（旧制）入試に合格したのでした。家業を継ぐか、商人になるはずの人生が、急転する契機となったのです。

一九一五（大正四）年、大阪府立茨木中学校に入学します。中学に入っても、仕事をしない父に代わっての家業が大きな負担になりました。その父も、大宅が茨木中学在学中に胃がんのため亡くなります。壮一少年は、たった一人の小僧を相手に、仕事を切り回しました。あの大宅に、こうした苦難の少年時代があったとは驚きでした。しかし、そこに、あの驚嘆すべきパワーの原型を見ることもできるように思います。

また、この茨木中学時代、壮一はあの歴史的な大事件「米騒動」に遭遇します。まさにこの事件の目撃者、体験者となったのです。壮一は、その自伝のなかで「三日三晩、私はほとんど寝ないで、銃剣の下をくぐりながら、大阪、神戸の富豪襲撃の現場を見て歩いた。さすがに先頭に立って突撃するほどの勇気はなかった」と書いています。後に「偉大な野次馬」と称された、ジャーナリスト大宅の「現場主義」の萌芽を、そこに見ることができるようにも思います。

この事件の衝撃は大きく、壮一は学校で米騒動を煽動するような演説をしたということで退学処分になります。

しかし、そのままで終わる大宅ではありませんでした。その後検定試験を受けて、その難関を突破し、三高（第三高等学校）に入学、そして東京帝国大学文学部社会学科へと進みます。この三高から東大時代には多くの友人と交わり、とくに東大新人会には多彩な人材が参加しており、その交友が、壮一の青春を濃く彩ることになり、また多くの先達の影響を受けます。しかし、それに深入りする紙幅がありません。

その中で、川端康成とは茨木中学時代の先輩後輩の関係にありましたが、東大時代、川端らの同人誌に投稿したりしたことがありました。その後住んだ阿佐ヶ谷では、偶然隣同士に住むという奇縁の関係でもありました。

東大在学中、「日本フェビアン協会」が創立され、その機関紙「社会主義研究」の編集に携わり、また新潮社の嘱託となり、「社会問題講座」の編集に携わるなど、多彩な活動を展開します。しかし東大三年生に四年間在籍しますが、結局退学することになります。

茨城中学も東大も、結局中途退学という〝名誉〟ある経歴は、いかにも大宅らしい、一つの枠に収まりきれないスケールの大きさを、そこに見ることができるように思います。

その後、翻訳、執筆など、多彩な文筆活動を展開し、精力的に作品を発表します。

また、東京日日新聞、大阪毎日新聞の社友となり、一九三七（昭和十二）年には、毎日新聞の従軍記者として中国大陸各地を取材し、また一九四一（昭和十六）年、太平洋戦争開戦の年の十二月、まさに開戦直後に、ジャワ派遣軍宣伝班に徴用され、ジャワ作戦に参加しています。

戦後は幅広い視野と、独自の視点から精力的な評論活動を展開し、ジャーナリズムの世界に颯爽と登場し、マスコミの寵児となります。

代表作に、『日本の遺書』『世界の裏街道を行く』『日本の裏街道を行く』『昭和怪物伝』『無思想人宣言』『炎は流れる』などがあります。

また晩年には、「東京マスコミ塾」を開講し、大森実、草柳大蔵などのジャーナリストを育てました。

一九七〇（昭和四十五）年には「大宅壮一ノンフィクション賞」を創設、以降気鋭の作家を顕彰し、また大宅の膨大な蔵書を収納した「大宅壮一文庫」は、研究者はもちろん、ジャーナリスト、一般市民にとっても貴重な財産となっています。

大宅はこの年、山中湖の山荘に滞在中、急に息苦しさを訴え、東京女子医大心臓血圧研究所に入院、ほぼ一月後、七十年の波乱の人生に幕を閉じました。

大宅にとっては、無念の最期であったかもしれないし、また、その鋭い社会批評の言葉をもっと聞きたかったという思いもありますが、遺されたその膨大な作品群や資料、育てた人材に目を向ける時、もうこれで十分ですと、冥福を祈るほかはありません。

大宅の葬儀は青山葬儀所で行われ、マスコミ関係者らを含む多くの人々が参列しましたが、弔辞を読んだのは同郷出身の川端康成でした。その一節です。

「今日、大宅君の告別式は、日本雑誌協会、日本書籍出版協会、日本新聞協会、民間放送連盟、日本放送協会による合同葬である。このようなマスコミ界挙げての葬儀は前例がなく、また後例が絶するかもしれない。無比の美挙であり、流石の大宅君も望外の栄誉供養であろう。これは庶民葬であり、大衆葬である。（中略）

私は生きて大宅君の葬儀に列し、弔辞を捧げるとは思わなかった。これが生のめぐりあわせであり、運命であったとしても、今は故人大宅君を哀惜追慕悲悼する念、列席のうちの多くの人よりも深痛が切ではないかと、ここに立って省みて恥じる。（中略）

あの野生縦横闊歩の裏にやさしさとこまやかさと気弱さとさびしさとはにかみとをも備えた大宅君は、今日の盛儀にひそかに涙し、私を咎めずすべての人々を善意で見まもるであろう」（大宅壮一全集編集実務委員会編『大宅壮一読本』)

舌鋒鋭く、一見豪放に見えた大宅のもう一つの貌を、そこに見ることができます。

また、「暮らしの手帖」編集長の花森安治は、追悼の言葉の中で、大宅は自分にとって大事な人だったと語りつつ、「気が小さくて、心がやさしくて、お人よしで、人のいうことを気にして、そして親切だった」と語っています。

縦横無人に時代や世相を切った鮮やかな太刀捌《さば》きとともに、大宅のこうした人柄が、多くの人に愛された背景にあるといえるように思います。

また、大宅は、時代や世相を鋭く切り取った、多くの造語の名手としても知られています。

最後に、そのいくつかを紹介しておきます。

「一億総白痴化」

今でもテレビについて語られる時、よく引用される言葉です。大宅がこの言葉を作ったのは一九五六(昭和三十一)年、まだテレビの草創期でした。それからおよそ六〇年、テレビはひとつの時代を創り、文化を育て、秀れた番組や遺産を残しました。

しかし、大宅が危惧したように、その劣化もまた進行しました。

いま、バラエティ・タレントやお笑い芸人が席巻するテレビ、教養番組までがバラエティ化し、それが面白さなどというとんでもない誤解、一部の真摯な制作者を除いて、志なき番組を垂れ流す制作者の劣化、強まる政治の風圧に批判精神を失った報道、こうした荒涼たる風景を目にして、大宅はどういうフレーズを発するか、やはり聞いてみたい気がします。

「一億総評論家」

誰もが情報の受信者でなく、発信者ともなれる時代、それはひとつの進化です。しかし、最近のツイッターなどの爆発的普及と饒舌の氾濫現象などを見るとき、これもまた、大宅の言葉を聞いてみたい気がします。

「青白きインテリ」

実行力のない知識人をあざけっていう言葉ですが、今や死語になってしまいました。

昨今は、真に市民の目線に立った発言や行動を見せる知識人が少なくないなか、一方で、批判精神を失ったり、権力に擦り寄ったような知識人や評論家が見られるのも事実です。

さて、大宅さん、どうしますか。

「恐妻」

これもまた、死語になってしまったようです。当時の男性優位の社会が背景にあったという時世も無視できませんが、たった二文字のこの短い言葉に、大宅のイロニーとユーモアが溢れ、人々の共感を生み、たちまち大流行語となりました。

「駅弁大学」

戦後、新制大学が雨後のタケノコのようにできたとき、大宅が発した言葉です。安直に大学の数だけ増やしたことへの皮肉を込めています。因みにこの頃の大学の数は二百一（一九五〇年）、現在の数は七百八十三(「日本の統計」二〇一四)。数だけ増やしても、質は?という感じもします。

大宅はこれをどう見るでしょうか。


「男の顔は履歴書である」


大宅は、人生五十年ともなれば、自分の面に責任を持つべきだとも云っています。たしかに納得できるような気もします。たとえばテレビでよく見る人物や政治家たちの顔に、なんともいえない貧相を見ることもあるし、一つの道を極めた人や無名の人々の貌に刻まれた深い年輪を見て感銘を受けることもあります。

リンカーンも同様なことを語っていますが、大宅のこのフレーズは短くても明快で、歯切れよく、切れ味抜群です。なお、先にも述べたように、このフレーズは、大宅の墓のある瑞泉寺にある記念碑にも刻されています。

以上はほんの一部ですが、ほかに「口コミ」「軽評論」「太陽族」などもあります。

こうして大宅の語録を拾ってみると、単なる造語の名手というだけでなく、そこに時代を見つめ、その先を読む大宅の鋭い批判精神をみることができます。

それはまた、昭和という時代の、一つの世相史を覗かせる窓ともなっているように思います。

大宅壮一と開高健は、その守備範囲の広さで知られるとともに、世界各地を歩き、多彩な作品を残した行動派作家としても知られています。

同時にまた、多くの人の心に残る造語や名コピーの生み手としても、傑出した存在です。

大宅の場合は、その鋭利な観察眼に基づく、時代を読み、半歩先を歩くフレーズが多いのに対して、開高は、サントリーの「洋酒天国」の編集部時代に生み出した名コピーを含め、ある種の人生論にも通じる、一味違った語録を残しています。ここでは、開高自身の生み出した造語だけではなく、開高が大切にし、しばしば揮毫《きごう》などにも使った言葉なども合わせて、いくつか拾い上げてみました。それは、開高の生き方や作品を理解する強力なツールともなります。

開高健の墓（円覚寺塔頭 松嶺院）

その語録について語る前に、開高の簡単な経歴と仕事を振り返っておきます。

開高健の墓は、あの映画女優田中絹代と同じ、円覚寺塔頭の松嶺院の墓地にありました。ブロンズ像のある田中の墓も独特のものでしたが、この開高の墓も大きな自然石を生かした、異彩を放つものでした。それは、詩人である開高の妻の羊子が、開高の死から二年後、越前海岸から運んで来て作られたものだといいます。その石は、羊子の希望に沿ったという、開高が寝そべっている姿を髣髴させるものでした。

開高健は一九三〇（昭和五）年、大阪市天王寺区東平野町に、小学校の教師をつとめる父正義と母文子との間の長男として生まれます。一九四三（昭和十八）年、旧制天王寺中学校（現・大阪府立天王寺高等学校）へ入学しますが、その直後の五月に父が病死します。先の大宅もまた、開高同様、中学時代に父を亡くしていました。中学校時代は校舎が兵営に使用され、開高らは飛行場や工場等の勤労動員に従事させられます。敗戦を経て、一九四八（昭和二十三）年に、旧制大阪高等学校に入学しますが、学制改革により大阪市立大学法文学部を受験、入学後は文芸部に所属します。在学中に谷沢永一主宰の同人誌「えんぴつ」に参加し、同人仲間だった詩人牧羊子（壽屋、現・サントリー勤務）と結婚します。

大学在学中に洋書輸入商の北尾書店に入社していますが、卒業後に壽屋に入社します。これは羊子が育児のため同社を退社するのに伴い、後任者として壽屋宣伝部に中途採用されたものです。

壽屋では工場めぐりをしたり、トリスなど、サントリーウイスキーの広告宣伝に尽力します。後でもふれますが、この頃トリスウイスキーの「人間らしくやりたいナ」などの名キャッチコピーを生み出しています。また、PR誌「洋酒天国」を創刊、その編集発行人となります。

因みにこの「洋酒天国」は、一九五六（昭和三十一）年に創刊され、およそ十年間発行を続けますが、単なるPR誌の枠を超えて、錚々たる執筆陣を揃えた、斬新な読み物として、多くの人々に愛読されました。

開高は一九五八（昭和三十三）年には、『裸の王様』で芥川賞を受賞、これを機に壽屋を退職し、嘱託となり文筆業に専念します。

開高は小説家として注目されたスタートを切ったわけですが、後にノンフィクション作家として、あるいはエッセイストとしても優れた作品を遺します。この点に関して、開高と永年の交友のあった谷沢永一はこう語っています。

「『文藝春秋』を国民的雑誌に仕立てあげた伝説の編集者、池島信平は、どちらかといえば小説に重きを置かない鑑定家であった。開高健が漸く芥川賞を受けたばかりの若い頃、開高健に面と向かって、その池島信平が、おい、開高、君は小説もさることながら、ルポルタージュに向いているぞ、その方面にこれから精を出せ、と呼びかけ、まだ小説家になったばかりの開高を当惑させたと伝えられる。さすがは一代の名編集者たる面目の躍如とした鋭い眼光であった。その忠告に刺激されたのでもないであろうが、開高健はかなり早くからノンフィクションの筆を執り、後年の大作に至って、これまた、余人の及ばぬ独自の達成を示すに至る」(『開高健の名言』)

その池島もまた、偶然にも、開高と同じこの円覚寺塔頭の松嶺院の墓地に眠っていました。

開高はまた、行動する作家としても、独自の高い評価を得ています。一九六〇(昭和三十五)年、中国訪問日本文学代表団の一員として中国を訪れ、毛沢東、周恩来らと会見しています。

また、一九六四(昭和三十九)年、朝日新聞社臨時特派員として戦時下のベトナムへ出発。ベトナム共和国軍(南ベトナム軍)に従軍して最前線で取材します。反政府ゲリラ(ベトコン)に包囲されますが、奇跡的に死地を脱出します。この間、「南ヴェトナム報告」を「週刊朝日」に連載しています。一九六八(昭和四十三)年には、この従軍体験をもとにした『輝ける闇』を刊行、第二十二回毎日出版文化賞を受賞しています。『輝ける闇』に続き、『夏の闇』『花終る闇(未完)』の三部作はこの戦争での凄烈な体験をもとにしたものとして知られています。

一方、趣味の釣りでもブラジルのアマゾン川など世界中を駆け巡り、『オーパ！』『フィッシュ・オン』など釣りをテーマにした作品も数多く残しています。一九八一（昭和五十六）年には『もっと遠く！』『もっと広く！』などを刊行、一連のルポルタージュ文学により第二十九回菊池寛賞を受賞しています。

一九八九（平成元）年、食道癌の手術後、肺炎を併発し、東京港区の済生会中央病院にて死去します。五十八歳でした。葬儀は青山葬儀所で行われ、司馬遼太郎、佐治敬三、谷沢永一、柳原良平、日野啓三らの弔辞が述べられましたが、司馬の弔辞は書くのに三日間もかかったという、力のこもった長編で、多くの感動を誘ったといいます。

死後、開高の業績を記念して、開高健賞、開高健ノンフィクション賞が創設されました。

開高は日ごろ、「俺が死んで骨を焼いて灰になったら、アマゾンの大河にばらまいてくれ」「モンゴルの大平原に飛行機の上からばらまいてくれや」と語っていました。

以下では、大宅壮一と同様、造語の名手であった開高健が紡ぎ出した、あるいは好んだ珠玉の言葉やフレーズのいくつかを取り上げておきます。ここでは一部、滝田誠一郎の『開高健名言辞典 漂えど沈まず』を参考にしました。

「〈人間〉らしくやりたいナ」

もともとは「〈人間〉らしくやりたいナ　トリスを飲んで　〈人間〉らしくやりたいナ　〈人間〉

なんだからナ」というフレーズで、トリスウイスキー用に書かれた広告コピーです。開高の書いたコピーの中でも、代表作といわれるものです。このコピーが初めて使われたのは一九六一（昭和三十六）年で、六〇年安保の直後の騒然とした時期で、一方また、人々が、経済発展至上主義の中で、環境破壊や人間軽視の、何かしらの息苦しさも感じ始めた時代の気分にフィットし、広い共感と支持を獲得しました。

「悠々として急げ」

この言葉は、もともとラテン語の"Festina lente"の訳で、直訳すると「ゆっくりと急いで」という意味ですが、「急がば回れ」ということでもあります。これが開高の訳では、「悠々として急げ」という名フレーズになりました。開高は、「魚釣りも一瞬である。そのときの手がおくれるとだめだ。同時に一方、ゆったりとした気持ちでもなければならない」と語っていますが、もちろんこれは、釣りの極意だけではなく、広く人生万般に通じるメッセージでもあります。

「後姿にこそ顔がある」

「親の背中」「男の背中」などという言葉がありますが、そこには、その人の生き方や、人間の器まで滲んでいるということでしょうか。それは、時として表の顔以上に雄弁だ、ということにもなります。大宅は「人間の顔は履歴書である」といいましたが、それに倣うと、「人間の後姿は履歴書である」ということになるのでしょうか。

「漂えど沈まず」

開高はこの言葉を、後に作品の表題にしたいと思っていたほどの、思い入れのある言葉だったようです。もともとはラテン語の〝Fluctuat nec mergitur〟という言葉で、「揺れても沈まず」という訳もありますが、開高はこれを「漂えど沈まず」と訳しました。

開高は、これに関して、こんなコメントを書いています。

「古い、古い時代からパリのモットーなのだ。言いえて妙だとは思わないか。パリが誕生してから五百年か六百年、あの街の歴史を見てごらんなさい。風にうたれ波にもまれ、しかしその歴史は〈漂えど、沈まず〉という一言に、見事に要約されているじゃないか。男の本質、旅の本質はまさにこれなのだ」（『開高健名言辞典　漂えど沈まず』）

これぞ「男の本質」か。なるほど含蓄が深く、想像力を掻きたてるフレーズです。そしてまた、この生き難い時代に生きるわたしたちに、大きな励ましともなる言葉であるようにも思います。そのほか開高は、

「朝のように　花のように　水のように」
「人はこの世に生まれたときから自尊心の奴隷になる」
「教えるものが教えられるのが教育の理想である」
「講演が上手になると　小説が下手になる」

などの名フレーズを遺しています。

たまたまこの原稿の執筆中に、イラストレーターで漫画家の柳原良平の訃報に接しました。柳原

はあのサントリーの広告の名物キャラクター「アンクルトリス」の生みの親でした。柳原と開高健と山口瞳は、当時活力溢れるサントリー宣伝部のスタッフでした。三人の強力なコラボが、「アンクルトリス」を生み、あの名物コピー「人間らしくやりたいナ」「トリスを飲んでハワイへ行こう」を生み出しました。

柳原を迎えて、三人はいま、あの懐かしい時代に思いを馳せているかもしれません。

言葉と遊び、辞書を楽しむ

～井上ひさしと赤瀬川原平

『吉里吉里人』や『老人力』などで知られる、多芸多才の二人、井上ひさしと赤瀬川原平、その膨大な業績の中で、二人に共通するのは、言葉に対する強い拘りです。

以下では、その人物や業績の紹介と併せて、その言葉への拘りを楽しみ、遊ぶ達人ともいえる二人の世界を訪ねていくことにしました。

井上ひさしの墓は鎌倉市扇ガ谷の浄光明寺の墓地にありました。あの個性派俳優殿山泰司の墓もすぐ近くでした。墓碑の正面には「井上家之墓」とあり、右手の墓誌には「智筆院戯道廈法居士」とありました。「廈」は、井上の本名井上廈《ひさし》からとられたものですが、この戒名を見て、かつて〝遅筆堂〟と呼ばれた井上のことを思い出し、思わず微笑んでしまいました。

序でながら殿山泰司の戒名は「遊心院泰翁映徳居士」で、どこか井上の戒名と響き合っているようで、二つの戒名は、その巧みさとともに、いささかの遊び心も感じられて興味をおぼえました。

井上ひさしは一九三四（昭和九）年、山形県東置賜郡小松町（現、川西町）に生まれます。父は薬剤師で文学青年でしたが、ひさしが五歳のときに死亡します。美容師の母に連れられ、仙台に移住しますが、生活苦のため、仙台郊外のカトリック系養護施設「光ヶ丘天使園」に入ります。仙台第一高校を経て、上智大学外国語学部フランス語学科を卒業します。在学中から浅草のストリップ劇場フランス座で台本を書き始めます。当時のフランス座では渥美清、谷幹一、長門勇らが活躍していました。一九五八（昭和三十三）年、戯曲『うかうか三十、ちょろちょろ四十』で芸術祭脚本奨励賞を受賞します。

大学卒業後は放送作家として活動し、NHK総合テレビでの連続人形劇『ひょっこりひょうたん島』の台本を山元護久と共作し、これが国民的人気番組となります。

その後、劇団テアトル・エコーが演じた『日本人のへそ』を書き、また、『表裏源内蛙合戦』や『道元の冒険』により岸田戯曲賞を受賞します。そして、戯曲だけでなく、『モッキンポット師の後始末』や『手鎖心中』で第六十七回直木賞を受賞しています。

その他数々の戯曲や小説で話題作や実験作を書いていますが、一九八一（昭和五十六）年に発表した長編小説『吉里吉里人』は大きな話題を呼び、数々の賞を獲得しました。ほかにエッセイ集『私家版日本語文法』や、戯曲『頭痛肩こり樋口一葉』『きらめく星座』など、幅広い分野の執筆活動を展開し、数多くの賞を獲得する傍ら、劇団こまつ座を立ち上げたり、日本ペンクラブ会長などの要職を歴任し、また直木賞など多くの文学賞の選考委員をつとめています。

その多才多芸振りを見ていくとまことに際限がありません。

井上は、「難しいことを易しく、易しいことを深く、深いことを面白く」書くことをモットーとしており、その文体と言語のセンスは抜群で、多くの読者を獲得しています。以下では言葉の達人井上ひさしの世界を、その語録を通じて見てみます。

まずは、その言葉や文章に対する拘りの言葉です。

「難しいことを易しく、易しいことを深く、深いことを面白く」

ものを書く上での井上のモットーとして知られるのが、この言葉です。一見それほど困難なことのようにも思われませんが、これがなかなか大変なことです。でも、可能な限りそれに努めるのが、いわば書き手の良心といってもいいように思います。そのために格闘を続けるということが、あるいは井上が「遅筆堂」と呼ばれた一つの理由かもしれません。それは、読者に対する井上の誠実さの証しともいえます。

「一番大事なことは、自分にしか書けないことを、誰にでもわかる文章で書くということ」

ここでは、オリジナリティということと、明快さということが語られています。

この明快性ということは、先に掲げた言葉と重なっています。

オリジナリティということは、井上の幅広い作品について共通することで、それを見れば、まさに納得できます。テーマの発見、着眼、切り口の独自性、選び抜かれた素材、言葉への拘り、構成の緻密さ、表現の独創性、いずれをとっても井上作品の独自性を生み出す重要な要件です。

「辞書はよき相談相手であり、友人であり、いろんなことを教えてくれるおじさんなのです。そんなふうに辞書と付き合えば、一生の得ですよ」

井上は、あるところで辞書についてこう語っています。

「辞書というのは、項目を引くためにページを開くわけですけど、どういうわけか、僕らに無意識にそのページのおもしろい項目を探させてしまうという性質がありますね。学生時代に、「軋《きし》む」なんていう漢字を探していて、「キス」なんて出てくると、つい目が行ってしまった経験がある人は多いと思いますよ。

つまり、辞書のなかには、そうした〈読む〉という楽しみが潜んでいるわけです。ところが、日本人には〈辞書を読む〉〈辞書を楽しむ〉という習慣があまりない。ひとつの言葉を引いて読み方がわかったら、それだけで終わってしまう。そこが残念でなりませんね」（月刊「本の窓」二〇〇〇年八月号）

辞書の限り無い奥の深さ、それを尋ねる醍醐味を語った、達人ならではの言葉です。

そして、言葉に対する井上の飽くなき関心と蘊蓄を物語る例を、『井上ひさしの日本語相談』から、一、二拾ってみます。

これは、読者からの日本語にまつわるさまざまな珍問、奇問、難問に井上が答えるスタイルの本ですが、井上の蘊蓄を傾けた快刀乱麻の回答が鮮やかに展開されています。以下の例では、紙幅の関係で、質問も回答も要点を抜粋しています。

まず、「〈すみません〉が大流行しているようですが、乱発するのはおかしいのではないでしょうか」という問いに対する回答です。

「わたしたち人間は、だれでもたがいに、その行い澄ました顔の奥に相当の凶悪なホンネを隠し持っていることを知っています。別にいうと、おたがいに相手が何を考えているかわからない相手と出会うたびに緊張します。満員電車が揺れる、隣り合って身体《からだ》を預け合う者同士が押しつ押されつする。（中略）このときどっちかが〈どうもすみません〉と挨拶を送ることができれば、お互いの得体の知れなさが減って、たがいに相手の気分や意図や正体や素性がちらっと見えてきて少しはほっとします。このほっとした気分が相手へも伝わって不安や緊張がほぐれてくる。そればかりか〈おたがいに他意はないのだ。おたがいに満員電車で辛い目に遭っている同士なのだ〉という仲間意識さえ芽生えてきます。

このように挨拶語は、少なくとも自分は相手に敵意や害意を抱いていないという意思の表明ですから、はやれば流行るだけ、その場面から緊張が少なくなってゆく。そこで〈すみません〉の流行を結構なことだと思っているのです」

鋭い人間観察から解き明かす丁寧な回答に、納得させられる思いですが、いかがでしょうか。もう一つ例を挙げます。少々長くなりますが、井上の本領発揮の片鱗を見せるところでもあるので、御容赦ください。

「〈小生意気な女〉〈小首をかしげる〉〈小股の切れ上がった女〉など、頭に〈小〉のつく言葉がありますが、この〈小〉はどういう役目をしているのでしょうか〉という問いに対する回答です。

この回答では、まず接頭語の役割から話を展開していますが、そのあと、問題の〈小〉については、こう続けます。

「御質問の〈小〉は接頭語のなかでも働き者で、ざっとかぞえて十ほどの仕事をしています。物の形が小さい〈小島〉、程度が少ない〈小雨〉、年が若い〈小童、小犬〉、数量が足りないがややそれに近い〈小半日〉、半分〈小半斤《こはんぎん》〉、いうにいわれない、どことなく〈小綺麗《こぎれい》〉、軽蔑、〈小役人〉、憎む〈小うるさい、小やかましい〉、体の一部分をあらわす名詞について表現が露骨にならないようにする〈小膝を打つ、小腰をかがめる〉、語調を整えたり強めたり〈小甘い、小癪《こしゃく》、夕焼け小焼け、おお寒小寒〉。

問題は〈小股の切れ上がった女〉です。これはいつも議論の種になるところで、ここまで述べた接頭語論では解決いたしません。有力な説が三つあって、①きりりとして小粋な婦人の容姿の形容、②顔の男好きするということを姿のよしあしに移して言ったもの（永井荷風の説）、③下腹部の左右を上に走る二つの鼠蹊腺《そけいせん》が〈小股〉である。ここが切れ上がっているということは、つまり〇〇〇〇部分もせり上がっているわけで、名器なのである。――この三つです。いずれの解釈をとるかは私たちの自由、〈小股〉とは何かという結論はまだ出ておりませんから」

なるほど、ここまで懇切に解説してくれる井上センセイに脱帽です。そして、「いずれの解釈をとるかは私たちの自由」という大らかさとサービス精神にも感謝したくなります。

かくて、井上の批判精神とユーモア溢れる回答が楽しく、まことに言葉の達人、言葉と遊び、戯れ、あるいは格闘する、井上ひさしワールドに対する興味は尽きません。ここでは紙幅の関係でその一端しか紹介できないのが残念です。

以上、本項のテーマに即して、言葉や文章や辞書などを中心に書いてきましたが、もちろん井上の守備範囲は広く、『ひさし伝』の著者笹沢信が「井上ひさしは〈巨大な知の発光体〉である。分光器に通すと、多様なスペクトルが見えてくる」と語っているがごとく、戦争、憲法、国家、言語、医療、農業など、幅広く発言し、執筆し、エネルギッシュに活動してきました。

晩年、二〇〇九（平成二十一）年十月、肺ガンと診断された井上は、半年ほどの闘病の後、翌二〇一〇（平成二十二）年四月九日、鎌倉市佐助の自宅で死去しました。享年七十五歳、沖縄戦をテーマにした新作「木の上の軍隊」の執筆準備中だったといいます。

井上と長い親交のあった哲学者の梅原猛は、「井上氏の劇は軽妙で童話的な話や言葉の魔術で観客を魅了するが、その底には弱者の立場に身をおいた作者の鋭い社会批判の目が光っている。井上氏は日本において初めて本格的な喜劇を創造した作家であったと思う」（共同通信文化部編『追悼文大全』）と述べています。

また、「遅筆堂」と呼ばれた井上には、その台本執筆の遅れで、新作のお芝居の初日が延期されたり、公演中止になったりということが時々ありました。井上と長い付き合いのあった編集者の松田哲夫は、かつて「いつもギリギリのところで執筆しているのは辛くはありませんか」と尋ねたことがあります。すると、井上は明るく笑いながら「締め切りに間に合っても出来の悪い作品だったら、そのほうがぼくも劇団もダメージは大きいんです。どんなにギリギリでも、いい作品になれば役者さんも観客の方々も喜んでくれるんですよ」と答えたといいます（『縁もたけなわ』）。

松田は、この井上の言葉から強い衝撃を受けて、自身の仕事で、「適当でいいか」という安易な気分に流されようとする時、歯を食いしばっても手抜きだけはすまいと、自分自身を励ましてきたと書いています。

自らを「遅筆堂」と称した井上の、誠実さの一面を見る思いです。

井上ひさしと同様、辞書は引くものではなく読むものだという、その奥の深さ、面白さを一冊の本にまとめたのが、赤瀬川原平です。その本の名は、『新解さんの謎』で、その独特の読みは実に楽しく、そして深く、なるほど！と感心し、そうだ！と共感し、そして抱腹絶倒の渦に巻き込まれてしまいます。

赤瀬川家の墓（東慶寺、藤森照信設計）

その赤瀬川の墓は、多くの碩学や文豪たちも眠る東慶寺の、小林秀雄の墓の近くにありました。親交のあった藤森照信設計のこの墓は、盛土の上に石片を土饅頭のように積み上げ、頂上には小ぶりの五葉松が植えられ、その周囲を苔で囲んだ、いかにも赤瀬川らしいユニークな姿を見せています。墓碑の前の平らな自然石には、「赤瀬川」とのみ記されていました。

この墓は少々目立つ存在のようで、井上ひさしは東慶寺に行った時この墓に出会い、「このあいだは、小山に木が植わっている不思議な形の墓を見つけました。まだお元気な赤瀬川原平さんがつくった墓だそうです」（『東慶寺花だより』）と書いています。

赤瀬川がこの地に墓を求めるまでの経緯は、その著『「墓活」論』に詳しく語られていますが、それについては後ほどふれることにします。

赤瀬川は一九三七（昭和十二）年、大分県に生まれます。本名克彦、父親は倉庫会社勤務で、各地を転勤しています。大分市で小学校中学校を卒業、県立大分舞鶴高等学校に入学しますが、二ヶ月で父親の転勤に従い、愛知県立旭丘高等学校美術科に転校します。

同校卒業後、武蔵野美術学校（現武蔵野美術大学）に進学しますが、やがて中退します。

一九六〇（昭和三十五）年、美術家篠原有司男や荒川修作らと「ネオ・ダダイズム・オルガナイザーズ」を結成、そして前衛芸術作品の創作活動を続けます。また、読売アンデパンダン展を中心に作品を発表するなど、時代の先端で活躍します。一九六五（昭和四十）年には、千円札を素材にした芸術作品をめぐる千円札模造事件で東京地検に起訴され、有罪となります。

彼らの芸術活動は常に話題を集めますが、一方で、文筆活動でも精力的な仕事ぶりを見せます。一九七〇年代から、「朝日ジャーナル」をはじめ「美術手帖」「現代の眼」「ガロ」などで、漫画家として、常に新鮮で刺激的な作品を発表しています。

さらに尾辻克彦名義で小説を執筆、一九八一（昭和五十六）年には『父が消えた』で第八十四回芥川賞を受賞し、また、加齢による衰退現象を、「老人力がついた」と肯定的にとらえ直した『老人力』は、その新鮮で逆転の発想が、大きく話題となり、ベストセラーとなりました。また、一九九六（平成八）年の『新解さんの謎』は、辞書を、引くものから読むものへとらえ直し、その魅力を再発見するもので、多くの注目を集める等、その活動の幅は比類のないほどです。

赤瀬川もまた、井上ひさし同様、言葉に拘り、辞書を楽しむ達人だったのです。

ここでは赤瀬川の残した言葉やフレーズのいくつかを見ていきます。

まず、『新解さんの謎』から、いくつかのフレーズを見てみます。これは、『新明解国語辞典』（四版、三省堂）というユニークな辞典から、その編者像を推理したり、また気になった言葉の語釈や例文を取り上げ、赤瀬川の雑感を語ったものです。従来の概念を破る、この辞書自身の面白さもさることながら、赤瀬川の独自のコメントが、まことに楽しくかつ鋭く、あるところでは深く共感し、あるところでは、オーバーラン気味の赤瀬川に苦笑しながら、結局、読む者は赤瀬川ワールドに引きこまれていきます。

そのいくつかを、簡略化しながら見てみます。

「馬鹿（ばか）」について

この辞書では「記憶力・理解力の鈍さが常識を超える様子。また、そうとしか言いようの無い人。〔人をののしる時に最も普通に使うが、公の席で使うと刺激が強すぎることが有る。また、身近の存在に対して親しみを込めて使うことも有る〕」と書かれ、とくに「ばかばか」とつづけると、「女性語で相手に甘える時の言い方」とあります。

赤瀬川はこの「ばかばか」について、できれば「いやん、ばかばか」としてほしかった、あるいは「ばか」の下に小さいカタカナの「ン」がつく事もあるという親切心も必要だろうとコメントしています。

いやあ、楽しいですね。

もう一、二挙げてみます。

「世の中」

新明解では、「同時代に属する広域を、複雑な人間模様が織り成すものととらえた語。愛し合う人と憎み合う人、成功者と失意・不遇の人とが構造上同居し、常に矛盾に満ちながら、一方には持ちつ持たれつの関係にある世間」とあります。

これに対して赤瀬川は、「世の中の全遺伝子がこの一項目に凝縮している。苦労があり、さめていて、なおも苦労があり、無限苦労の永久運動。常に矛盾に満ちながら、というところがたまらない。それでいて持ちつ持たれつの統一があり、背の高い人と低い人、体重の重い人と軽い人、駅から遠い人と近い人、満腹の人と空腹の人、便秘の人と下痢の人」とコメントしています。

たしかに新明解の解説も実に面白いのですが、赤瀬川のコメントも楽しいものです。そもそも「世の中」とは何かなどと改まって考えたことのない人が大多数でしょう。しかし、辞書を読むことにこれほどの遊びの楽しさがあることに、赤瀬川は気付かせてくれます。

「**実社会**」

新明解には、「実際の社会。〔美化・様式化されたものとは違って複雑で、虚偽と欺瞞とが充満し、毎日が試練の連続であると言える、きびしい社会を指す〕」とあります。

何だかここまではっきり言われると、重苦しい気分になります。しかし、このクールな、突き放したような解説に、なるほどと頷きたくもなります。

赤瀬川は、「〈世の中〉も大変なところだけど、〈実社会〉も凄いところだ。虚偽と欺瞞とが充満し、酸素マスクがなければとても歩けないような、しかしそこを無酸素登攀するのが人間であり、しかし新解さんは苦労して鍛錬の結果、この世の中を一種の大きな内燃機関としてとらえる境地に達したのではないだろうか（中略）むしろこの世に虚偽と欺瞞がなかったら世の中は存在しない、動かない、といっているのではないだろうか」といいます。

なるほど、ここまでいうと、「明解」は「明快」と言っていいほどです。よくぞいってくれたという感じで、そこには先の「世の中」にあった、温かささえ見られません。そして、どこか辛い、寂しい気分にもなります。

しかし、慨嘆ばかりしても仕方がない。赤瀬川には、その実社会を乗り切っていくのが人間である、という励ましもあります。

こう見てくると、私たちもそれぞれの辞書を作ってみてはどうだろうと考えたりします。たとえば、政治家や官僚がよく使う「遺憾」「粛々（と）」あるいは「秘書（が）」「検討」「善処」「第三者（委員会）」などという言葉などについては、明快で辛辣で痛快な解説が、すぐにでもできそうな気がします。そんなとき、テレビや新聞などでそんな言葉を聞いたり、見たりした時の私たちの不快感が、快感に転じることにもなるのではないでしょうか。きっと楽しいと思いますよ。

では、辞書について、赤瀬川はどう考えていたのでしょうか。『新明解国語辞典』のパワーの源泉についてこう書いています。

「ふつう辞書というのは説明をムダなく最小限に抑えている。そのほうがミスも少なく、辞書的な正しさを保守しやすい。ところがこの新明解国語辞典はムダなく最小限なんてケチなことをせずに、どんどん説明してくれる。ミスを恐れるなんてビクついたところがあろうことか、いくらでも説明サービスをしてくれるのだ。日本語をわからせようという明解パワーである」

そして、このミスを指摘されないように守りに徹するという姿勢は、辞書のみならず、学問の世界にもあるのではないかと、赤瀬川はいいます。それだけに、この辞書の攻めの姿勢が高く評価されているのです。

先に井上ひさしが「辞書は引くだけでなく、読むのが楽しいのだ」と語っていましたが、赤瀬川もまさしく、そういう楽しみを辞書に求めているのだといえます。

以下、赤瀬川自身が関わった造語のいくつかを見てみます。

老人力

老人力という言葉は、もともと友人の建築史家藤森照信が還暦を過ぎた赤瀬川に贈った言葉とされていますが、赤瀬川の著『老人力』は、老人をボケたとか、老化したというマイナスイメージから、年輪を重ね、忘れる力がついてきたというプラスイメージに変える画期的なものとして、広く受け入れられました。この本はたちまちベストセラーとなり、この言葉は一九九八（平成十）年の流行語大賞にも選ばれました。

ともかく、一見「負」のイメージのものを、新たな「正」のエネルギーに転換する、その逆転の発想の鮮やかさには脱帽するばかりです。

この言葉は、多くの高齢者たちには自信を与え、その周辺の人たちには、年輪を重ねた高齢者を見る目の転換を促す役割を果たしました。

しかし、それからやがて二十年近くの歳月を経て、さらなる高齢化が進行するなか、高齢者たちの尊厳が尊重される時代が到来しつつあるとは到底いえそうにありません。

墓活

これも赤瀬川の造語で、墓地や墓石の選定等、墓作りのための諸活動のことです。文字通り『「墓活」論』という著書では、彼自身の墓活の経験が詳しく語られています。

赤瀬川は東京で暮らしていた両親が亡くなったとき、新しく墓地を探すことになり、どうせ墓参りするなら、楽しくて行きたくなる場所がいいと考え、結局鎌倉にすることにしました。そしてチラシを集めたり、業者に尋ねたりして選んだのが、東慶寺墓苑でした。

東慶寺を訪ねた赤瀬川は、そのしみじみとした空気と、錚々たる著名人たちのお墓を眼前にして驚きます。かねてから敬愛する小林秀雄、そして谷川徹三、鈴木大拙ら作家や碩学の墓碑に出会い、感銘を受けます。

赤瀬川の自筆年譜によると、すでに、「二〇〇〇（平成十二）年鎌倉東慶寺に藤森照信設計の土まんじゅう型の赤瀬川家の墓が出来、同年五月には、横浜霊園より両親の遺骨を移して改葬する」とあります。

就活、婚活、終活などという言葉はもはや日常的に使われるようになりましたが、家族葬や樹木葬、散骨など、葬儀やお墓の形が変わり行くなかで、墓活という言葉を造語した赤瀬川の時代感覚は、やはり流石というほかはありません。

赤瀬川は二〇一一（平成二十三）年、胃がんによる胃の全摘出手術が行われて以降、脳出血や肺炎等を患い、療養中のところ、二〇一四（平成二十六）年、敗血症のため東京町田市の病院で死去しました。七十七歳の喜寿を迎えたばかりでした。

井上ひさしと赤瀬川原平、井上のほうが少し年長ですが、ほぼ同時代を生き、まだまだ働き盛りの旅立ちでした。言葉と遊ぶ楽しさ、辞書を読む喜びを教えてくれた二人、また独自の目で時代を読み、切り取る鮮やかな手腕を見せたこの二人には、この視界不良の、閉塞した時代を生きる人々に勇気と力を与えるメッセージや作品を、もっと書き続けてほしかったという思いを禁じることができません。

漫画に人生あり

～横山隆一と清水崑

横山隆一の墓（光明寺）

この地には、横山泰三、横山隆一、清水崑、那須良輔、谷内六郎など、時代や世相や人物を独自の視線で切りとった錚々たる漫画家たちも眠っていました。その中から、ここでは人気キャラクター「フクちゃん」で知られる横山隆一と「かっぱ天国」や政治漫画で一世を風靡した清水崑を取り上げました。

横山隆一の墓は鎌倉市材木座の光明寺にありました。この辺りは市街地から少し離れた閑静な場所にあり、すぐ近くが材木座海岸です。光明寺は浄土宗の大本山で、鎌倉四大寺の一つに数えられ、日本有数といわれる壮大な山門と、大きな本堂が訪れる者を圧倒します。その本堂の右手墓苑に、隆一の墓がありました。大きな横長の自然石の正面には、「横山」という文字が大きく刻され、その形はこの墓地の中では異色の存在で、その文字にも独自の味わいがあり、独特な迫力を感じました。隆一の長男の横山隆雄氏によると、この文字は隆一自身が書いたものだということです。右手の墓誌にある、「隆誉悠楽描心居士」という戒名とともに、いかにも、あの「フクちゃん」の生みの親らしい、親しみを感じさせるものと思われました。

横山隆一は一九〇九（明治四十二）年、高知市の商家に生まれました。父は生糸問屋を営み、母は学問好きの女性で西郷隆盛を尊敬しており、横山の名前の「隆一」は、西郷隆盛の一字を取ってつけたものです。

高知県立高知城東中学校（現・県立高知追手前高校）を卒業後、彫刻家を目指して東京美術学校（現東京芸大）を受験しますが、これに二度失敗後、郷里の先輩にあたる彫刻家本山白雲の門を敲《たた》き、その内弟子になります。

白雲は高名な高村光雲の弟子で、光雲は東京上野の西郷隆盛の銅像の製作者でしたが、白雲はその製作を手伝った人物です。名前の由来を含めて、横山と西郷には、不思議な縁を感じます。

隆一は内弟子をつとめつつ、「マンガマン」誌などに漫画を投稿し、白雲に漫画家となることを勧められ、本山家を出ます。やがて、あの岡本太郎の父で、政治漫画で知られる岡本一平門下の近藤日出造、杉浦幸雄らとの交流がはじまり、一九三二（昭和七）年、近藤、杉浦らと「新漫画派集団」を結成します。

隆一は当時の人気雑誌「新青年」で挿絵を描き、人気作家の海野十三や横溝正史の作品の挿絵を担当します。新漫画派集団は順調に発展し、やがて清水崑らが加わり人数も増え、次第に漫画界の主流になっていきます。隆一は一九三六（昭和十一）年一月から、朝日新聞に『江戸っ子健ちゃん』を連載しますが、脇役のフクちゃんの人気が高いため、同年十月より『養子のフクちゃん』としてスタートし、フクちゃんブームがおこります。同十二月には、中村メイコが主演、高峰秀子、榎本健一らの共演で映画化もされました。この作品は、かけ出し時代の長谷川町子に大きな影響を与えたといいます。

やがて太平洋戦争が勃発し、隆一らは報道班員として南方へ派遣されます。そのジャワ島近海で米艦の攻撃を受け、乗船は沈没します。救助され、上陸のあとバタビア（後のジャカルタ）にたどり着きます。この間の状況は、隆一の『私の履歴書』に、詳細に書かれています。しばらく当地に報道班員として留まりますが、やがて戦争は終わります。

戦後は永井龍男、小林秀雄らが創刊した「新夕刊」に誘われます。その頃のことを、隆一はこう回想しています。

「私のはいった新夕刊という新聞のことは今でも語り草になるような楽しい新聞で、小林秀雄さん、永井龍男さん、林房雄さんが局長クラスで、秋山安三郎さんが社会部長、吉田健一さんが渉外部長、文化部長が河上徹太郎さん、そして遊軍の亀井勝一郎さん、大岡昇平さん、コラムが高田保さん、徳川夢声さんだったし、社説を河盛好蔵さんが書いたりして、とにかく有名な人たちがキラ星のごとく集まっておりました。漫画部は清水崑ちゃんと泰三、矢崎武子さん、それに田河水泡さんも加

わってにぎやかでした」（日本経済新聞社編『私の履歴書』文化人7）

なるほど、まことに贅沢な、錚々たる顔ぶれです。

隆一は一九五一（昭和二十六）年のサンフランシスコ講和会議に毎日新聞から派遣されましたが、同じ取材に読売から近藤日出造、朝日からは清水崑が派遣されるなど、かの地に人気漫画家も集結しました。歴史的な講和会議でしたが、隆一はその印象を次のような覚めた眼で語っています。

「講和会議で頭に残っているのは、壇上に並んだ旗の中に日の丸がなかった事と、左右の映画用のたくさんのライトで、まぶしかった事と、ダレスがソ連の悪口を言うと、各国代表がそれに同調して、まるで教養のない人たちの集まりのような印象でした。戦争末期に写真を見ながら何回も描いた、ドゴールの実物の顔をみて、なつかしかった事もすっかり忘れておりました」（前掲書）

一九五六（昭和三十一）年からは毎日新聞で『フクちゃん』の連載を始め、一方アニメ制作会社を主宰し、一九五七（昭和三十二）年制作の『ふくすけ』ではブルーリボン賞、毎日映画コンクール教育文化映画賞を受賞しています。そして一九九四（平成六）年には、漫画家としては初めての文化功労者に選ばれています。

また、鎌倉文化人たちとも幅広い交流を続けました。日常的な交友はもちろんですが、たとえば、鎌倉の夏の風物詩として多くの人々に親しまれた鎌倉カーニバルには、漫画集団としてこれに参加し、カーニバル気分を盛り上げました。

隆一と長い交友のあった精神科医の斎藤茂太はこう語ります。

「横山隆一さんの〈心〉はフクちゃん同様、さながら〈少年のごとく〉である。それは鎌倉のお宝の〈隆一コレクション〉をみればわかる。汽車マニアは当然のこととして実に〈一文にもならぬ〉つまらぬ物まで収集している。中でもアッと言わせるものは〈男のすね毛〉のコレクションだ。すね毛をはりつけた下には所有者の名前まで書いてある。長谷川一夫のすね毛まである始末だ。このあくなき好奇心が隆一さんの〈幼児性〉のルーツかもしれない」（毎日新聞、二〇〇一年十一月十三日朝刊）

なるほど、いかにも精神科医らしい観察です。少々気味悪い感じも無きにしも非ずですが、隆一の遊び心を物語るエピソードです。

そしてお気に入りのフクちゃんは、〈おれの分身だよ〉とも語っていました。

二〇〇一（平成十三）年十一月四日、隆一は脳梗塞のため鎌倉の自宅で死去しました。享年九十二歳という長寿でした。戒名は「隆譽悠楽描心居士」で、いかにも遊び心溢れる、天真爛漫の人生を生き抜いた隆一に相応しいものと思いました。

逝去に際して、漫画家の東海林さだおは、「まさに巨星落つという感じだ。あか抜けしない漫画とは異なり、線のスマートさに驚かされた」と語り、同じく漫画家の杉浦幸雄は、「〈漫画集団〉を一緒に作った近藤日出造に続いて横山さんも亡くなってしまいまことにさみしい。文化勲章に一番近いところにいたと思うので、もう少し生きて漫画界のために受賞してほしかった」と、その死を惜しんでいます（毎日新聞、二〇〇一年十一月八日朝刊）。

まさに漫画界の至宝とも言うべき存在だったのでしょう。

なお、実弟の横山泰三も同じ慢画家で、『プーサン』（毎日新聞・週刊新潮）や、一九五四（昭和二十九）年から朝日新聞に連載された『社会戯評』でも知られています。

清水崑の墓（円覚寺塔頭 松嶺院）

『かっぱ天国』や政治漫画で知られる清水崑は、横山隆一とほぼ同世代で、新漫画派集団でともに活躍した漫画家で、横山によれば「清水崑君は私にとってはもっとも古く、そしてかけがえのない友人である」ということで、その墓も同じこの鎌倉の地にありました。

清水は、とくに吉田茂首相の風刺画で人気を博し、先に書いたように毎日新聞の横山隆一らとともに、朝日新聞からサンフランシスコ講和会議に派遣されています。先にも書きましたが、あの歴史的な講和会議に、こうした漫画家たちが派遣されていたとは、驚きでした。専門のジャーナリストたちの報道に加え、こうした漫画家たちの独自の視点からの風刺の効いた報道が、読者の期待に沿うものであったともいえます。

清水の墓は円覚寺の塔頭松嶺院の墓地にありました。先に書いた池島信平の墓とほぼ向き合う位置にそれは建っていました。木立を背景に建つ縦長の自然石風の墓碑の正面一杯に「清水崑」と刻され、周囲とは一風変わった雰囲気を漂わせていました。先の横山隆一の墓碑が、大きな横長の自然石であったのに対し、清水の墓碑も同じ自然石ながら縦長で、二人の漫画家の墓碑の個性的で対照的な姿にも興味を覚えました。

清水崑は一九一二（大正元）年、長崎市銭座町（現天神町）に生まれます。横山より三歳年少ということになります。小学校入学前に両親を亡くし、祖母の手で育てられました。長崎市立商業学校卒業後、しばらく市内の呉服店の番頭として住み込みで働きます。しかし、絵描きへの夢断ちがたく、仕事には身が入らなくて、そこをクビになります。

ちょうどその頃、叔母が離婚して帰郷し、同居を始めました。これはチャンスとばかり、清水はかねての志を果たすべく家出をし、上京します。十九歳のことでした。

そして街頭似顔絵描きをしながら絵の勉強に励みます。

その頃のことを、清水はこう振り返っています。

「似顔絵は、長崎市立商業学校の三年生のころから岡本一平先生に傾倒して始め、卒業と同時に家出して上京、本郷を振り出しに上野、浅草、神楽坂下の夜店通りでこれを商売にいたし、辛くも露命をつなぎました。」（鶴見俊輔ほか編『第2期・現代漫画2　清水崑集』）

その頃、長崎商業時代の友人と二人で三畳間での自炊生活をしていましたが、その友人の友人の紹介で、雑誌「オール讀物」の挿絵を描くことになり、まず吉川英治の随筆に似顔入りの挿絵を描きました。やがて似顔漫画を描きはじめ、先に述べた横山隆一や近藤日出造らの新漫画派集団に参加し、「新青年」に「東京千一夜物語」を連載し、注目を集めます。

こうした経歴を見ると、同じく地方から東京へ出て、苦労を重ねながらもその志を実現していく過程に、先の横山隆一と深く共通するものがあるように思います。

清水は、子供漫画、探訪漫画、似顔絵、挿絵、装丁など、幅広い分野の活動で知られていますが、戦後は、先にふれた「新夕刊」の政治漫画を担当し、その後朝日新聞に引き抜かれます。とくに吉田茂首相の風刺画で人気を博したことは先に述べたとおりです。

吉田は、清水の漫画のなかの自身の描かれ方を、結構楽しんでいたといわれます。

一九五三（昭和二十八）年からは、「週刊朝日」に『かっぱ天国』を連載し、好評を博し、以降「かっぱシリーズ」として人気の作品となりました。

清水の描くかっぱ作品について、映画評論家の佐藤忠男はこう語っています。

「かっぱはいつも裸である。しかも人間とおなじ格好をしている。清水崑はそこから、旧来のかっぱの絵に見られるグロテスクなくちばしや水かきやはんてんを廃してしまった。そこで、かっぱの社会は、あたかも人間におけるヌーディスト（裸体生活主義者）たちの社会のおもむきを呈し、そのエロチシズムが読者にアッピールする重要な要素になったことは疑いない。しかし、清水崑の練達の筆法と、とくに水墨画ふうの余韻と空白を重んずる画風は、そのエロチシズムをまことに飄々とした、なごやかさと気品と、閑寂な俳諧味のあるものにしていた。それは、すなわち、風流の域に達したエロチシズムであった」（前掲書）

清水の作品が愛好される背景には、それが単なる笑いではなく、そこに深いペーソスが流れているからだといわれます。そこに、清水の深い人間理解と、名もなき人々に寄り添う温かい心情があるからだともいえます。清水は、自身の「笑い」についてこう語っています。

「しょせん人間というのは哀れで、こっけいで、はかないものだということですよ。そんなら愚かな者は愚かな者同士でそれを認め合ってニコニコしていった方がいいのではないか。そこにユーモアもペーソスも出てくる。単にこっけいだけではつまらない。無心無邪気のよさがとっても好きですね。無心の反対に精神のあるものはイヤですね。無心、天真らんまん、無邪気が一番いいでしょうね。ですから理屈のない笑い、それですよ」（阿野露団『長崎の肖像――長崎派の美術家列伝』）

先に、「名もなき人々に寄り添う温かい心情」と書きましたが、事実、清水が好きな言葉には「雑」がつくものが多く見られます。長崎市の清水崑展示館の資料には、清水は雑煮、雑炊、雑兵、雑草、雑巾など、〝雑〟のつく言葉を愛し、庶民の生活のなかにある、踏みつけられても耐える根強さ、素朴さにひかれた、とあります。

余談ですが、あの放浪の俳人として知られる山頭火も、「雑」という言葉を愛し、そこに優しいまなざしを向けていました。山頭火の日記の中には、「私たちの生活は雑草にも及ばないのではないか……見よ、雑草はみすぼらしいけれど、しかもおごらずおそれずに伸びてゆくではないか、私たちはいたづらにイライラしたり、ビクビクしたり、ケチケチしたり、ニヤニヤしたりしてばかりいるではないか、雑草に恥じろ、頭を下げろ」「私は身辺風景をうたう、雑草を心ゆくばかりうたいたい」などの言葉をみることができます。そして、雑草を詠んだ多くの句を残しています。

落語家の林家木久蔵（現木久扇）は、かつて清水崑のもとで漫画の下書きをしながら修業していたことがあります。その木久蔵は、当時のことをこう語っています。

「崑先生は幼い頃、自分は母と別かれたのだとその時話をして、私に母がいるのを大層うらやましがられた。当時の崑漫画は一世を風靡して、河童の漫画が週刊朝日に連載され、又子供むきのかっぱ川太郎がＮＨＫ連続テレビ漫画として放送になり、「かっぱ天国」は宝塚でレビュー化されるし、艶めかしい女かっぱが清酒や薬のコマーシャルにもなり大層な人気であった。

私はよく、先生の画稿をかかえて横須賀線に乗り、鎌倉と東京の新聞社や放送局に、届けに往復したものである。（中略）

私が落語家になるきっかけは、清水家の三畳の書生部屋で私が漫画の下描きをしながら声色を使っているのを、崑先生に発見されたからである。時代劇のマンガを描こうと、新撰組を大勢描きながらアラカンと月形龍之介のモノ真似をしていたら、いつの間にかうしろに先生が立っていた。

〈うまいなァ、一人芸なら落語家という職業があるぞ！　絵が描けてしゃべれたらテレビの時代になれば売れるぞ！〉

この一言が転業のきっかけになったのだ」（『愛蔵版漫画集「かっぱ天国」』）

人気番組「笑点」の林家木久扇は、もし清水崑の一言がなかったら、番組のあの席にいなかったことになります。

また木久扇は、清水が、鎌倉に住む里見弴、永井龍男、川端康成、中山義秀、小島政二郎、小林秀雄、今日出海、大仏次郎、横山隆一、那須良輔ら多くの文士や画家と交友があったことに驚いたと書いています（「この道」、東京新聞、二〇一六年五月七日夕刊）。そういう交友関係の幅と厚みが、清水作品の人気の背景にあったことをうかがわせます。

余談ですが、映画監督の市川崑は清水崑の大のファンで、その名前を市川儀一から市川崑に変えたともいわれています。

清水は、一九七四（昭和四十九）年、風邪をこじらせ肋膜炎を併発し、東京医科歯科大学付属病院で死去しました。六十一歳でした。

永年の付き合いのあった漫画家の横山泰三は、訃報を聞いてこう語っています。

「崑ちゃんはとにかく〈絵かき〉だった。似顔絵をかく人はたくさんいるけど、筆でかく人はもういないでしょうねえ。あの春風駘蕩とした感じの絵がねえ、もう見られなくなりますねえ、長生きしてほしかったのに」（朝日新聞、一九七四年三月二十八日朝刊）

同じ日の朝日新聞の訃報記事によると、漫画評論家の伊藤逸平は、清水の仕事で印象的なのはやはり似顔絵だといい、それもただ似せて描くだけでなく、その人の人間性を深くとらえるところに味があった、と語っています。

同様に、映画評論家の佐藤忠男は、政治漫画に関して、「政治の掛け引きには嫌悪を感じるが、その絵をかくこと自体には興味をもっているというとき、かれは、まぎれもなく、政治家たちのさまざまな行動や表情のなかに、どう片ひじ張って凄んでみせられても見とおせる、彼らの中の人間味を発見していたのである。いかにえらそうに構えても、政治家もまた人間であり、多くの弱点と滑稽さを持っている。ポーズをはる政治家稼業であればこそ、いっそう、その弱点や人間味が滑稽として摑み得ることは言うまでもない」と書いていますﾞ（『第2期・現代漫画2　清水崑集』）。

その清水崑先生だったら、現代の政治家たちの「人間味」や「器量」をどう表現してくれるのか、是非とも見てみたい気がします。

清水らしい味のある表現を見せてくれるか、それとも、面白味もない小者ばかりで、画にもならないよ、と慨嘆の声を発するのでしょうか。

日本陸上の「父」と「鬼」の大松《だいまつ》

〜織田幹雄と大松博文

二〇二〇年東京オリンピックが近づいてきました。アムステルダム・オリンピックの三段跳で、日本人初の金メダリストとなり、「陸上の神様」あるいは「日本陸上の父」とも呼ばれた織田幹雄と、一九六四（昭和三十九）年東京オリンピックで女子バレーを金メダルに導き、「鬼の大松」とも呼ばれた大松博文の墓は、同じ東慶寺墓苑の隣接する位置にありました。

錚々たる作家や碩学たちの眠るこの墓苑で、織田幹雄と大松博文の墓碑に出会って、更なる感銘を受け、あらためてこの墓苑の奥の深さを感じたのでした。

織田の墓は、正面に五輪塔が置かれ、「精進」という文字が刻されていました。右手には台座の上に織田の胸像があり、

織田幹雄（左）と大松博文（右）の墓と記念碑（東慶寺）

いかにも誠実で精悍なその表情が印象的でした。

織田幹雄は一九〇五（明治三十八）年、広島県海田市町（現海田町）に薬屋を営む家の六人兄弟の三番目として生まれました。小学校を出て県立広島中学校（現・広島国泰寺高等学校）へ進みますが、入学当時陸上競技部はなく、サッカー部に入ります。中学四年のとき「徒歩部」（陸上部）が出来て、入部します。はじめは指導者もなく、独学で指導書を学び、また練習に励みました。

一九二三（大正十二）年、広島高等師範学校臨時教員養成所に入学、同年大阪で行われた第六回極東選手権で走幅跳、三段跳で優勝します。

一九二四（大正十三）年、パリ・オリンピックに出場しますが、織田は跳躍では唯一の日本代表でした。そして、走幅跳では予選落ちしましたが、三段跳では十四メートル三十五を跳び、日本陸上初の入賞（六位）を果たしました。

一九二五（大正十四）年、早稲田大学第一高等学院へ進学し、早稲田大学競走部に所属します。同部には、後にロサンゼルス・オリンピック三段跳の金メダリストとなる南部忠平がおり、以降南部とは終生の親交を結びます。すでに日本陸上初の入賞者という実績を持つ織田でしたが、そのことで優遇されることはなく、授業のあとの毎日の練習前には、一年生としてまずグラウンドの整備や道具の準備等に取り組みました。

一九二八（昭和三）年、アムステルダム・オリンピックに出場します。この大会では走高跳は八位入賞に終わりましたが、三段跳で優勝、念願の金メダルを獲得しました。日本陸上初のオリンピック金メダルでした。メーンポールに上がる国旗を見ていると、自然に涙がポロポロと出てきたと、織田は語っています。

一方で織田は、冷静にこうも語っています。

「ただ、私にはオリンピックだからといって〈日本のためにぜがひでも……〉というような考え方は初めにはなかった。自分の楽しみ、自分の力をどこまで伸ばせるかといった、自分の問題として競技に没頭していたのである。しいていえば、オリンピックでポールにあがる旗がアメリカ、フィンランドなどの外国のものばかりだから、そこへ一つ日本の旗をあげてやろうという気持ちは強かった。しかし、国内事情はそんな気持ちを許さなかったから、やはり国のためにということを口にせざるをえなかった」（『織田幹雄――わが陸上人生』）

織田の正直な、しかし複雑な心情を窺うことができます。

織田はその後も第一線で活躍し、三段跳では日本記録、世界記録の更新を重ねました。

一九三一（昭和六）年、早稲田大学を卒業した織田は、朝日新聞社に入社、運動部に所属しますが、競技生活は継続し、記録の更新を続けています。

織田が切り拓いた日本陸上は、その後も大きな成果を残していますが、とくに三段跳では、ロサンゼルス・オリンピックで南部忠平が、ベルリン・オリンピックでは田島直人がそれぞれ世界新記録で優勝し、日本は三大会連続して三段跳の金メダルを獲得しています。

戦後は陸上競技連盟や、ＪＯＣ（日本オリンピック委員会）などの役職をつとめ、陸上競技に止まらず、広くスポーツの振興に努めました。

織田が人材の発掘と育成に、いかに熱心に取り組んでいたか、こんな挿話も残っています。往年のプロ野球の名選手長嶋茂雄は、織田幹雄に陸上の選手として誘われた時のことをこう語っています。


「学生時代にオリンピック代表候補としてスカウトされかけたことがあります。織田幹雄さんから、〈君のスピードなら陸上の中距離に転向すればメダルも夢ではない〉と言われたのです。織田先生は一九二八年のアムステルダム・オリンピックで日本初の金メダルを三段跳びで獲得したスポーツ界の重鎮です。後に織田先生は社会人野球で投げていた権藤博さんにも声をかけたとか。権藤さんの場合は一九六四年の東京オリンピックの四〇〇メートル・ハードル要員と具体的です。私たちの世代は、スポーツを職業にするなら野球の時代、「野球命」ですから私同様、権藤さんも陸上転向は考えなかったでしょう。当時はトップレベルの運動能力を持つ者の多くが野球に集まっていた証拠になる話です」（セコムウェブサイト「おとなの安心倶楽部　月刊長嶋茂雄」第二十二回）

陸上競技の発展に生涯をかけた、織田の執念を物語る話です。

また、織田は単に日本のスポーツ界のみならず、世界の陸上競技の振興につとめ、世界各国から招かれ、選手の育成指導に当たりました。織田の長男正雄によると、織田の口癖は、「世界は一つだ、世界人たれ」だったといいます。

織田は、晩年神奈川県三浦市油壺で暮らしていましたが、一九九八（平成十）年十二月二日、湘南鎌倉総合病院で、その長く、輝かしい生涯を閉じました。享年九十三歳という長寿でした。

最後に、織田が選手として、指導者として長年陸上競技に関わってきた経験から語った言葉の中から、二つほどを引いておきます。

一つは心の問題です。

「私は、十歳の年から走ることを始めているので、戦争中のブランクをのぞいても、約五十数年間、スポーツに関係してきたことになる。その間に、私自身の選手としてのスポーツ体験、さらにスポーツ記者として、また監督・コーチといった立場から、〝スポーツは心の問題である〟という考えを強くしてきた。もちろん、スポーツそのものは肉体（技術をふくめ）の争いであるが、同時に心の争いである」（『織田幹雄――わが陸上人生』）

メンタルの問題がいかに大きいか、織田はとくにオリンピックのような大きな大会になれば七十パーセントが精神で決まると語っています。

もう一つは努力ということです。

「ふり返ってみると、自分がそこまでやれたのはやはり努力だった。努力しておれば道は開けていく、とあらためて思わずにいられない。一つの目標に達すれば、さらに高い目標を設定する。私は毎年、高い目標をつくり、それに向かって励んできた。いつでも一歩でもそこに近づこうとしてきた。やはり人間は主体性をもった努力、工夫が大事であり、それは人それぞれそれなりにやればやれるのだ。それからもうひとつ、私を支え、自信にもつながった信念がある。それは、人間というものはふだ

んは表にだせない、ものすごい力を秘めているということであった」（前掲書）
こうした言葉は、スポーツの世界に限らない、人生全般にもつながる、織田からのメッセージとしても受けとめることができるように思います。
最後に、織田の人柄を物語る、スポーツ評論家川本信正の話を紹介しておきます。
「織田さんとは、日本学生陸上連合で顔見知りになりました。織田さんは幹事になり、私は秘書、いまでいうなら書記でした。会合などで織田さんはめったに発言しないんですが、口を開くと急所を押えた、説得力ある主張を展開したものです。それがあくまでも物静かでしてね。私には聖人君子のように見え、近寄りがたいほどでした。（中略）ぼくは、スポーツ記者時代、たとえば吉岡隆徳さんに〝暁の超特急〟の異名をつけるなど、人に〝あだ名〟をつけるのが得意だったんですが、織田さんにだけはどうしてもニックネームをつけられなかった。それほど織田さんという人は、静かで、まじめだったんですよ」（前掲書）
こうして織田の来歴を辿り、周囲の人々の言葉を聞き、その墓に対面する時、あらためてその墓碑に刻された「精進」という文字が、大きく迫ってくるように思われたのでした。
織田の墓に隣接して、「根性」という文字を刻んだ、一九六四年東京オリンピックで女子バレーボールチームを金メダルに導いた大松博文監督の墓がありました。
織田はかつて大松監督を訪ね、その厳しい練習ぶりを直に見て、大松と語り合った時の感動をこう記しています。

「私が日紡貝塚を訪れたのは、寒い冬の日でした。午後四時頃から始まった練習を火鉢に当たり乍ら拝見している中に、どうして、こんな練習が出来るようになったのか、陸上競技選手の育成に当っている私には、最も心を引かれるものでした。その晩大松監督以下関係者の方々から、その話を伺って、やはり、私の期待していたものがそこにあったと、深い感動を覚えました。（中略）陸上競技選手も、今は、この偉大なる女子チームに負けじと頑張っています。そして、今では、マラソンに世界記録を破ることさえ出来ました。世界に勝つものは、大松監督に従う、このチームの精神だと思います」（大松博文『おれについてこい！』）

その織田の墓が、大松の墓と並んでいるのは驚きでした。日本オリンピック史を飾る二人の金メダリストが並ぶ姿は壮観でした。

大松の墓は織田と同じ五輪塔ですが、その左手には「大松博文之碑」と記され台座の上に、バレーボールの白球が置かれ、大きく「根性」という文字が書かれていました。

大松博文は一九二一（大正十）年、香川県宇多津町に生まれます。小学校時代は野球少年でしたが、県立坂出商業学校では野球からバレー部に転進します。その後、関学高商（現、関西学院大学）に入学します。そのバレーボール部時代、全日本総合で二度優勝し、卒業後大日本紡績（ニチボー）に入社します。そこで華麗な戦績を残すわけですが、それ以前、戦時中の過酷な軍隊時代がありました。

一九四一（昭和十六）年、太平洋戦争開戦の年ですが、陸軍に召集され、中国、ビルマ、ラバウル等を転戦します。その後、あの過酷で悲惨なインパール作戦に小隊長として従軍します。

インド侵攻作戦のこの戦闘には、三個師団、およそ九万人の日本軍が参戦していますが、この作戦で戦死者三万人、病死者二万人を超える被害を出しました。

大松らは、ラバウル→パラオ→マニラ→サイゴン→シンガポールと、喩えようもない過酷な船旅の後、ラングーンに上陸し、インパール作戦に投入されます。戦闘では、食糧、弾薬も尽き、敗残兵として死の行軍を続けました。その頃のことを大松はこう書いています。

「死は死を呼ぶといいますが、わたしは目のあたりにそれを、つぎからつぎへと見ました。ひとりが倒れて息絶えると、そのそばにヨロヨロと寄って行って、ばったり倒れるのです。そのようにして、二十人、三十人と折りかさなり、水ぶくれになって、降りしきる雨にさらされている死体のかたわらを通りすぎ、何十日かののちにようやくビルマにはいりました。(中略)人はなにごとも、自分の体験したことしかわかりません。あの戦争で、このわたしの体験にまさる苦しみをなめた人もあったにちがいありません。しかもなお、わたしは、日本の大軍があれ以上の悲惨な状況下におかれた例はなかっただろうと思うのです」(前掲書)

そして八月十五日、戦争は終結し、大松らはイギリス軍の捕虜となり、一九四七(昭和二十二)年六月の帰国の船に乗るまでかの地に留まりました。大松は数少ない生還者の一人でした。

戦後、ニチボーに復帰し、日紡貝塚のバレーボール部監督となった大松は、「鬼の大松」といわれる厳しい練習でチームを鍛え上げ、世界のトップレベルに育て上げました。

体力的に劣る日本選手を外国チームと対等に戦わせるために、大松が考え出したのが、回転レシーブでした。不可能を可能にする、そのために日夜必死に考えました。

大松はこう語っています。

「拾いうる体力の限界ぎりぎりまで飛来するボールに追いつめられ、もはやこのままでは絶対に拾うことができないところへきたとき、それでもなお、私は拾うことを要求しました。と同時に、どうしたらうまく拾えるか、それを、寝てもさめても、道を歩いていても、便所の中でも、考えつづけました。試合の最中でも考え、考えついたら、試合の直後でも、練習させました。こうして生まれたのが、〝回転レシーブ〟です」

この、柔道の受身の術とよく似た回転レシーブの熟達への長い精進が、いわゆる日紡貝塚の傷だらけのハードトレーニングだった、と大松は語っています。どのような困難にもめげない精神力と、体力の限界を超えるハードトレーニングの継続と蓄積が、必ず勝てる技術力の獲得につながる、というのが大松の信念でした。

その過酷な練習に、選手たちはよく耐え、大松についていきました。その選手たちから見た大松について、語られた言葉を見てみます。

名門四天王寺高校から日紡入りした谷田絹子はこう語っています。

「私が入社して間もない頃、先生のおっしゃる練習に、なかなかついていかれないことがありました。自分でもイライラするのですがどう仕様もありません。私も半分ヤケになったような気持でいると、突然ウシロからザーッと冷たい水をかぶせられてしまいました。先生は怒るととても怖い方でした。（中略）この一例でおわかりのように、日紡貝塚チームはそれほどきびしかったのです。このときのことを、私は先生に聞いてみようかとも思いましたが、今日まで先生はひと言もおっしゃらないので、私もだまっています。先生は、心の中では感謝したり詫びたりしても口ではいえない方なのです」（大松博文ほか『〝東洋の魔女〟の五年間』）

また、河西主将に次ぐ古参として活躍した増尾光枝もこう語ります。

「こんなにきびしくて、怖い先生なのですがどこかひきつけるところがあるのです。人徳というのでしょうか、男性的魅力というのでしょうか。あるいは、先生はご自分をギセイにしても、選手たちにつくしてくださるので、自然と私たちもなつく結果になるのでしょう」（前掲書）

〝鬼〟といわれながら、しかし選手たちを自然に惹きつけていった大松の人柄が語られているように思います。

いま、この時代から見れば、その過酷な練習と「根性」という言葉に、いささか違和感を覚える向きもあるかもしれませんが、ただ一つ確実に言えることは、何より選手たちと大松の間に、強固な信頼関係があったということです。

こうして、常勝のチームを作り上げた大松は、百七十五連勝という輝かしい実績を上げ、一九六二（昭和三十七）年の世界選手権では、それまで世界選手権十一連勝のソ連チームを破り、見事に優勝したのでした。

そして、一九六四（昭和三十九）年の東京オリンピックでの金メダル獲得は、多くの人の記憶に残っています。その強さから、彼女らは「東洋の魔女」とも呼ばれました。

オリンピックが終わり、一九六四年、ニチボーを退社した大松は、その後参議院議員を一期つとめた後、再び指導者として全国各地を回り、バレーボールの発展のために尽力しました。

しかし、一九七八（昭和五十三）年、心筋梗塞のために、五十七年の生涯を閉じました。ママさんバレーをコーチするため、岡山県に出かけた先での突然の死でした。

インパール作戦などの軍隊での過酷な体験や、最強軍団を作り上げるために燃焼し尽くした肉体的精神的な負担が、その早すぎる死の一因になっていたのかもしれません。

大松は、その華麗な経歴ばかりが目につきますが、その裏には計り知れない苦闘や苦悩、そして孤独の時間もありました。それは大松自身の言葉や記録、あるいは大松を支えた美智代夫人の言葉の中に読み取ることができます。

「なせばなる」「俺についてこい」など、多くの名言をも残した大松は、今この鎌倉の地に静かに眠っています。墓標の「根性」という、大きな、迫力のある文字が、印象的でした。

「いよいよ二度目の東京オリンピックですね」

大松は、隣の織田に語りかけました。

隣接して眠るこの二人は、来るべき日に思いを馳せ、それぞれの思いを語り合っているのかもしれません。

石本美由起の墓誌（鎌倉霊園）

「悲しい酒」と「バラが咲いた」
～石本美由起と浜口庫之助

「憧憬《あこがれ》のハワイ航路」「港町十三番地」「悲しい酒」などで知られる作詞家石本美由起と、「バラが咲いた」「人生いろいろ」などの作詞作曲家浜口庫之助——戦後の日本人の心情を深くとらえた二人の人物にも、この鎌倉の地で出会いました。

　石本美由起の墓は鎌倉霊園のほぼ中央部に位置し、あの藤原義江の墓に程近い場所にありました。広い墓域の正面の洋型の墓碑には、大きく「石本家」と刻され、左手には、本を開いた感じの赤御影のきれいな墓誌に、「憧憬《あこがれ》のハワイ航路」と「悲しい酒」の歌詞が刻まれていました。

　その歌詞を刻んだ石本の書体が味わい深く、かつて仕事で何度か会ったときの、いかにも誠実なその人柄を偲ばせるものでした。

石本美由起は一九二四（大正十三）年広島県大竹市に生まれます。子供の頃から体が弱く、喘息を患い、もっぱら家に閉じこもり、北原白秋やゲーテ、その他幅広い文学を読みふけりました。

太平洋戦争敗戦の直前の一九四四（昭和十九）年、大竹海兵団に入隊しますが、体調を崩して岩国海軍病院に入院します。入院中、たまたまそこに慰問に来た往年の名歌手東海林太郎の歌に兵士たちが励まされる様子を見て、歌の力を知ったといいます。

戦後、作詞を始め、同人誌に投稿した「長崎のザボン売り」が歌手小畑実の目に止まり、江口夜詩に作曲を依頼し、一九四八（昭和二十三）年小畑実の歌でレコードになりました。これが大ヒットし、作詞家としてのスタートを切ることになります。

当時、石本は強度の喘息のため就職できませんでしたが、その頃のことをこう語っています。

「そのかわり、本を読んだり、詩や短歌、俳句をつくるのが好きであちこちの雑誌に投稿していましてね。あるとき北原白秋の詩からヒントを得て、博多の人形売りや広島のたばこ売りという歌詞を考えてみた。あまり現実的でないので長崎とザボンという果物のイメージを結びつけてあの歌をつくったんです。当時は島原や鹿児島でザボンを作っていましたが、長崎の特産ではなかった。でも、ある女学校の校門前にザボンの巨木があったので、それをイメージしたんです」（佐藤健『演歌艶歌 援歌――わたしの生き方 星野哲郎』）

この年には、あの有名な代表作「憧憬のハワイ航路」を発表しています。

憧憬のハワイ航路

晴れた空　そよぐ風
港　出船の　ドラの音愉《たの》し
別れテープを　笑顔で切れば
希望《のぞみ》はてない　遥かな潮路
ああ　憧憬の　ハワイ航路

波の背を　バラ色に
染めて真赤な　夕陽が沈む
一人デッキで　ウクレレ弾けば
歌もなつかし　あのアロハオエ
ああ　憧憬の　ハワイ航路

（以下略）

今は海外旅行で人気のハワイですが、敗戦後の当時の一般の人々にとっては手の届かない憧れの地でした。石本は広島県大竹市の生まれで、その生家は海を見下ろす山の中腹にあり、幼い頃から瀬戸内海を行き交う別府航路の客船を眺めて過ごしていました。また、ハワイに移民し、一時帰国した郷土出身の人たちに異国の情景を聞かされ、ハワイへの憧れが石本の胸にも育っていたといいます。作曲は「長崎のザボン売り」の江口夜詩、歌ったのは「東京の花売娘」などのヒット曲のあった岡晴夫で、たちまち大ヒットとなりました。

その後、上原げんと、古賀政男、船村徹、市川昭介らと組んで多くの名曲を世に出しましたが、その数はおよそ四千曲といわれています。

とくに美空ひばりと組んだ歌は多く、「港町十三番地」「ひばりのマドロスさん」「哀愁波止場」「悲しい酒」などの曲を残しています。

一九六六（昭和四十一）年に発表した「悲しい酒」（古賀政男作曲）は、記録的な大ヒットとなりました。石本が、かつての大ヒット曲「酒は涙か溜息か」（一九三一年）の現代版を作るようにレコード会社コロンビアから要求され、苦しんだあげく作ったのがこの曲でした。

悲しい酒

ひとり酒場で　飲む酒は
別れ涙の　味がする
飲んで棄てたい　面影が

飲めばグラスに　また浮かぶ
（セリフ）
酒よこころが　あるならば
胸の悩みを　消してくれ
酔えば悲しく　なる酒を
飲んで泣くのも　恋のため
（以下略）

美空ひばりの歌うこの曲は、名曲「酒は涙か溜息か」の名調子をよみがえらせるヒット曲となりました。

この「悲しい酒」には、一番と二番の間にセリフが入っていますが、もともと無かったこのセリフを入れる提案をしたのは美空ひばりでした。ディレクターの雨森康次がひばりの提案を受けて作詞の石本美由起に電話で申し込み、二時間足らずで書き上げられたということです（塩澤実信『昭和の流行歌物語』）。

「ああ別れたあとの心残りよ、未練なのね、あの人の面影、淋しさを忘れるために、飲んでいるのに、酒は今夜も、私を悲しくさせる、酒よどうして、どうして、あの人を、あきらめたらいいの、あきらめたらいいの……」

塩澤実信は「ひばりは、このセリフを語る途中でハラハラと落涙する究極の演技を見せることによって、昭和を代表する〝心のうた〟に完成させた」と書いています。

もちろん、石本美由起と古賀政男にとっても、記念すべき代表曲となりました。「別れ涙の味がする」などの名フレーズを含む石本の詩もなかなかいい味ですが、この間奏にのせるインパクトのあるセリフを、短時間で書き上げた石本のパワーにも驚かされます。

石本は先に挙げたひばりの曲のほかに、「東京の人さようなら」「逢いたいなァあの人に」の島倉千代子、そして細川たかし、五木ひろし、ちあきなおみらのヒット曲を作っていますが、「矢切の渡し」（作曲船村徹）「長良川艶歌」（作曲岡千秋）では、細川たかしと五木ひろしが第二十五回（一九八三年）と第二十六回（一九八四年）の日本レコード大賞を相次いで受賞しています。

一方で後進の育成にも力を注ぎ、星野哲郎や松井由利夫らを世に出しました。石本は面倒見がよく、石本の主宰する歌謡同人誌「新歌謡界」には四百人もの会員が所属していたといわれます。また、作詞活動とともに日本音楽著作権協会理事長、日本音楽作家協会理事長らの要職をつとめ、後進の指導に尽力しました。

晩年は、持病の糖尿病に悩まされ、入院生活が続いていましたが、二〇〇九（平成二十一）年、横浜市内の病院で死去しました。法名は「慧楽院釈醇美」、享年八十五歳でした。

逝去に際し、多くの知人や関係者や歌手たちが言葉を寄せていますが、石本に四十曲近くの歌を作ってもらったという、歌手の都はるみは、その人柄を、大先生なのに少しも威張ることなく、すごく優しく接してもらって、安心してレコーディングに行けた、自分にとっては父親のような存在であった、と偲んでいます。

石本の残した遺産は、今でも日本人の心情の中に深く生き続けています。

浜口庫之助の墓と墓誌（鎌倉霊園）

石本と同様、戦後の日本歌謡史に不朽の足跡を残した人物の一人、浜口庫之助にも、同じこの鎌倉霊園で出会いました。浜口の墓は霊園のほぼ北西部にあたる高台にありました。あの中村錦之助の墓からほど近いところです。洋型の大きな御影石の正面に、浜口の自筆で、大きく「浜口庫之助」と刻され、その左手には、浜口自身の作詞作曲になる「バラが咲いた」の楽譜と歌詞が書かれた墓誌がありました。懐かしい思いに浸っていると、時代を彩った、あの名曲の数々が浮かんでくるのでした。

浜口は一九一七（大正六）年神戸市に生まれます。父は土建会社を営み、浜口は七人兄弟の下から二番目でした。音楽好きのハイカラな家庭で、家族で合奏ができたといい、「生まれたときから僕の周りには音楽があった」と浜口は語っています。

小学二年の時に一家は東京へ引っ越しました。府立四中（現・東京都立戸山高等学校）に進学した浜口は旧制第一高等学校（現・東京大学教養学部）入学を目指し勉学に励みましたが受験に失敗します。この受験の失敗が浜口にとって大きな転機となります。余談ですが、あの戦前戦後を代表する芸能家徳川夢声も府立一中（現日比谷高校）から一高（第一高等学校）を受験、二浪するも合格は果たせませんでした。夢声も浜口も、もしこのとき一高―東大というコースに乗っていたら、日本芸能史を飾る偉才の誕生はなかったといえます。

一九三五（昭和十）年、早稲田大学附属早稲田高等学院（現・早稲田大学高等学院）に入学しますが、翌年に中退します。そして一九三六（昭和十一）年、新宿にあった帝都ダンスホールのバンドボーイとなり、ギタリストとして活動しました。

しかし太平洋戦争が始まると、ジャズなどは敵性音楽とされ、メンバーも学徒動員などで徴用され、活動を続けることができなくなりました。

一九四二（昭和十七）年、ジャワ島で農園を委託経営する南国産業に就職し、同島のマランへ赴任しました。浜口は終戦まで同地に勤務し、会社の仕事の他に軍の依頼で現地の住民に歌を通して日本語教育を行う仕事も任されました。

太平洋戦争終結後捕虜となりましたが、一九四六（昭和二十一）年五月に引き揚げ、東京でラテンミュージックバンドを組み、進駐軍を相手に演奏を行いました。その後灰田勝彦の誘いを受けて灰田がメンバーをつとめるハワイアンバンドのメンバーとなったり、自らも「スウィング・サーフライダーズ」や「アフロクバーノ」を結成して音楽活動を続けます。しかし、浜口はそれにどこか満足できないものを感じていました。

「だが、なにか物足りない。自分が本当に歌いたい曲がないことに、ふと気がついた。日本人の前で、外国の曲ばかり歌ったって仕方がない。酒でも日本製のいいウイスキーがあるのに、なぜ日本の曲で、踊れるものがないのか。よし、それなら僕は作る方に回ろうと思いはじめた」（『ハマクラの音楽いろいろ』）

たまたまその頃、一九五七（昭和三十二）年、新宿コマ劇場で公演を行った海外の舞踊団が「郷土の芸術をお見せできるのは光栄なこと」と挨拶したのを見た浜口は、外国の音楽を演奏するのではなく日本の曲を創作することこそが重要だと認識するようになり、バンドを解散、歌手活動を停止し、作詞家・作曲家へ転向します。

そして一九五九（昭和三十四）年の「黄色いさくらんぼ」（作曲）、六〇（昭和三十五）年の「有難や節」（作詞）、六五（昭和四十）年の「愛して愛して愛しちゃったのよ」（作詞・作曲）でヒットメーカーとなります。一九六六（昭和四十一）年には「バラが咲いた」（作詞・作曲）が大ヒットし、新しいフォークソングの先駆けとなりました。同年「星のフラメンコ」「バラが咲いた」で日本レコード大賞作曲賞を受賞しています。

「バラが咲いた」の誕生のときのことを、浜口はこう書いています。

「朝起きて、良い気分で庭を眺めていたら、緑のなかに赤いバラが一輪、ふわっと咲いているのが見えた。〈あっ、バラが咲いたな〉と思って、そばにあったギターをとって〈バーラが咲いた〉とやったら、そのまま歌になってしまった。

歌詞もメロディーも単純明快、表街道を堂々と歩ける清潔ムードがある。それまでの日本の流行歌は、男女が夜、紅いネオンのもとで、しのび逢うような歌、暗くて悲しくて、劣情を刺激するような歌ばかりだった。レコード会社も、そういう歌しかとりあげなかった。

ところが、社会は大きく変わってきている。女性の地位が高まり、マイホーム主義が定着しつつあった。時代は明るい歌を要求していた」（前掲書）

バラが咲いた

バラが咲いた　バラが咲いた
真赤なバラが
淋しかったぼくの庭に　バラが咲いた
たったひとつ咲いたバラ　小さなバラで
淋しかったぼくの庭が　明るくなった
バラよバラよ　小さなバラ
そのままで　そこに咲いてておくれ

バラが咲いた　バラが咲いた
真赤なバラで
淋しかったぼくの庭が　明るくなった

（以下略）

偶然にも、先の石本美由起の「悲しい酒」も同じこの年（一九五六年）に発表され、大ヒットとなっています。

因みにこの年にはビートルズが初来日し、日本中をフィーバーに巻き込みましたが、この頃は日本歌謡界にとってもまた黄金時代であったのでした。

浜口は自身の創作活動に関して、「歌は作るというより、産んでいるとしか考えられない。作曲家ではなく、産曲家だ。僕の場合は、詩と曲とが一緒に出てくるから、一卵性双生児を産んでいることになるかなあと思う」と語っています。

そして和田弘とマヒナスターズ、ビリーバンバン、西郷輝彦、にしきのあきら、青江美奈などをスターに育て上げるなど人材育成にも才能を発揮しました。

以降、一九七二（昭和四十七）年石原裕次郎の「恋の町札幌」に至るまでヒット曲を世に送り続けました。一九七三（昭和四十八）年に女優の渚まゆみと再婚し、一女を儲けます。

晩年の一九八七（昭和六十二）年には、島倉千代子に楽曲提供した「人生いろいろ」（作詞中山大三郎）が大ヒットとなり、翌一九八八（昭和六十三）年には日本レコード大賞最優秀歌唱賞を受賞します。

また島倉は一九八七年末の第三十八回NHK紅白歌合戦を「卒業宣言」して出場を辞退していましたが、当時病気療養中の浜口に対して、「私が歌う姿を見て元気になって欲しい」と思い直し、一九八八年暮れの第三十九回NHK紅白歌合戦に二年ぶり三十一回目の出場を決意し、「人生いろいろ」を絶唱しました。

〝大衆のために〟歌を作るという浜口の思いは強く、一九九〇（平成二）年には文化庁から叙勲（勲四等）の打診があった際には「勲章のため曲を作っているのではない」という思いから辞退しています。そのときの浜口の言葉です。

「人生のラッパ手として、長い間吹き続けてきたのは、金が欲しいからでも、権力を得たいからでもない。まして国家から勲章をもらうためでは絶対にない。ここで勲章を受けたりしたら、いままで僕がやってきたことは、何だったのか、ということになる。

僕は、あくまで大衆のために歌を作り続けてきたのだ」（前掲書）

大衆とともに歩むのだという、浜口らしい、気骨の言葉です。今では、もうあまり見かけることのできなくなったこんな浜口の信念と生き方には、深い共感を誘うものがあります。

そしてその年（一九九〇年）、浜口は喉頭ガンのため、癌研究会付属病院で七十三年の生涯を閉じました。

浜口の墓のすぐ近くには、往年の名歌手青江美奈の墓がありました。墓碑の右手には、「ブルースに永遠の愛を」と記された墓誌があり、「恍惚のブルース」「伊勢佐木町ブルース」などのヒット曲名が書かれていました。

青江はもともと銀座のクラブでジャズを歌っていましたが、一九六六（昭和四十一）年「恍惚のブルース」（川内康範作詞、浜口庫之助作曲）でデビューし、その後、「伊勢佐木町ブルース」「長崎ブルース」などのミリオンセラーを連発し、たちまちスターとなりました。しかし、二〇〇〇（平成十二）年、すい臓がんのため、五十九歳の生涯を閉じました。浜口が亡くなってからちょうど十年後になります。青江はいま、この鎌倉霊園の浜口の墓の近くで、永い眠りについています。

この霊園に眠る、戦後を代表する歌手と作詞家・作曲家の墓に対面する時、そこで紡ぎ出された歌と時代を思い、熱い感動を呼び覚まされる思いがしました。

石本や浜口、そして青江らの、「憧憬のハワイ航路」「悲しい酒」「バラが咲いた」「恍惚のブルース」などの名曲の数々、――世を風靡したこれらの歌に、それぞれの青春や人生を重ね、生きてきた時代を振り返る人々も少なくないと思います。

清廉・気骨の政治家

〜尾崎行雄と伊東正義

これまで、多彩な分野にわたる、さまざまな偉才たちを訪ね、思索と感動の旅を続けてきましたが、最後は日本近現代の政治史の中で、とくに刮目に価する存在ともいえる二人の人物を取り上げます。

「憲政の神様」「議会政治の父」と称され、一貫して立憲政治擁護運動を先導した尾崎行雄と、その尾崎に私淑し、かつて「本の表紙だけ変えても、中身が変らなければダメだ」という名言を残し、総理大臣の椅子を固辞した伊東正義、この二人の気骨の政治家です。

尾崎の墓は円覚寺の塔頭の一つである黄梅院の裏手の墓地にありました。副住職にご案内いただいてその墓を訪ね、墓参しました。崖の下のやぐらの入り口に「尾崎家之墓」と刻された墓碑があり、左手のやぐらの中に、「咢堂大居士　享年九十七歳」と記された碑がありました。碑の前に立つと、あの尾崎の気迫が伝わってくるように思えました。

尾崎は一八五八（安政五）年、相模国（津久井県、現・神奈川県相模原市）に、漢方医尾崎行正の長男として生まれました。この年は、あの安政の大獄の起こった年で、明治維新の十年前にあたります。

役人であった父の転勤で高崎、三重などへ転居しますが、一八七四（明治七）年、弟とともに上京し、慶應義塾に入ります。しかし、独立して生活に役に立つ学問を求めた尾崎は、慶應を中退し、工学寮（後の工部大学校、東京帝国大学工学部）に入学します。

一方でこの頃論文の投稿などを始め、曙新聞に掲載された、当時の薩摩閥を批判する「討薩論」が好評を博し、注目されます。その後雑誌編集や翻訳、演説など幅広い活躍を見せますが、一八七九（明治十二）年、福沢諭吉の推薦で新潟新聞の主筆となります。

二年後、東京へ戻り、大隈重信が新しく設置した統計院の官職につきますが、やがて明治十四年の政変で大隈は下野し、尾崎も統計院を辞職します。翌一八八二（明治十五）年『郵便報知新聞』の論説委員となり、立憲改進党の結成に参加します。以後ジャーナリストとして活動し、また政治活動に従事します。

一八八七（明治二十）年、保安条例により東京から退去処分を受けますが、この年、「道理が引っ込む時勢を愕《おどろ》く」といい、号「学堂」を「愕堂」に改め、そしてのちに「咢堂」に変えています。

一八九〇（明治二十三）年、第一回衆議院議員選挙に、父が退官して余生を送っていた三重県選挙区から出馬し当選、以後一九五二（昭和二十七）年の総選挙まで二十五回当選し、六十三年に及ぶ議員生活を送ります。この当選回数、議員勤続年数は日本記録となりました。

この間の尾崎の活動を詳述する紙幅はありませんが、政治家として第二次松方内閣で外務省参事官をつとめたり、第一次大熊内閣で文相に就任したりしますが、一方で政党の要職をつとめ、一九一二（大正二）年の憲政擁護運動で国民党の犬養毅と運動を指導し、「憲政の神様」と称されました。また一九〇三（明治三十六）年からおよそ十年間、東京市長もつとめています。当時は衆議院議員と市長との兼務も許容されていました。

第一次世界大戦後は、ヨーロッパ視察の経験から戦争の悲惨さを目の当たりにし、軍縮論を展開、治安維持法反対運動など、一貫して反軍国主義、反ファシズムの立場に立って活動しました。

尾崎は、第一次世界大戦について、この大戦争は、何のために戦ったのかと問いかけ、こう書いています。

「あの大戦争は、何のために戦ったのか？何人も知らない。列国人民が夢中になって、只一図に国家のためと思い込んで死地に狂奔したに過ぎない。肝心要の国家は、現在何れも半死の状態に陥っているのを見れば、あの戦争が、どの国家のためにもならなかった事だけは分明だ。

然らば、何のための戦争であったか、戦後十年研究しても、まだ分らない。分らない筈だ、全然無意味、無目的の悪戦苦闘に過ぎなかったのだ」（「軍備制限」、『尾崎咢堂全集』改訂版第八巻所収）

こうした戦争の惨禍は、一方で人類に対する一大教訓をも残すことになったと、次のように語ります。

「かくて人類創造以来の最大事件は全く無益有害なる発狂的動作であったが、之によって、吾人は①戦争の惨禍は、何人も想像し得ないほど、広大深酷であることを実験した。②将来の戦争は、世界の文明を滅亡させるのみならず、人類をもほとんど絶滅せしむべき事実を察知し得た。この二事

は、経世家にとっては、至貴至重な獲物である」（前掲書）

まことに明快で、覇気溢れる言葉です。それはまた、核戦争の危機が現実のものとなった現代への、鋭い先見性に満ちた警告ともなっています。

そして尾崎は軍縮運動に精力的に取り組みますが、しかし、その後の事態は、尾崎の警告とは全く異なる方向へ展開していきます。

一九三一（昭和六）年、満州事変勃発

一九三二（昭和七）年、五・一五事件、政党政治の終焉

一九三六（昭和十一）年、二・二六事件

一九三七（昭和十二）年、日中戦争勃発

こうした流れの中で、軍部の支配は急速に強化の一途をたどりました。

尾崎はこうした状況を黙視できず、一九三七（昭和十二）年二月十七日、国会で、後々まで語り継がれることになる二時間にわたる大演説を行いました。

尾崎はこの演説に当たって、まず「正成が敵に臨める心もて我れは立つなり演壇の上」という辞世を詠み、刺殺されることを覚悟して壇上に臨みました。

演説に込めた尾崎の決意は相当なものでした。その尾崎の迫力と論旨は多くの感動と共感を呼び、新聞各紙も全面を使って尾崎の演説を掲載しました。

しかし、もはや戦争へ向かう巨大な潮流を押しとどめることはできませんでした。ただ、軍事体

制一色に染まる時代の流れの中で、こうした尾崎の気概溢れる行動は感動的ですらあり、その後長く語り継がれることとなります。

戦後、日本国憲法案が衆議院を通過した一九四六（昭和二十一）年八月二十四日、当時八十七歳の尾崎は衆議院本会議で壇上に立ち、憲法案が「国会は国権の最高機関」としている点を評価し、「従来は主客転倒。行政府が国の政治の主体で、立法府は極めて柔弱微力なる補助機関のごとく扱われ、国民もそれに満足していたようだが、今日この憲法が制定せらるる以上は、立法府が主体で、行政府がその補助機関とならなければならぬ」と語りました（読売新聞政治部編『時代を動かす政治のことば』）。

戦後七十年の今、戦後政治が大きな転換期を迎えるが如き政治状況の中で、尾崎のこの言葉は、あらためて傾聴に値する重いものとして、訴えてくるものがあるように思われます。

尾崎はその後逗子の山荘で過ごすことが多くなりましたが、晩年は老衰のため満身創痍で、一九五四（昭和二十九）年、十月六日にその生涯を終えました。享年九十五歳、日本の近現代史とともに歩んだほぼ一世紀に及ぶ気骨の政治家人生でした。

余談ですが、尾崎は東京市長在任中、アメリカ合衆国へソメイヨシノ二千本を送りました。この桜は虫害のため焼却され、一九二一（大正十）年に再度送られました。ポトマック川に植樹されたこの桜は毎年その淡紅色の花を咲かせ、ワシントンの春を彩っていますが、この寄贈を記念して、毎年全米桜祭りが行われています。

気骨の政治家と清楚なソメイヨシノ、その絶妙なコラボが、尾崎の人柄を表しているようにも思えます。

この希に見る気骨の政治家尾崎行雄の遺した言葉「道徳心が高くなければならない。名利を追ってはならない。見識を立てたらそれを守れ。公共のために尽くせ」を座右の銘にしていた、気骨清廉の政治家、伊東正義にも出会いました。

伊東の墓は鎌倉霊園の正門を入ってすぐ近く、祭場の隣にありました。黒御影の堂々とした墓碑の正面には「伊東正義」と大きく刻され、その裏側には「間雲院正義一徹居士」という、いかにも気骨の人伊東に相応しいと思える戒名がありました。

伊東は、利権や名声に汲々とする政治家たちが蝟集する当時の政界にあって、稀有ともいえる清廉で剛直な政治家として、その信念を貫きました。あのリクルート事件で総辞職した竹下内閣の後を受けて総裁（総理）候補として推されながら、頑としてそれを拒否したことでも知られています。

伊東は一九一三（大正二）年、福島県の会津若松の旧制中学の教師であった父秀三郎の三男として生まれました。旧制浦和高校を経て東京帝国大学に入学、一九三六（昭和十一）年、卒業と同時に農林省に入り、官僚としての人生を歩み始めます。

たまたま同じ年に、終生の盟友となる大平正芳も東京商科大学（現一橋大学）を出て大蔵省に入省しています。この頃、農林省と大蔵省の若手官僚同士の野球試合があり、伊東は投手、大平は捕手としてこれに参加し、二人は試合後の打ち上げ会で意気投合し、以降終生の付き合いを続けることになります。

一九三九（昭和十四）年、伊東は中国大陸に設立されていた日本政府の出先機関「興亜院」の勤務となりますが、在勤した上海でも、大蔵省から赴任してきた大平と同僚として勤務することになります。

戦後、東京に引き揚げてきた伊東の住居は戦火で消失しており、大平の申し出で、大平邸の離れに住むことになりました。二人の友情の篤さを物語るものです。

伊東は順調に昇進を重ね、肥料課長、食糧庁業務第一部長、水産庁長官、そして農林事務次官という官僚の最高ポストに就任します。肥料課長のとき、化学肥料会社昭和電工への融資をめぐる汚職事件「昭和電工事件」が起こります。このとき、多くの政治家や官僚が逮捕されるという事態に至りますが、主管部局であったにも拘らず肥料課長の伊東だけは事件と関わることはありませんでした。伊東の清廉さを物語るものといえます。

一九六三（昭和三十八）年、地元の擁立運動を受けて、国政への一歩を踏み出すことになります。第三十回衆議院議員総選挙に福島県第二区から自民党公認候補として立候補し、初当選を果たします。政治家伊東の誕生でした。

政治家になっても、伊東はその清貧清廉さを失わず、後に党の要職や大臣を歴任するに至っても、世田谷の自邸は赤茶けたサビだらけのトタン屋根であったといいます。「カネのかからない政治、かけない政治」をモットーとしていた伊東は、金集めのためのパーティー等は一切行いませんでした。

一九七九（昭和五十四）年、第二次大平内閣の官房長官として盟友大平を支えることになりますが、わずか半年で大平が死去します。そして大平首相の死去にともない、首相臨時代理に就任しますが、盟友を失った伊東の衝撃は計り知れないものでした。大平を支えていくこと、そのことこそ、伊東の政治家としての最大の使命感であったからです。

笠井尚はこう書いています。

「権力の頂点にのぼりつめると言った青写真は、政治家を志した最初から思い描いていなかった。大平を総理総裁にすることができれば、それで十分なのであった。日本のために舵取りをするだけのリーダーシップが大平にはある。縁の下の力持ちになってでも支えてやりたい。男が男に惚れこんだのだ」（『最後の会津人　伊東正義』）

大平の墓は東京・多磨霊園にあります。鎌倉霊園の伊東の墓を訪ねたあと、私は多磨霊園の大平の墓を訪ねました。かつて『東京多磨霊園物語』を書いた時、この大平の墓を訪ねたことがありました。そのときは迂闊にも気付かなかったのですが、その墓碑の裏面には、「君は永遠の今に生き現職総理として死す　理想を求めて倦まず　斃れて後已まざりき　伊東正義撰書」という伊東の言葉が刻されていました。その文字は大きく力強く、歴日を経てなお鮮やかで、短いながら伊東の思いが深く込められているように思われました。

伊東は一九八〇（昭和五十五）年、鈴木善幸内閣の外務大臣に就任、しかしその翌年、日米首脳会談の共同声明をめぐり外務大臣を辞職、その後自民党政調会長、総務会長などの要職を歴任します。一九八九(平成元)年、リクルート社と政界官界の一大贈収賄事件として知られるリクルート事件で、竹下登内閣が総辞職します。

伊東は竹下の後継として総裁(総理)就任を要請されますが、これを拒否します。なぜ伊東が後継を要請されたのか。そのときの状況を、国正武重はこう書いています。

「自民党内からは後継総裁(首相)はリクルート事件とは無関係な伊東正義総務会長しかいないという〈伊東コール〉が沸き起こった。世論も〈クリーン〉伊東を支持した。マスコミも〈後継、伊東氏有力〉〈竹下首相、伊東氏に後継打診〉などと一斉に報道した。〈カラスが鳴かぬ日はあっても『伊東正義』という名前を聞かぬ日はない〉という日々が始まった」(『伊東正義　総理のイスを蹴飛ばした男』)

リクルート事件と関係のない清廉な政治家伊東への熱い待望論でした。過熱したメディアは、伊東の総裁総理を前提にした党役員、閣僚人事構想を報道しました。伊東の与り知らぬところで、先行した構想が進められていたのでした。

伊東はこれに反発し、即座に固辞しました。健康上の理由もありましたが、リクルート事件に深刻に向き合い、深く反省することを避け、旧体制を温存しながら、総裁の首だけを挿げ替える、そうした、伊東の政治理念と真逆の力学が依然として強力に働いていることへの反発は決して小さいものではありませんでした。

さまざまな説得工作がありましたが、伊東の固辞の姿勢は変わりませんでした。伊東が、総務会長としての記者会見で語った、「急ぎすぎて、本の表紙だけ替えて中身が変っていない、ということではだめだ」という言葉は広い共感をよびました。

頑なとも思える伊東のこの凛とした姿勢は、先に挙げた、伊東が私淑した尾崎行雄の言葉を思い出させます。

伊東は一九九四（平成六）年、肺炎のためその生涯を閉じました。享年八十歳でした。

葬儀において、元副総理の後藤田正晴は、「あなたは、政治家の中では珍しく、愚直なまでの潔癖漢でもございました。自民党内には、そういうあなたを煙たがる空気もありましたが、この潔癖さこそが、いまの政治に最も大切なことだと思います」と語りかけました。

後藤田がこの言葉を語ってから二十余年、劣化の進む政治の現実に目を向ける時、今の政治家たちはこの言葉をどのように聞くのでしょうか。

政治の劣化は中央政界だけではありません。たまたまこの稿の執筆中に、東京都知事の選挙が行われていました。「政治と金」をめぐり、二代にわたり知事が任期途中で退任するという事態を受けてのものです。かつて東京市長（現在の東京都知事）としても多大な実績を残し、信望を集めた尾崎行雄は、この事態をどう見ているのでしょうか。

尾崎行雄や伊東正義の墓前に佇む時、あらためてその生きた姿や遺した言葉の重さを、ズシリと感じるのでした。

同じエリアにあるお墓を、点としてではなく、縁ある二人、あるいは関連ある二人を線で結び、その交差する人生や時代を辿る時、そこに新たな人物像や世相や時代が見えてきます。文士や碩学、巨匠や名優、芸術芸能の創造者、そして政治家や外交官たちなど、時代を彩った、錚々たる人物たちが眠るこの鎌倉の地は、まことに日本近現代の精神史、文学史、芸能史、世相史を物語る、時代の証言者でもあります。

あとがき

和英辞典で「脱稿」を引くと、"finish"とありました。脱稿の瞬間はいつもある種の感懐を伴うものですが、今回はまさに"finish"という思いを強くしました。それは、先の『東京多磨霊園物語』に始まり、『東京青山霊園物語』『鎌倉古寺霊園物語』と続く、これまでの思索と取材と執筆の長い旅路に、いま、ようやくひとつの区切りがついたという実感があったからでしょう。

この三作は、いずれも同じ霊園やエリアに眠る、縁ある二人が紡ぎ出す物語を綴ったものですが、それは、同時に、この国の近現代の歩みを独自の切り口から描き出すものともなりました。

私的な心情に亘ることで恐縮ですが、本書の執筆に際しては、たとえば鈴木大拙や小林秀雄、和辻哲郎、谷川徹三らは、若い頃の読書と思索と惑いの日々を思い出させ、山本周五郎、井上ひさし、開高健、尾崎喜八、黒澤明、小津安二郎、志村喬、笠智衆らは、生きることや人生への問いと感動を呼び覚まし、あるいはまた石本美由起の「悲しい酒」や「矢切の渡し」、浜口庫之助の「バラが咲いた」や「人生いろいろ」は、渋谷や新宿、福岡中洲、鹿児島天文館などの酒場を思い出させました。

そして、本書に登場する多彩な人物たちとの出会いは、多くの人々それぞれの、人生の日々の思い出と交錯するものと思います。

本書では取り上げていませんが、このほか多くの著名人たちもまた、この地に眠っていました。しかし、残念ながら紙幅の関係もあり、そのすべてを取り上げることはできませんでした。

また、その墓はこの地になくとも、この鎌倉の地に深い関わりのある文化人たちや芸能人たちも少なからずおりました。たとえば円覚寺と深い関わりのあった夏目漱石をはじめ、小津安二郎監督作品の常連でもあった原節子など、その数は膨大に上ります。そのため、ここでは、あえてこの鎌倉の古刹や霊園に眠る人々、あるいはこの霊園に縁《ゆかり》の深い人々ということに限定いたしました。

さらに、この地では、主に鎌倉時代以降の、それぞれの時代を創った歴史上の重要人物の墓碑や記念碑に出会うことができますが、本書ではその趣旨に基づき、近代以降の人物に限ることにしました。

墓参のための大きな手がかりになったのは、掃苔録の名著ともいうべき森光俊さんの『著名人の墓所』でした。この浩瀚《こうかん》な著作には、主に首都圏の霊園や古刹の墓苑に眠る人々の墓所のリストが記録され、大きな霊園についてはその位置や番号なども詳しく記されており、貴重な導きの糸となりました。それでも不明なところはご住職や、管理の方に伺いました。

いうまでもなく、お墓は神聖な場所です。一般的に寺社の境内は、拝観料を払うと拝観自由ですが、その墓地については、寺社によっては、たとえばお花を持参し、供えることなどを求められているところもありますし、檀家や関係者以外は立ち入りを遠慮願いたいというところもあります。墓参される際は、その寺社や霊園の規程やルールを遵守されること、そしてお墓参りのマナーを忘れることのないようにしていただきたく思います。あくまでも、亡き人に対する畏敬の念と、謙虚さを失うことのないように心がけたいものです。

多磨霊園に始まった私の墓参の旅は、単なるお墓めぐりではなく、そこに眠る人々の生きた姿やその時代、遺された遺産を、独自の方法で切り取る「思索の旅」ともなりました。

それはまた、こうした墓地や霊園が、単に故人たちが眠る聖域であるに止まらず、紛う方なき〝時代の証言者〟であり、世相や社会や時代を映し出す鏡であるということへの気付きの悦びでもありました。

かくて、いわばこの三部作は、結果として日本の近現代史、世相史、精神史へ導く、独自の試みとなっているようにも思います。

そして、前の二冊を通じての読者の皆さんからの反響を見ていると、筆者の願いがしっかりと受けとめられているのみならず、それがこの国の近現代史への誘いともなっていることを痛感しました。そうした読者の皆さんからの反響と支持が、三冊目の、この『鎌倉古寺霊園物語』執筆への大きな励みともなりました。

本書では、執筆の対象が多岐多彩に亘っているので、多くの先達の文献や資料に導かれました。

なるべく文中や巻末の参考文献として掲げましたが、膨大な量になるので、そのすべてを尽くすことができなかったことをお詫びいたします。

また、執筆の過程でさまざまな方々にご教示ご協力を賜り、お世話になりました。たとえば、浄智寺住職で円覚寺教学部長の朝比奈恵温さん、鎌倉ペンクラブ副会長の土谷精作さん、映画研究家の渡辺俊雄さん、在日メキシコ合衆国大使館、黒澤プロダクション、大佛次郎記念館、開高健記念館、そのほか梶山弘子（以下、敬称略）、堀口すみれ子、石黒敦彦、杉原まどか、野尻芳英、藤原義明、石本望美、浜口真弓、横山隆雄、清水梢太郎、大松美智代、織田正雄、笠鉄三、赤瀬川尚子、稲田律子ほかの皆さん、そして古刹や霊園のご住職や管理の方々、あるいは関係者の方々に、深甚の謝意を表したいと思います。

その歓談から貴重な知的刺激を与えてくれた、多くの友人知人たちにも謝意を表したいと思います。彼らとの歓談は何よりの充足のひと時となり、そこから多くの得難い示唆をいただきました。執筆に関することに限らず、こうした友人知人たちとの交友は何よりの財産となっています。

また、日本芸術院会員で府中市美術館館長の藪野健さんは、一連の小生の著作に深く共感され、本書の扉に素晴らしい作品を提供していただきました。藪野さんとの気伬な歓談は実に豊穣で至福の時間をもたらし、そこから多くのご教示をも賜りました。

そして、前二著と同様、今回も本書の執筆を強く勧めてくださった明石書店編集部長神野斉、編集担当の森富士夫氏に大変お世話になりました。

なお、引用に当たっては、読みやすさに配慮して、可能な限り新字や現代仮名遣いに改めたこと、また、紙幅に限りがあり、お墓の写真の掲載を一部控えざるを得なかったことをお断りいたします。

一方、最近は個人情報の取り扱いが厳しくなり、墓所の写真の掲載に応じて貰えなかったり、墓所自体、檀家や関係者以外は立ち入りが禁止となっているケースなどもありました。特別の許可を得て墓参した場合もありますが、本書の意図は、単なる墓地探訪記ではなく、あくまでも二人の人物の織り成す物語を描くことにありますので、必要以上に立ち入ることは控えました。

著者としては、本書が「霊園物語」の前二著と同様、多くの人々に迎えられ、霊園や墓地を通して、人物や時代や歴史に関する関心や興味を育て、さらに新たな問題意識の発見への一助となることを願っております。

さらにまた、「切り口」を変えると、こんな新しい世界が展開するのか、そんな実感を、これからの学びや生き方に生かしていただければ、それは筆者にとって望外の喜びでもあります。

二〇一七年初春

蠟梅の香りが漂い始めた、東京府中市の浅間山麓にて

立元幸治

鎌倉古寺霊園地図

主に本書で取り上げた寺院・霊園と人物

1	成福寺	笠智衆
2	円覚寺	小津安二郎 木下恵介
	円覚寺黄梅院	尾崎行雄
	円覚寺松嶺院	池島信平 開高健 佐田啓二 清水崑 田中絹代
	浄智寺	小倉遊亀
	東慶寺	赤瀬川原平 織田幹雄 小林勇 小林秀雄 鈴木大拙 大松博文 谷川徹三 西田幾太郎 野上弥生子 和辻哲郎
	明月院	尾崎喜八
3	寿福寺	大仏次郎
	浄光明寺	井上ひさし 殿山泰司
4	安養院	黒澤明
5	鎌倉材木座霊園	森雅之
	光明寺	横山隆一
6	鎌倉カトリック霊苑	今日出海
	瑞泉寺	大宅壮一 志村喬 堀内敬三
7	鎌倉霊園	石本美由起 伊東正義 尾上松緑 川端康成 里見弴 杉原千畝 高倉健 鶴田浩二 中村鴈治郎 中村錦之助（萬屋錦之介） 浜口庫之助 藤原義江 堀口九萬一 堀口大学 山本周五郎

1 小袋谷
卍 成福寺
湘南モノレール
横須賀線
卍円覚寺
2 山ノ内
JR北鎌倉駅
東慶寺 卍
卍明月院
鎌倉中央公園
浄智寺 卍
卍建長寺
3
扇ガ谷
鎌倉市
浄光明寺 卍
源氏山公園
鶴岡八幡宮
寿福寺 卍
江ノ電鎌倉駅
JR鎌倉駅
鎌倉大仏
鎌倉文学館
安養院 卍
4 大町
江ノ電
由比ヶ浜
鎌倉材木座霊園
5 材木座
材木座海岸
相模湾
卍 光明寺
稲村ヶ崎

[参考文献]

―――本書全般に関わるもの

『日本文学全集』集英社(一九六六~七二)
『新潮日本文学』新潮社(一九八四~八六)
『日本大百科全書』小学館(一九八四~八八)
『世界大百科事典』平凡社(一九八八)
日本経済新聞社編『私の履歴書』日本経済新聞社(一九六〇~一九八七)
松本三之介編『近代日本思想大系30 明治思想集Ⅰ』筑摩書房(一九七六)
松本三之介編『近代日本思想大系31 明治思想集Ⅱ』筑摩書房(一九七七)
松本三之介編『近代日本思想大系32 明治思想集Ⅲ』筑摩書房(一九九〇)
今井清一編『近代日本思想大系33 大正思想集Ⅰ』筑摩書房(一九七八)
鹿野政直編『近代日本思想大系34 大正思想集Ⅱ』筑摩書房(一九七七)
松田道雄編『近代日本思想大系35 昭和思想集Ⅰ』筑摩書房(一九七四)
橋川文三編『近代日本思想大系36 昭和思想集Ⅱ』筑摩書房(一九七八)
松本三之介・山室信一校注『日本近代思想体系10 学問と知識人』岩波書店(一九八八)
松本三之介・山室信一校注『日本近代思想体系11 言論とメディア』岩波書店(一九九〇)
松本三之介『明治精神の構造』岩波書店(二〇一二)
土屋喬雄監修 荒木昌保編『新聞が語る明治史』原書房(一九七六)
上田正昭他監修『講談社日本人名大辞典』講談社(二〇〇一)
朝日新聞社編『朝日日本歴史人物事典』朝日新聞社(一九九四)

キネマ旬報社編『日本映画人名事典』男優編、女優編、監督篇　キネマ旬報社（一九九五〜七）
永井荷風『断腸亭日乗』岩波書店（二〇〇一〜〇二）
半藤一利『昭和史——1926〜1945』平凡社（二〇〇四）
中村隆英『昭和史』上、下　東洋経済新報社（二〇一二）
浦辺登『霊園から見た近代日本』弦書房（二〇一一）
森光俊『著名人の墓所（東京・神奈川とその近県）』星雲社（二〇一四）
野田宇太郎『文学散歩』第五巻　文一総合出版（一九七八）
城山三郎編『「男の生き方」四〇選』上、下　文藝春秋（一九九一）
小島英記『男の晩節』日本経済新聞社（二〇〇六）
石坂昌三『巨匠たちの伝説——映画記者現場日記』三一書房（一九八八）
鎌倉文学館編『鎌倉文学散歩』鎌倉市教育委員会（一九九四〜九）
伊藤玄二郎編『鎌倉の文学小事典——文学を歩く』かまくら春秋社（二〇〇五）
野々上慶一・伊藤玄二郎編『父の肖像』かまくら春秋社（一九九九）
松原一枝『文士の私生活　昭和文壇交友録』新潮社（二〇一〇）
安宅夏夫・松尾順造『鎌倉文学散歩』保育社（一九九三）
大島和雄『横浜・湘南の文学風景を歩く』風濤社（二〇〇一）
岩井寛『週末計画　作家の墓を訪ねよう』同文書院（一九九六）
岩井寛編『作家の臨終・墓碑事典』東京堂出版（一九七七）
岩井寛『作家臨終図会——墓碑銘を訪ねて』徳間書店（一九九一）
川本三郎『今日はお墓参り』平凡社（一九九九）
大塚英良『文学者掃苔録図書館』原書房（二〇一五）

中川八郎『作家の墓文学散歩』上、下 一穂社（一九九二）
石井秀一『ぽちぽち歩こう墓地散歩』日刊スポーツ出版社（二〇一〇）
あきやまみみこ『快感！発見！有名人のお墓トラベル』幻冬舎（二〇一〇）
高井規矩郎『死にざまの昭和史』中央公論新社（二〇〇六）
古井風烈子編『日本〈死〉人名事典　作家篇』新人物往来社（一九九七）
山田風太郎『人間臨終図巻』上、下 徳間書店（一九八六～八七）
荒俣宏責任編集『知識人99人の死に方』角川書店（一九九四）
服部敏良『有名人の死亡診断』近代編 吉川弘文館（二〇一〇）
嵐山光三郎『追悼の達人』新潮社（一九九九）
山口瞳『追悼』上、下 論創社（二〇一〇）
講談社文芸文庫編『追悼の文学史』講談社（二〇一三）
合田一道『日本人の遺書』藤原書店（二〇一〇）
文藝春秋編『弔辞　劇的な人生を送る言葉』文藝春秋（二〇一一）
「不滅の弔辞」編集委員会編『不滅の弔辞』集英社（一九九八）
倫書房編集部編『弔辞大全』倫書房（一九九八）
共同通信文化部編『追悼文大全』三省堂（二〇一六）
森銑三『明治人物逸話辞典』上、下 東京堂出版（一九六五）
森銑三編『大正人物逸話辞典』東京堂出版（一九六六）

――第一章

木村久邇典『素顔の山本周五郎』新潮社（一九七〇）

木村久邇典『男としての人生――山本周五郎のヒーローたち』グラフ社（一九八二）
水谷昭夫『山本周五郎の生涯――たゆまざるものの如く』人文書院（一九八四）
早乙女貢『わが師山本周五郎』集英社（二〇〇九）
清原康正編著『山本周五郎のことば』新潮社（二〇〇三）
週刊朝日編集部『「週刊朝日」の昭和史――事件・人物・世相』第3巻　朝日新聞社（一九八九）
高橋千秋編『高倉健メモリーズ』キネマ旬報社（二〇一五）
白石仁章『杉原千畝――情報に賭けた外交官』新潮社（二〇一五）
白石仁章『戦争と諜報外交――杉原千畝たちの時代』KADOKAWA（二〇一五）
渡辺勝正『杉原千畝の悲劇――クレムリン文書は語る』大正出版（二〇〇六）
ヒレル・レビン著、諏訪澄・篠輝久監修・訳『千畝――一万人の命を救った外交官杉原千畝の謎』清水書院（一九九八）
杉原幸子『六千人の命のビザ』朝日ソノラマ（一九九〇）
工藤美代子『黄昏の詩人――堀口大学とその父のこと』マガジンハウス（二〇〇一）
柏倉康夫『敗れし国の秋のはて――評伝堀口九萬一』左右社（二〇〇八）
堀口九萬一『世界と世界人』第一書房（一九三六）
藤原義江『歌に生き　恋に生き』文藝春秋（一九六七）
藤原義江『藤原義江――流転七十五年　オペラと恋の半生』日本図書センター（一九九八）
村松友視『黄昏のダンディズム』佼成出版社（二〇〇二）
日本経済新聞社編『私の履歴書』文化人10　日本経済新聞社（一九八四）
堀内敬三『夢の交響楽』音楽之友社（一九九八）
堀内和夫『「音楽の泉」の人、堀内敬三――その時代と生涯』芸術現代社（一九九二）

『川端康成全集』新潮社（一九六九～一九八四）
『決定版三島由紀夫全集』35 新潮社（二〇〇三）
水原園博編纂・執筆『巨匠の眼――川端康成と東山魁夷』求龍堂（二〇一四）
小谷野敦『川端康成伝――双面の人』中央公論新社（二〇一三）
佐藤忠男『映画俳優』晶文社（二〇〇三）
新藤兼人『小説 田中絹代』読売新聞社（一九八三）
日本経済新聞社編『私の履歴書』文化人13 日本経済新聞社（一九八四）
福田和也『日本国怪物列伝』角川春樹事務所（二〇〇九）
日本経済新聞社編『私の履歴書』文化人1 日本経済新聞社（一九八三）
那須良輔『わが酒中交遊記』講談社（一九七九）
『追悼素顔の里見弴』（別冊かまくら春秋）かまくら春秋社（一九八三）
小谷野敦『里見弴伝――「馬鹿正直」の人生』中央公論新社（二〇〇八）
貴田庄『小津安二郎文壇交遊録』中央公論新社（二〇〇六）
山内静夫『八十年の散歩』冬花社（二〇〇七）
野々上慶一・伊藤玄二郎編『父の肖像 芸術・文学に生きた「父」たちの素顔』かまくら春秋社（一九九九）
『新潮日本文学25 大仏次郎集』新潮社（一九七二）
『日本文学全集54 大仏次郎集』集英社（一九六八）
小林秀雄『小林秀雄全作品26』新潮社（二〇〇四）

――第二章

岡田茂『波瀾万丈の映画人生――岡田茂自伝』角川書店（二〇〇四）

山内静夫『松竹大船撮影所覚え書』かまくら春秋社（二〇〇三）
ドナルド・リチー著、山本喜久男訳『小津安二郎の美学』フィルムアート社（一九七八）
都築政昭『小津安二郎日記』講談社（一九九三）
石坂昌三『小津安二郎と茅ヶ崎館』新潮社（一九九五）
貴田庄『小津安二郎文壇交遊録』中央公論新社（二〇〇六）
佐藤忠男『映画俳優』晶文社（二〇〇三）
笠智衆『俳優になろうか』日本経済新聞社（一九八七）
NHKスペシャル編『拝啓笠智衆様』PHP研究所（一九九四）
都築政昭『黒澤明　全作品と全生涯』東京書籍（二〇一〇）
黒澤和子『回想黒澤明』中央公論新社（二〇〇四）
浜野保樹編・解説『大系黒澤明』第一巻〜第四巻　講談社（二〇〇九〜一〇）
神戸新聞社編『わが心の自叙伝　映画・演劇編』神戸新聞総合出版センター（二〇〇〇）
澤地久枝『男ありて――志村喬の世界』文藝春秋（一九九四）
長部日出雄『天才監督 木下惠介』新潮社（二〇〇五）
佐藤忠男『映画で日本を考える』中日映画社（二〇一五）
黒沢清他編『日本映画は生きている 第5巻 監督と俳優の美学』岩波書店（二〇一〇）
『平凡スタア・グラフ　佐田啓二集』平凡出版（一九五六）
中井貴恵『父の贈りもの』文化出版局（一九九一）
村松友視『黄昏のダンディズム』佼成出版社（二〇〇二）
田中眞澄他編『映画読本　森雅之――知性の愁い、官能の惑わし』フィルムアート社（一九九八）
殿山泰司『三文役者あなあきい伝』PART1・2　筑摩書房（一九九五）

殿山泰司『JAMJAM日記』筑摩書房（一九九六）
新藤兼人『三文役者の死――正伝殿山泰司』岩波書店（二〇〇〇）
田山力哉『脇役の美学』講談社（一九九六）
吉村公三郎『映画監督吉村公三郎　書く、語る』ワイズ出版（二〇一四）
萬屋錦之介『わが人生《みち》　悔いなくおごりなく』東京新聞出版局（一九九五）
錦之助映画研究会編『中村錦之助――東映チャンバラ黄金時代』ワイズ出版（一九九七）
カーロン愛弓『父・鶴田浩二』新潮社（二〇〇〇）
『決定版　三島由紀夫全集』35・40新潮社（二〇〇三）
山内由紀人『三島由紀夫、左手に映画』河出書房新社（二〇一二）
織田紘二『芸と人――戦後歌舞伎の名優たち』演劇出版社（二〇一一）
日本経済新聞社編『私の履歴書』文化人12、13　日本経済新聞社（一九八四）
「演劇界」昭和五十八年六月号、十月号、平成元年八月号、平成十四年六月号　演劇出版社

――第三章

『小林秀雄全作品』新潮社（二〇〇二～五）
新潮社小林秀雄全集編集室編『この人を見よ――小林秀雄全集月報集成』新潮社（二〇一五）
郡司勝義『小林秀雄の思ひ出』文藝春秋（二〇一四）
野々上慶一『思い出の小林秀雄』新潮社（二〇〇三）
日本経済新聞社編『私の履歴書』文化人4、15　日本経済新聞社（一九八三、八四）
『日本文学全集59　今東光、今日出海』集英社（一九七二）
『鈴木大拙全集』岩波書店（一九九九～二〇〇三）

『日本人の知性4　鈴木大拙』学術出版会（二〇一〇）
岡村美穂子、上田閑照『大拙の風景――鈴木大拙とは誰か　燈影撰書30』燈影舎（一九九九）
山田奨治『東京ブギウギと鈴木大拙』人文書院（二〇一五）
植木武編『国際社会で活躍した日本人』弘文堂（二〇〇九）
森清『大拙と幾多郎』岩波書店（二〇一一）
『西田幾多郎全集』岩波書店（二〇〇三～七）
上田閑照『西田幾多郎――人間の生涯ということ』岩波書店（一九九五）
谷川徹三『自伝抄』中央公論社（一九八九）
日本経済新聞社編『私の履歴書』文化人17　日本経済新聞社（一九八四）
阿川弘之『雪の進軍』講談社（一九九六）
『和辻哲郎全集』岩波書店（一九八九～九一）
和辻照『和辻哲郎とともに』新潮社（一九六六）
『近代作家追悼文集成37』ゆまに書房（一九九九）
塩澤実信『文藝春秋編集長――菊池寛の心を生きた池島信平』展望社（二〇〇五）
塩澤実信『雑誌記者池島信平』文藝春秋（一九九三）
文藝春秋出版部編『文学よもやま話　池島信平対談集』上、下　恒文社（一九九五）
池島信平『雑誌記者』中央公論社（一九七七）
小林勇『一本の道』岩波書店（一九七五）
小林勇『人はさびしき』文藝春秋（一九七三）
谷川徹三、井上靖編『回想　小林勇』筑摩書房（一九八三）
日本経済新聞社編『私の履歴書』文化人4　日本経済新聞社（一九八四）

『野上弥生子全集』岩波書店（一九八〇～八二）
渡辺澄子『野上弥生子　人と文学』勉誠出版（二〇〇七）
竹西寛子『言葉を恃む』岩波書店（二〇〇八）
岩橋邦枝『評伝野上弥生子——迷路を抜けて森へ』新潮社（二〇一一）
小池真理子選『精選女性随筆集10　中里恒子、野上弥生子』文藝春秋（二〇一二）
小倉遊亀、小川津根子『小倉遊亀　画室のうちそと』読売新聞社（一九八四）
小倉寛子『小倉遊亀　天地の恵みを生きる——百四歳の介護日記』文化出版局（一九九九）
『堀口大学全集』小沢書店（一九八一～八八）
長谷川郁夫『堀口大学——詩は一生の長い道』河出書房新社（二〇〇九）
関容子『日本の鶯——堀口大学聞書き』岩波書店（二〇一〇）
工藤美代子『黄昏の詩人　堀口大学とその父のこと』マガジンハウス（二〇〇一）
堀口すみれ子『虹の館——父・堀口大学の思い出』かまくら春秋社（一九八七）
堀口すみれ子『父の形見草——堀口大学と私』文化出版局（一九九一）
かまくら春秋社編『想い出の堀口大学』（別冊かまくら春秋）かまくら春秋社（一九八七）
『新装日本の詩歌』17　中央公論新社（二〇〇三）
尾崎喜八『音楽への愛と感謝』音楽之友社（一九九二）
尾崎喜八『尾崎喜八詩文集』創文社（一九五八～五九）
重本恵津子『花咲ける孤独——評伝・尾崎喜八』潮出版社（一九九五）

——第四章

『大宅壮一全集』蒼洋社（一九八〇～八一）

大宅壮一全集編集実務委員会編『大宅壮一読本』蒼洋社（一九八二）
大宅壮一『人間の記録179　大宅壮一——自伝』日本図書センター（二〇一〇）
『開高健全集』新潮社（一九九一〜九三）
坪松博之『壽屋コピーライター開高健』たる出版（二〇一四）
滝田誠一郎『開高健名言辞典　漂えど沈まず』小学館（二〇一三）
谷沢永一『開高健の名言』KKロングセラーズ（二〇〇九）
井上ひさし『ふかいことをおもしろく——創作の原点』PHP研究所（二〇一一）
井上ひさし『井上ひさしの日本語相談』新潮社（二〇一一）
井上ひさし『日本語教室』新潮社（二〇一一）
井上ひさし『東慶寺花だより』文春文庫（二〇一三）
笹沢信『ひさし伝』新潮社（二〇一二）
松田哲夫『縁もたけなわ——ぼくが編集者人生で出会った愉快な人たち』小学館（二〇一四）
月刊「本の窓」二〇〇〇年八月号
赤瀬川原平『新解さんの謎』文藝春秋（一九九七）
赤瀬川原平『全面自供！』晶文社（二〇〇一）
赤瀬川原平『「墓活」論』PHP研究所（二〇一二）
横山隆一『人間の記録17　横山隆一——わが遊戯的人生』日本図書センター（一九九七）
日本経済新聞社編『私の履歴書』文化人7　日本経済新聞社（一九八四）
横山隆一『フクちゃん随筆』講談社　（一九六七）
寺光忠男『正伝・昭和漫画——ナンセンスの系譜』毎日新聞社（一九九〇）
鶴見俊輔ほか編『第2期・現代漫画2　清水崑集』筑摩書房（一九七一）

清水崑『愛蔵版・漫画集　かっぱ天国』らくだ出版（一九九三）
阿野露団『長崎の肖像――長崎派の美術家列伝』形文社（一九九五）
織田幹雄『人間の記録15　織田幹雄――わが陸上人生』日本図書センター（一九九七）
大松博文『おれについてこい！――わたしの勝負根性』講談社（一九六三）
大松博文他『〝東洋の魔女〟の五年間――日紡貝塚バレーチームの涙と誇りのものがたり』自由国民社（一九六三）
奥山弘『「艶歌の竜」と歌謡群像』三一書房（一九九五）
塩澤実信『昭和歌謡100名曲』Part1~5 北辰堂出版（二〇一二〜一四）
塩澤実信『昭和の流行歌物語』展望社（二〇一一）
佐藤健『演歌　艶歌　援歌――わたしの生き方　星野哲郎』毎日新聞社（二〇〇一）
浜口庫之助『ハマクラの音楽いろいろ』朝日新聞社（一九九一）
『尾崎咢堂全集』改訂版　尾崎咢堂全集刊行会（一九六二）
伊佐秀雄『尾崎行雄』吉川弘文館（一九六〇）
相馬雪香・富田信男・青木一能編著『咢堂　尾崎行雄』慶應義塾大学出版会（二〇〇〇）
読売新聞政治部編『時代を動かす政治のことば』東信堂（二〇〇一）
国正武重『伊東正義　総理のイスを蹴飛ばした男――自民党政治の「終わり」の始まり』岩波書店（二〇一四）
笠井尚『最後の会津人　伊東正義――政治は人なり』歴史春秋出版（一九九四）

［著者紹介］
立元幸治（たちもと こうじ）
一九六〇年九州大学卒業後、ＮＨＫに入局。主に教養系番組の制作に携わり、チーフ・プロデューサー、部長、局長、審議委員などを務める。主な制作番組に、「情報と現代」「近世日本の私塾」「明治精神の構造」「日本の政治文化」などがある。ＮＨＫ退職後、九州産業大学、東和大学などで「メディア論」や「現代社会論」などの講義と研究に携わり、現在は主に執筆講演活動を展開している。著書に『転換期のメディア環境』（福村出版）『こころの出家』（筑摩書房）『こころの養生訓』『器量と人望』（ＰＨＰ研究所）『貝原益軒に学ぶ』（三笠書房）『東京多磨霊園物語』『東京青山霊園物語』（明石書店）などがある。

鎌倉古寺霊園物語
——時代を彩った文芸、映画、政治・外交の巨人たち

二〇一七年三月二十五日　初版第一刷発行

著　者　立元幸治
発行者　石井昭男
発行所　株式会社 明石書店
〒101-0021東京都千代田区外神田６−９−５
電　話０３−５８１８−１１７１
ＦＡＸ０３−５８１８−１１７４
振　替００１００−７−２４５０５
http://www.akashi.co.jp

装丁　明石書店デザイン室
印刷・製本　株式会社文化カラー印刷
製本　本間製本株式会社

ISBN978-4-7503-4493-5
（定価はカバーに表示してあります）

日本音楽著作権協会（出）許諾第１６１５７５９−６０１